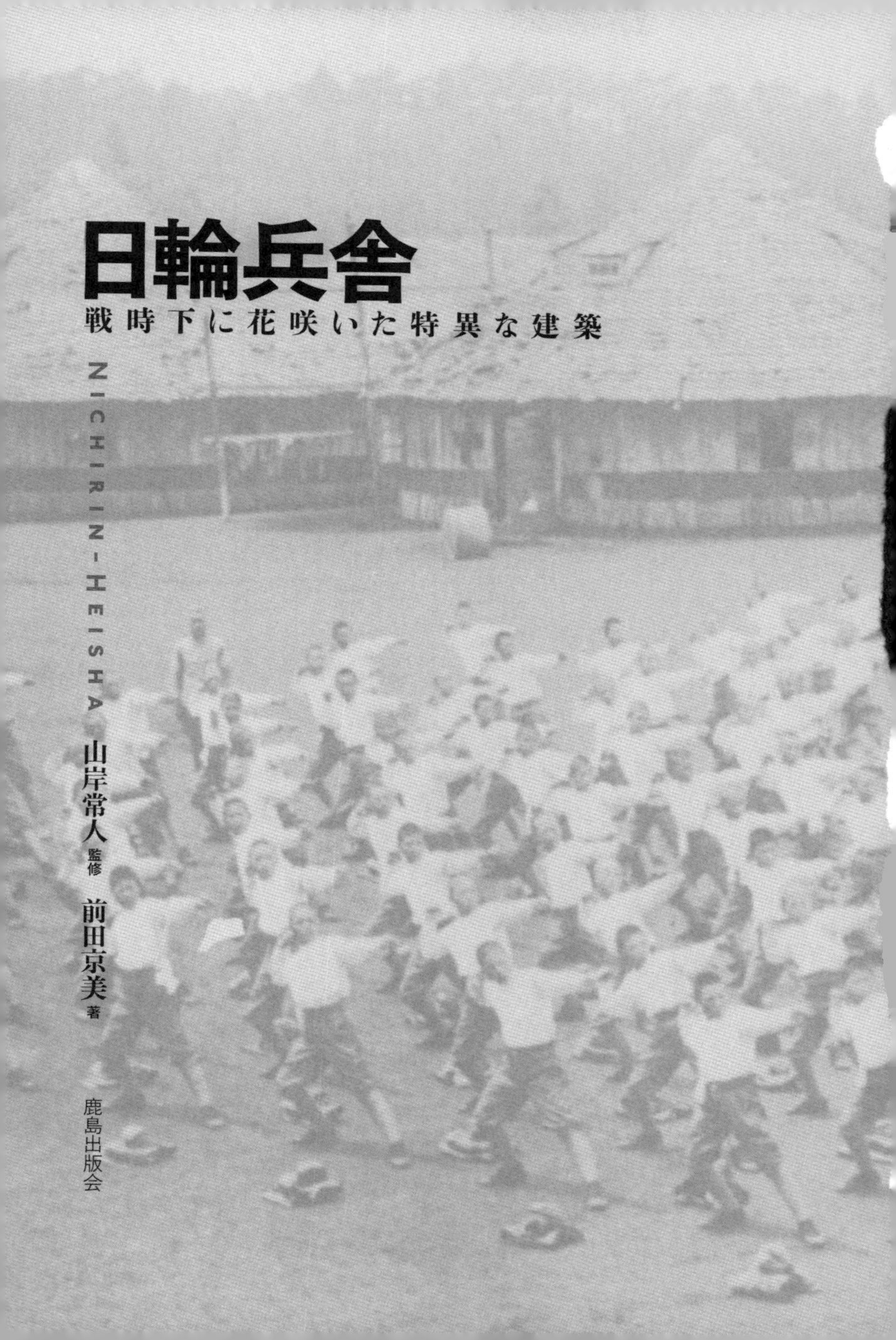

日輪兵舎

戦時下に花咲いた特異な建築

NICHIRIN-HEISHA

山岸常人 監修
前田京美 著

鹿島出版会

序 日輪兵舎の実像を求めて

まずは〔写0－1〕を見ていただきたい。整列した青少年が体操をする光景、そこには小学生が集まる夏休みの早朝のラジオ体操のような和気藹々《あいあい》とした雰囲気はなく、張り詰めた緊迫感がみなぎる。一様に白シャツを着た青少年の姿からは、第二次世界大戦前の昭和前半の光景であることはすぐに見てとれる。それより注目したいのは、その後ろに立ち並ぶ円錐形屋根の建築群である。すべて円形平面、屋根は檜皮《ひわだ》かこけらか判然としないが、植物性の屋根葺材で、茅葺民家が立ち並ぶ戦前の日本の農村を思わせる。しかしそもそも日本には円形平面の住居はほとんどなかった。とすればこれは東南アジアの光景なのか。

同じ建築の内部の様子は、戦前の雑誌に〔絵0－1〕のように紹介されていた。漫画調に描かれて、楽しげであるが、円形の建築の内部は床が二層に設けられて、集団生活の寝床となっていたことがわかる。そしてこの特異な形態の建築は、中心に立つ一本の柱と、そこから四方八方に配された斜め材（垂木）によって支え

〔写真0-1〕内原訓練所の日輪兵舎

られた簡潔な構造でできた上がっていたことも知ることができる。

　これらの写真や絵は、昭和一〇年代に、現在の茨城県水戸市西郊の内原という場所にあった「満蒙開拓青少年義勇軍内原訓練所」の光景であり、円錐形の特異な建築は「日輪兵舎《にちりんへいしゃ》」と呼ばれていた。日輪兵舎は訓練所の訓練生の寄宿舎として使われていて、それが多数立ち並んでいたのである。

　軍事関連の施設だとすれば、長方形平面の切妻造の建築が規則正しく立ち並ぶ光景が思い浮かぶが、そのような光景とは異なる。伝統的な農村の景観のようでいてそれとは異なり、戦後の公営住宅のような機械的な形態とも異なる。実に不思議な光景であり、建築形態である。

〔絵0-1〕日輪兵舎内部の様子

　昭和七（一九三二）年、中国東北部に日本の傀儡国家として「満州国」が設立され、国策で満州移民政策が実施されると、多くの日本人が満州へ渡ることになった。その移民政策のひとつに「満蒙開拓青少年義勇軍」がある。これは、満州移民の労働力不足対策と、国内の農村の余剰人口の整理を目的として行われた一〇代の青少年のみによる集団移民である。彼らは、満州入植に向けて、茨城県の内原にあった内原訓練所、あるいはその分所で、約二か月間、農業実習や規律訓練などを受け、その後、渡満した。その訓練所の中に、何百棟と建て

〔写真0-2〕内原訓練所の様子

られていたのが、日輪兵舎である。そして日輪兵舎は全国の拓殖訓練関係の施設としても建てられることになる。

日輪兵舎は〔写真0－2〕に見られるように、木造で、円筒形の軀体の上に円錐形の屋根が載った形態の建築である。短期間で容易に建設でき、大人数を収容できるという特徴を持つことから、訓練所の中で訓練生の手によって建設され、主に宿舎やその関連施設として使われた。屋根形態や階数などの建築形態は様々なヴァリエーションが見られる。そして一〇〇〇棟近くにも及んだであろう日輪兵舎は、第二次世界大戦後、ほんのわずかな棟数を残して、地上からほぼすべてが姿を消してしまった。

日本に建てられた多くの建築が方形平面であるにもかかわらず、この時代になぜ円形平面の特殊な形態の建築が生まれたのだろうか。規模や屋根形式の面で多様な形態の日輪兵舎が存在した記録が残るが、その実態はどうであったのだろうか。また、日輪兵舎が建てられた場所はどこなのか、その棟数はどのくらいなのか、具体的にどのような部材で、どのように組み立てられたのか。

日輪兵舎は、従来、渡辺亀一郎の考案になるものとされてきた。しかし戦前の満蒙開拓のプロパガンダのための雑誌である『拓け満蒙』『新満州』などの記事や、昭和一五（一九四〇）年に刊行された『義勇軍旬報集録』の中に、考案者である古賀弘人自身が書いた「なぜ日輪兵舎と称するか」〔文献19〕や「日輪兵舎の沿革」〔文献56〕と題した記事があって、古賀弘人が考案者であることは明らかである。[*1] では古賀弘人とは一体どんな人物なのか、どのようにしてそれを考案したのか、古賀一人の手でそれは完成され普及されたのか。
本書では、そのように短期間で生まれては消えた、謎多き建築である「日輪兵舎」の実態を明らかにしていく。具体的には、「日輪兵舎」の考案者である古賀弘人と彼に協力した技術者の経歴や思考を明らかにすることで、日輪兵舎の起源を探り、日輪兵舎の成立の背景と実際に建てられた実態を解明し、併せて日輪兵舎の建築的特質を明らかにしたい。

なお、本書では、戦前の文献などに記された言葉をそのまま使用している部分がある。その中にはその時代の社会的背景の下で使われてはいたが、現在から見ると適切とは言えない表現もないわけではない。本書ではその時代の状況を伝えるべく、そのような用語も改変せず使うこととした。特別な意図を主張するつもりではないことをご理解いただきたい。また、引用や書名の旧字体は常用漢字に改めた。

*1 このことについては、松山薫も文献175で述べている。

日輪兵舎

戦時下に花咲いた特異な建築

目次

結章

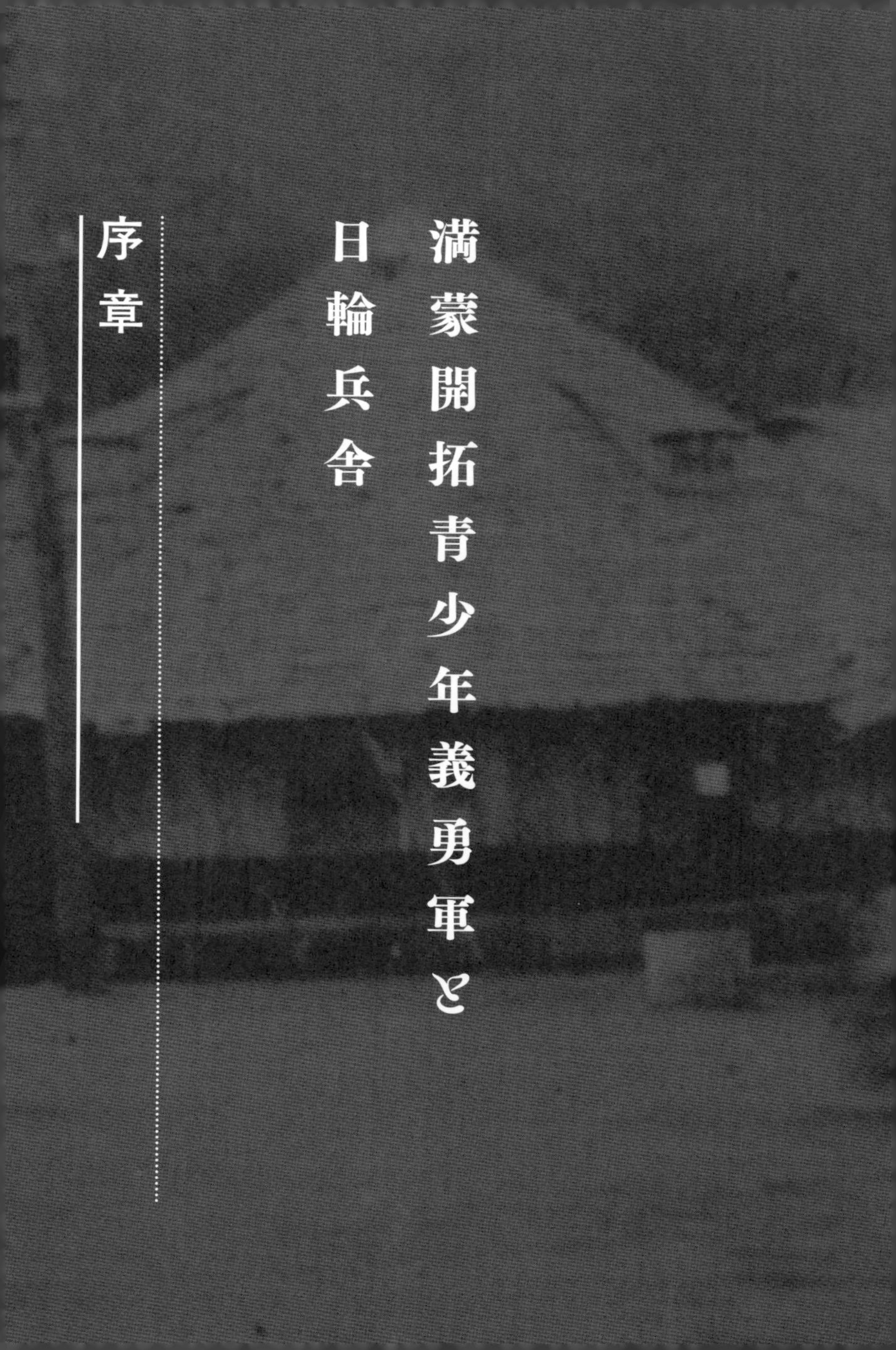

序章

満蒙開拓青少年義勇軍と日輪兵舎

第一節　満蒙開拓青少年義勇軍とは

一　創設

満州事変翌年の昭和七（一九三二）年三月一日、日本は満州国を「建国」した。満州とは、現在の中国東北部にあたる地域のことである。当時の日本は、金融恐慌、農村不況、土地不足、過剰な人口増加、失業者の増大といったさまざまな問題を抱えており、余剰労働力が生まれていた。そこで日本政府は、日本の三倍以上もの面積を持つが、人口は約半分である満州へ日本人農民を移すことで、これらの問題を解決しようとしたのである。昭和一一年八月、国策で満州への移民政策を始めたが、日中戦争の勃発と、それに伴う軍需産業の急速な拡大などにより、政策は計画どおりにいかなかった。

そのようなわけで、労働力不足を補うために提案されたのが、「満蒙開拓青少年義勇軍」と呼ばれる青少年の移民政策である。それ以前に先遣隊として満州に入植した青少年の活動成果が良好であったことにより促されたようで、青少年が選ばれた理由として、満蒙開拓青少年義勇軍訓練所所長・加藤完治は[*1]、青少年の純粋無垢、そして無欲さが適しているからだ、との言葉を残している。[*2]

満蒙開拓青少年義勇軍創設のきっかけは、昭和一二年七月、関東軍により満州の新京で開かれた会議で発表された「青年農民訓練所（仮称）創設要綱」である。青少年を現地で訓練することによって、満州国建国の理想を実現することを方針としており、青少年移民計画の前身となるものであった。そして一一月三日に加藤完治をはじめとする農村更生協会・満州移住協会・大日本連合青年団の理事ら六人によって「満蒙開拓青少年義勇軍編成ニ関スル建白書」[*3]が内閣に提出された。一一月三〇日には「満州に対する青年移民送出に関する件」[*4]が

＊1　加藤完治は、満蒙開拓青少年義勇軍創設にあたり「満蒙開拓青少年義勇軍編成ニ関スル建白書」を提出した六人のうちの一人であり、農村子弟の教育に努め、日本国民高等学校の創設、朝鮮や満州の開拓を行った人物である。日本国民高等学校長と満州移住協会理事も務めた。

＊2　加藤完治の言葉は、加藤完治の記述や演説などを記録した『開拓』〔文献178所収〕参照。

＊3　満蒙開拓青少年義勇軍創設の即時断行を求める内容である。農村更生協会、満州移住協会、大日本連合青年団の理事ら六人によって提出された。

＊4　昭和一三年度より青年移民を実施し、昭和一二年度追加予算に計上すること、急速に具体案の作成に努めることとしている。

閣議で決定されるとともに予算が計上され、一二月二二日に「青少年開拓民実施要領及理由書」[*5]が発表された。この「青少年開拓民実施要領及理由書」により、満蒙開拓青少年義勇軍の送出が国策として決定されたのである。この政策には、日本国内では拓務省・文部省[*6]・農林省・内務省・陸軍省・大日本連合青年団・農村更生協会・満州移住協会[*7]など、さらに満州国側では、拓殖委員会・関東軍・満州拓殖公社・満鉄など数多くの関係者がかかわっていた。

二 募集要綱と目的

国策として決定された満蒙開拓青少年義勇軍の募集については、昭和一三年一月、拓務省拓務局により、「満蒙開拓青少年義勇軍募集要綱」が発表された。募集の目的は、島国である日本が大陸へと進出するにあたり、青少年を大陸で鍛錬育成し、満蒙開拓の中心となって国策遂行に貢献することだと記されており、国家全体の計画であるということを強調している。

応募資格には年齢制限が設けられており、数え年一六歳（早生まれは一五歳）から一九歳まででであった。一〇代に限られた理由は、二〇歳であればすぐに兵役となり、徴兵にとられると訓練が受けられなくなるし、兵役を終えてからは、満蒙開拓青少年義勇軍の訓練を受けるよりも、一般の集団移民に参加するほうが適当だったからである。

三　名称

この移民計画について政府は当初、「満蒙開拓青少年義勇軍」ではなく「満州開拓青少年移民」という名称を使用していた。しかし、農業で苦しい思いをしている農民からすると、満州移民という名では子弟を出したくないという気持ちになるだろうから、満蒙開拓青少年義勇軍とした、という加藤完治の言葉[*8]が残されている。「満蒙開拓青少年義勇軍」という名称には、片手に鍬で土地を開拓するという使命を忘れず、もう片方に銃で国家に奉仕する軍の一翼であるという意味を込め、国民を駆り立てる意図があったと思われる。さらに現地に日本の多数の青少年がいれば、後に土地に馴染んだ優秀な兵力を生むこととなる。満一七歳になれば兵役の志願も可能なので、個人にとっては独立を早め、国家にとっては国防力を高めることになる。満蒙開拓青少年義勇軍は単なる出稼ぎの移民とは違うとも考えられていた。〔文献17〕「満蒙開拓青少年義勇軍」の名称は、国内での訓練期間中のみに限られ、渡満後は、関東軍

＊5　拓務省によって発表されており、目的・送出人員・募集・内地訓練・輸送・現地訓練・現地施設・指導員・規定開拓計画との関係の九項目と、理由書により構成されている。
＊6　日本の植民地行政を統轄した中央官庁であり、昭和四年に設置、同一七年に廃止された。
＊7　国内における、満州開拓事業推進の重要な役割を担った財団法人。満蒙開拓青少年義勇軍訓練所の運営を行った。
＊8　加藤完治の言葉は『開拓』〔文献178〕五一二頁参照。この言葉は、朝日新聞社主催の座談会（昭和一四年二月一八日）での記録である。

の意向によって「満州開拓青年義勇隊」という名称に変更された。これ以降、前者を「義勇軍」、後者を「義勇隊」と記すこととする。

四　訓練・訓練所

義勇軍は、日本国内にある内地訓練所で約二か月（後に三か月に延長）の訓練を受けたのちに渡満し、義勇隊として満州の現地訓練所で約三年の訓練を受けた。そして現地での訓練を終えると、従来実施されていた集団移民に「義勇隊開拓団」として編入された。

内地訓練所は、茨城県の内原（現・水戸市）に開設された内原訓練所と、その後、河和田村（現・水戸市）に開設された河和田分所がある。

現地訓練所は当初、五大訓練所と二か所の特別訓練所が計画されていたが、その後、計画変更により、昭和一四年度からは、四大訓練所と三か所の特別訓練所となった。このほかに小訓練所が各地に存在し、通常は最初の一年を大訓練所で過ごし、残り二年を小訓練所で過ごした。小訓練所がそのまま開拓団となったり、小訓練所を出て新しく開拓団をつくるケースも存在したようである。

第二節　日輪兵舎に関する既往研究

昭和一三年に国内で最初に義勇軍の訓練所が建設された内原訓練所では、開設以前から敷地の整備が行われ、宿舎などの建設が始まった。ここで建てられ、のちに訓練所内に何百棟も立ち並ぶことになったのが、「日輪兵舎」と呼ばれた建築である。その形態はすでに記した。その特異さゆえに、これまでも若干の論及は行われてきた。

建築学の分野では藤森照信が、日輪兵舎の概略と、内原訓練所に建てられた日輪兵舎の「標準型」[*9]について紹介した〔文献128〕。日輪兵舎の起源について、コストの低い杉丸太が先か、円形平面が先かを工法的視点で考察している。ただし考案者が古賀弘人であることに辿り着いてはいない。

地理学の松山薫は、義勇軍について、日輪兵舎を通して探っている〔文献177〕。日輪兵舎の概略と、日輪兵舎が全国に存在したということ、そして、山形県と日輪兵舎の関係を扱っているが、研究途中であるようで、二〇一五年時点では詳細は発表されていない。

*9　内原訓練所内の宿舎に採用されていた日輪兵舎の形態。形態の分類については結章第一節・第二節を参照。

このほかに日輪兵舎そのものを扱った研究はなく、義勇軍の研究のなかで日輪兵舎の存在やその概略に言及されるにとどまる。

もちろん義勇軍に関する研究は少なくない。上笙一郎『満蒙開拓青少年義勇軍』〔文献114〕や森本繁『ああ満蒙開拓青少年義勇軍』〔文献113〕、櫻本富雄『満蒙開拓青少年義勇軍』〔文献129〕は、義勇軍の歴史や彼らの生活についての研究であり、日輪兵舎については内原訓練所で宿舎として使われた事実を示すにとどまっている。白取道博『満蒙開拓青少年義勇軍史研究』〔文献167〕は義勇軍の募集と送出の実態について研究したものであり、本書の前提となる重要な成果であるが、日輪兵舎そのものについてはほとんど触れていない。

義勇軍の訓練が行われた内原訓練所史跡保存会事務局が編集・発行した『満州開拓と青少年義勇軍』〔文献148〕は義勇軍の内原訓練所があった内原の地で、関係者や地元の人からの資料を得て書かれており、義勇軍に関する重要な記録である。日輪兵舎に関する詳しい記述は少ないが、日輪兵舎の考案者・古賀弘人と、内原訓練所の建築主任・渡辺亀一郎の略歴が載っており、重要な参考文献である。この書物をまとめた中崎一通氏に聞き取り調査を行うとともに、資料の提供を受けた。

軍事建築に関する研究としては、十菱駿武や菊池実らによる戦争遺跡に関する研究〔文献156・157〕がある。これは考古学的観点での研究である。二村悟は、戦争遺跡は近代建築であり、建築史学の分野で研究されるべきだと指摘した〔文献153〕。建築学の分野では、早くに上野時生や大野勉らによって、軍関係の煉瓦造の建築を中心に研究がなされていたが、近年、川島洋一らによって、煉瓦造に加えトーチカの実測研究が行われるなど、[*10] 多少の研究の進展がある。しかし軍事建築に関する研究は十分とは言いがたい。

本書では、以上のような既往研究を踏まえつつ、以下のような史料・参考文献に基づき、日輪兵舎の建築的な実態と背景を解き明かしたい。

ア　文献史料

約二〇〇点の一次史料と編纂史料である（巻末参考文献一覧参照）。

◉一次史料

中崎一通氏所蔵資料（中崎氏は『満州開拓と青少年義勇軍』〔文献148〕の執筆者）

・一級建築士選考申請書
・古賀弘人が妻へ宛てた手紙
・古賀弘人の書いた進言書
・古賀弘人の長女・芝田貢子氏のメモ

*10　上野時生らは〔文献130〕で四国の旧陸軍の建築施設について、大野勉らは〔文献123・124〕で旧陸軍第九師団の施設についての研究を行ったが、いずれも二〇〇〇年以前である。二〇〇〇年頃から川島洋一らは〔文献163〕など、旧陸軍第七師団の施設に関する研究を行っており、そこではトーチカやコンクリート造の建築が取り扱われている。

・中崎一通氏がやりとりした手紙五通（「古賀弘人の次女・西川ミスミ氏の手紙」を含む）
・写真四枚（日輪兵舎建設当時の様子が写るものなど）
・中崎一通氏が、調査の際に使用した手帳のメモ

戦時中の雑誌・新聞など

・『拓け満蒙』（第一巻第一号〜第三巻第三号、満州移住協会、一九三七〜一九三九）
・『新満州』（第三巻第四号〜第四巻第一二号、満州移住協会、一九三九〜一九四〇）
・『開拓』（第五巻第一号〜第九巻第一号、満州移住協会、一九四一〜一九四五）

これらは満蒙開拓青少年義勇軍の運営を担当していた満州移住協会が発行していた一連の機関誌であり、満州移民の宣伝誌としての役割を果たしていた。年を追って名称が変更された。[*11]

・『写真週報』（No.12, 25, 68, 89, 139, 145, 146、内閣情報部、一九三八〜一九四〇）
・『義勇軍旬報集録』（旬報編集室編、満蒙開拓青少年義勇軍訓練所、一九四〇）

『義勇軍旬報』は、満蒙開拓青少年義勇軍の旬報編集室が昭和一四年三月一日から刊行していた雑誌である。本研究では昭和一五年に発行された『義勇軍旬報集録』を使用する。内原訓練所の教育過程の報道であり、満蒙開拓青少年義勇軍訓練所所長・加藤完治の、精神運動の報道を使命としているようである。掲載されている写真は、義勇軍の写真班が撮影した。

・『いはらき新聞』『茨城新聞』（昭和一二年三月二四日付、昭和一二年七月一七日付、昭和一二年一一

月二七日付、昭和一三年一月七日付、昭和二〇年一一月一三日付、茨城新聞社）

・岸田日出刀「日輪兵舎」[文献13]（『国際建築』第一四巻第八号、美術出版社、一九三八）

・「満蒙開拓青少年義勇軍訓練所」[文献63]（『新建築』第一六巻第六号、新建築社、一九四〇）

・古賀弘人「防空と日輪兵舎——建設隊の提唱」[文献100]（『東亜連盟』第五巻第一号、東亜連盟協会、一九四三）

◉編纂史料

京都大学内の図書館をはじめとした各地図書館所蔵の書籍、及び日輪兵舎がかつて存在した、あるいは現存する地域の個人や、内原郷土史義勇軍資料館の所蔵する書籍。巻末に文献一覧として示す。

イ　現存遺構

現存する四か所（石川県・長野県各一か所、山形県二か所）の日輪兵舎の写真撮影・実測調査を行った。

ウ　聞き取り

＊11　『拓け満蒙』という雑誌名で昭和一一年四月二五日に初めて発行され、その後、第四号（昭和一二年四月二五日発行）までは不定期に刊行されたが、同年九月号から月刊となった。雑誌名は、『新満州』（昭和一四年四月一日発行から）、『開拓』（昭和一六年一月一日発行から）と、二度変更されている。臨時増刊号もあった。

日輪兵舎と関係のある以下七名に聞き取り調査を行った。

・中崎一通氏（茨城県）『満蒙開拓と青少年義勇軍』の執筆者。昭和一四年に義勇軍に入隊し、満州にも渡った。この本のほかにも、「日輪兵舎雑記」〔文献136〕など、いくつか著述を行っている。

・清野武司氏（茨城県）内原郷土史義勇軍資料館で語り手として活動した方。昭和二〇年に義勇軍に入隊したが、終戦を迎えたため、満州には渡っていない。故人。

・安井重幸氏・坂下博晃氏（石川県）滝尾日輪舎の管理を行っている、中能登町教育文化課職員。

・三上俊一氏（山形県）神室修練農場日輪舎の管理を行っているNPO法人カムロファーム倶楽部職員。

・笹原忠昭氏（山形県）神室修練農場日輪舎建設、運営に携わった笹原善松氏のご子息。

・歌川博夫氏（山形県）西山農場日輪講堂の管理者。

第三節　本書の構成

第一章では、日輪兵舎の考案者である古賀弘人とそれを受け継いだ渡辺亀一郎の経歴と彼らの思考や性格を明らかにし、日輪兵舎の起源や性格を探る。第二章では、古賀・渡辺が建設に携わった、内原訓練所に本格的な建設が始まる前の初期段階の日輪兵舎について、建設の経緯を明らかにする。併せてそこに込められた古賀の思想についても検討する。第三章では、内原・河和田などの内地訓練所に建てられるまでの試作から普及の段階の日輪兵舎について実態を明らかにする。第四章では、指針として示された日輪兵舎のつくり方を確認したうえで、内地訓練所以外の実態を探るとともに、現存する日輪兵舎の実測調査の成果も含めて、日輪兵舎の建築形態の多様性を明らかにする。そして結章では、以上の検討をもとに、日輪兵舎の形式を分類し、同時代の軍関連施設の建築形態や構造とも比較しつつ、日輪兵舎の建築的特質を整理したい。

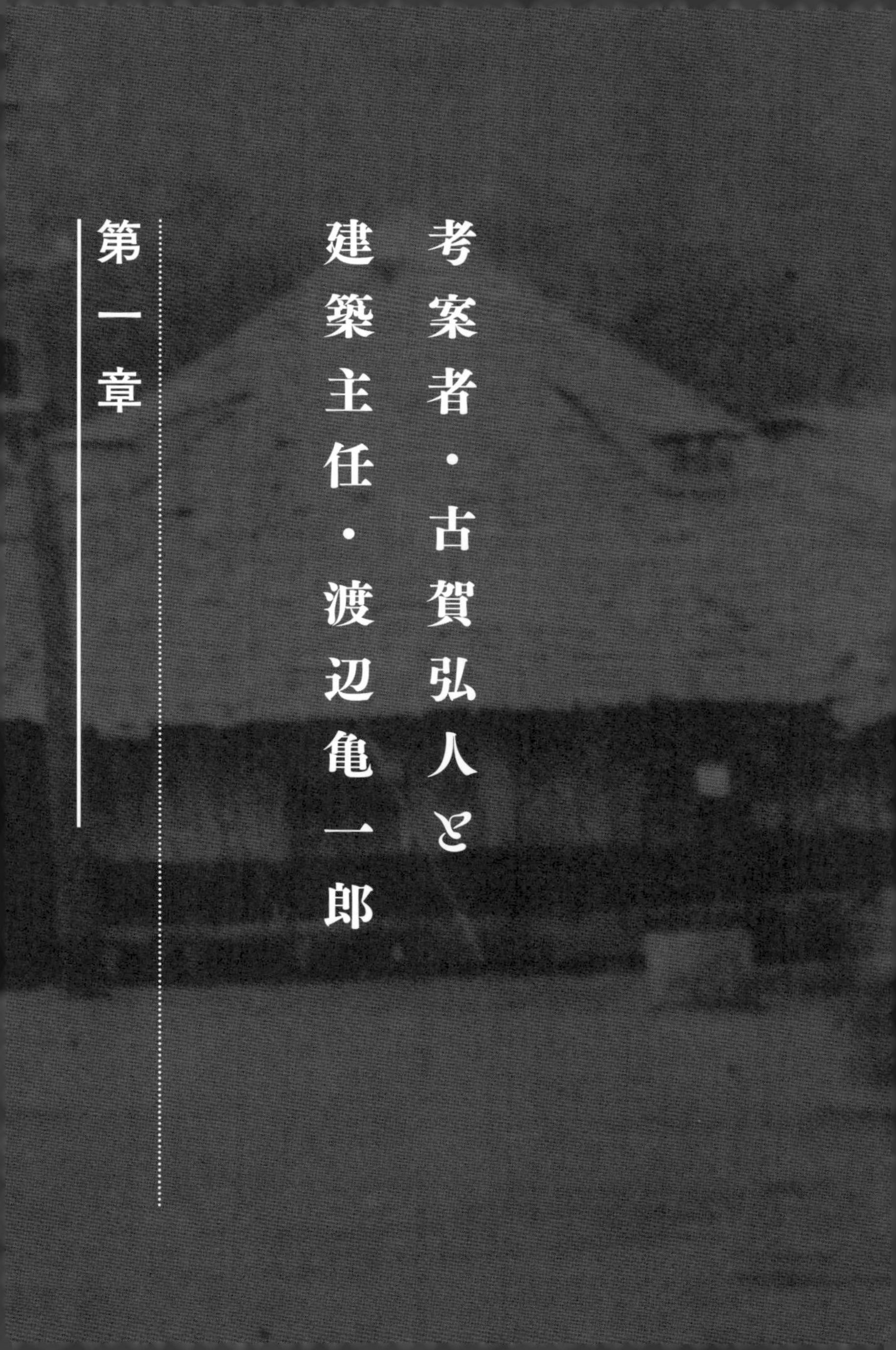

第一章

考案者・古賀弘人と建築主任・渡辺亀一郎

第一節　考案者・古賀弘人

すでに述べたように古賀弘人は『義勇軍旬報集録』に「日輪兵舎の沿革〔文献56〕」を投稿しており、日輪兵舎を考案したのは古賀弘人であることが知られる。そこでまず古賀弘人〔写真1－1〕の人物像を追いかけてみたい。

一　古賀弘人の経歴

古賀の経歴を、以下の三つの時期に分けて見ておきたい。

第Ⅰ期：誕生から、中国に渡って帰国後まもなくの、建築を本格的に学ぶ以前の時期

〔写真1-1〕古賀弘人

第Ⅱ期：建築を学び、「三角バー鉄筋コンクリート工法」[*1]を用いて建築実務を行った時期
第Ⅲ期：日輪兵舎を考案してから、晩年まで

第Ⅰ期

◉中学校中退まで

古賀家は熊本県の士族であった。古賀弘人は明治二六（一八九三）年三月一七日、熊本県にて、父・喜三太、母・としの間に、第二子として生まれた。[*2]本籍地は熊本県上益城郡秋津村（現・熊本市東区秋津町）で、実際に生まれ育ったのは熊本市内、父方の祖母である久の実家であった。父・喜三太は廃藩置県後、警察官として台湾遠征に参加し、帰国後、熊本市の金峰山阿蘇神社で神官を務めた。古賀弘人は、長女から四女と次男の六人兄弟であった。

明治三三年に尋常小学校に入学し、明治三七年に卒業した。続いて高等小学校に入学し、明治四〇年に出て、[*3]同年、熊本県飽託郡大江村（現・熊本市）の鎮西中学校（五年制）に入学した。鎮西中学校は明治二一年、浄土宗学鎮西支校として創設された名門校である。中学校令

*1 「三角バー鉄筋コンクリート工法」とは、古賀が専売特許を取得した工法。特許を取得した名称は「三角バー鉄筋コンクリート工法」ではないが、「一級建築士選考申請書」にはこのように書かれている。詳細は本節36頁以下参照。

*2 「一級建築士選考申請書」には誕生日は六月二八日とあるが、「古賀弘人の長女・芝田貢子氏のメモ」には三月一七日と書かれている。中崎一通氏は後者の三月一七日を採用して文献131・136・148を書いていることから、本書でも古賀の誕生日は三月一七日とした。

により、明治三八年四月に宗門報恩事業の一環として鎮西中学校に組織変更されたが、古賀が通ったのはこの後であった。しかし、古賀はこの鎮西中学校を明治四二年五月に中退することとなる。*4

古賀は子供の頃から数学が得意な秀才であり、絵を描くのも上手であったようである。中学校在学中は、アメリカ文学と建築家のフランク・ロイド・ライトに憧れ、アメリカ留学を希望するが、家庭の事情により父に反対された。そこで、家族に内緒で横浜まで行き、密航を企てて船を探し、横文字の船に乗ればアメリカに行けると思って乗船した。しかし、残念なことにアメリカには辿り着かず、数日後、中国の港に着いてしまった。この時、古賀は一六歳であった。この出来事が、古賀の人生の転機となる。

◉中国での活動

中国での古賀の足どりは詳しくわかっていないが、古賀は、一六歳で中国の港に着いた後、まず満州で南満州鉄道株式会社（略称、満鉄）に入った。そこでは建築課に配属され、製図を行っていたようである。*5 中国へ渡る以前は中学生であり、建築を学問として学んだ経験があるとは考えにくいが、もともとフランク・ロイド・ライトや建築に興味があったようなので、独学で学んだにしろ、満鉄で教えを受けたにしろ、満鉄で製図を行っていた可能性は高いと思われる。

その後の古賀は、馬賊「劉弾子児」と行動を共にしたという説と、〔文献125〕孫文の革命軍に加わって、国民党の党員として蒋介石らと共に戦い、その革命軍で電信隊長になった[*6]という説などがある。ちなみに、前者の「劉弾子児」に関する史料はほかに見いだせていない。後者の孫文は中国の政治家・革命家であり、一九一一年、武昌蜂起をきっかけに辛亥革命を起こした人物である。[*7]

古賀は、何らかのきっかけで満鉄を辞め、革命軍あるいはそれに類した集団に入って、活動していたと推測される。そしてその後の古賀は、孫文に勝ち目がなく、日本人だからとして強制送還された[*8]という説と、徴兵検査のために帰国した〔文献56〕という説とがあるが、いずれにせ

＊3 「一級建築士選考申請書」には、明治四〇年三月に高等小学校を中退したと書かれ、中崎一通「日輪兵舎ものがたり」〔文献131〕には、明治四〇年に高等小学校を卒業したと書かれている。当時、高等小学校の修業年限は二、三、または四年であったことから、古賀が高等小学校を卒業したのか、中退したのか明らかではない。

＊4 「一級建築士選考申請書」には、明治四〇年四月に鎮西中学校に入学し、明治四二年五月に中退した、と記されているが、「古賀弘人の長女・芝田貢子氏のメモ」には、明治四〇年に鎮西中学校を卒業したと記されている。前者が中学校入学以前のことまで詳しく記載されていることから、前者を採用した。

＊5 『義勇軍旬報集録』の編集者が「日輪兵舎の沿革」〔文献56〕の著者として古賀を紹介している。その記述の中に、古賀は「十六歳の時満州に渡り、満鉄に入る」とある。また、『武具池は語る』〔文献125〕の中に、内原に「満鉄の建築科で製図をしていた古賀という人があった」とある。

＊6 「日輪兵舎の沿革」〔文献56〕と「古賀弘人の長女・芝田貢子氏のメモ」参照。

＊7 武昌蜂起は一九一一年一〇月一〇日に起きた清朝打倒の兵士たちによる反乱であり、それを発端に一九一二年にかけ、清朝を倒した中国の民主主義革命である辛亥革命が起こった。孫文が臨時大総統に就任した。

＊8 「古賀弘人の長女・芝田貢子氏のメモ」参照。

よ、大正二（一九一三）年頃、日本に帰ってきたようである。時に古賀は二〇歳であり、一六歳で中国に渡って以来、約四年にわたり、中国の各地を転々としていたことになる。

◉中国から帰国後まもなくの活動

この後、大正六年までの足取りははっきりとわかっていない。帰国後は、地元の熊本鎮台を拠点として九州南部出身者の兵隊で編成された第六師団に入ったが、中国語に長けていたため、漢口派遣団に配属された。古賀は満鉄で働き、革命軍で活動するなかで、中国語を習得したと思われる。

除隊後は、熊本県八代郡鏡町（現・八代市）にあった窒素肥料会社に技手として勤務した。古賀は、熊本の八代郡荒神町（現・八代市）にあった親戚の加隈家から通勤しており、生涯の伴侶となる加隈家の一人娘である鈴とは、この頃出会ったと思われる。加隈家は当時、絹織物工場を経営していた。ここでは数年暮らした。

第Ⅱ期

◉建築を学ぶ

古賀の自筆とされる「一級建築士選考申請書」[*9]によれば、大正六年四月、古賀は大阪府立西野田職工学校建築科の三年制夜間部に入学し、大正八年五月に中退した。府立西野田職工学校は、もとは明治三九年に認可された府立職工学校であり、大正五年に府立今宮職工学校と分離独立して生まれた。府立職工学校は、明治四一年に附属工業補習職工夜学校を附設し、大正六年四月に府立西野田工業補習学校と改称された。そこでは、機械部・電気部・建築部・機織部・印刷部・共通部の六部が提供され、修業期間は四か月であった。一方で、今宮職工学校は、同年同月に二年制の夜間部を設置し、機械科・電機科・建築科の三科をおいた。〔文献165・173〕

以上のことから、古賀が入学したとする大正六年四月時点で、夜間部が設置されなおかつ建築科が存在したのは今宮職工学校であるため、古賀は西野田職工学校ではなく、今宮職工学校に通ったのではなかろうか。しかし今宮は三年制ではなく二年制であり、「申請書」とは異なっている。両校に聞き取り調査を行ったが、古賀は学校を中退しているためか、名簿に名前が残っておらず、通った学校について解明することはできなかった。

また、なぜ生まれも育ちも関係のないと思われる大阪の地に来たのだろうか。入学した当時、府立の職工学校の授業料は無償制であった。しかし、大正八年度から有料制になっており、授業料が有償になった大正八年五月に古賀は中退したということから、授業料が関係し

＊9 中崎一通氏によれば、古賀が記述したものとされている。しかし古賀が死亡した昭和二四年以降の昭和二五年の記述もあることから、信憑性は不明である。古賀が一級建築士の資格を取得したかどうかについて、日本建築士会連合会で名簿の閲覧を試みた。しかし、一級建築士の資格は、昭和二六年から開始されたので、それ以前の記録はないとのことで、確認できなかった。また、昭和二六年以前の、建築士と類似した資格についての名簿や記録と、「一級建築士選考申請書」の実態について、当時管轄していたと思われる建設省（現在の国土交通省）に尋ねたが、詳細は明らかにできなかった。

たのだろうか。この時代、今宮職工学校夜間部の卒業率は五〇パーセントに達しておらず、理由は様々であったにしろ、卒業することの難しさを感じる。また、夜間部であることから、昼間は仕事なり勉強なり何かをしていたと推測できるが、それについての記録はない。ただ、建築を本格的に学んだのは、この頃のようである。

◉「三角バーコンクリート工業所」時代

大正八年五月に職工学校中退後、約一年間の足取りはつかめていないが、大正九年三月から大正一二年八月までの三年六か月の間、古賀は再び熊本に戻り、八代郡荒神町（現・八代市）の加隈家で「三角バーコンクリート工業所」を営んだ。ここでは、後に専売特許（現在の特許のこと）を取得する三角「バー」[*10]を用いた、「三角バー鉄筋コンクリート工法」による試験建築を何件か設計施工しており、その作品として「私立鎮西中学校校舎」「熊本市九州学院院舎」「熊本市長六橋郵便局局舎」「鹿児島市山下町メソジスト教会」〔写真1－2〕が挙げられる。

前者三件に関しては、実態を解明できていないが、四件目の「鹿児島市山下町メソジスト教会」は現在の「日本キリスト教団鹿児島加治屋町教会」であり、大正一四年頃、新会堂を建てたことが同教会の記録にある。その頃の牧師は柳原直人（一九

〔写真1-2〕鹿児島市山下町メソジスト教会

一九・四〜一九二六・三在任）であり、「一級建築士選考申請書」に記された「柳原牧師」と同一人物であろう。この教会は鉄筋コンクリート造の二階建てである。昭和二〇（一九四五）年の空襲により焼失したが、後に復興したようである。〔写真1－2〕を見ると、写真左側には半球ドームが見られ、右側には円錐形の塔の上に十字架が取り付けられている。

◉結婚、そして建築をさらに学ぶ

「三角バーコンクリート工業所」を営んでいた大正九年六月に、加隈家の一人娘・鈴と結婚し、翌年の一〇月に長女・貢子が生まれた。その後、次女・ミスミのほかに二男一女と、古賀は妻・鈴との間に五人の子供をもうけた。

長女が生まれ、本格的に、建築で生涯暮らしていこうと考えたのか、大正一一年に、古賀は三〇歳にして、大阪の学校で建築を勉強した。その学校がどこであったのかについては、中崎一通氏からの聞き取りによると、現・大阪工業大学の前身である関西工学専修学校ではないか、ということである。ただし「古賀弘人の長女・芝田貢子氏のメモ」には「関西学院」とあり、「日輪兵舎の沿革」〔文献56〕には「大阪高工」とあって、それぞれ齟齬がある。「関西学院」は、古賀が入った当時、工学系（建築も含む）の学科は設置されておらず、当て

＊10　古賀が特許を取得した工法に使用されたもの。中崎一通氏の記述した〔文献148〕には、「三角バー」として記されているが、後述の特許の書類には三角「バー」として記されている。その内容は38頁参照。

はまらない。また、「大阪高工」は「大阪高等工業学校」のことであり、現・大阪府立大学の「官立大阪高等工業学校」と、現・大阪大学工学部の「大阪高等工業学校」（明治三四年大阪工業学校が改組）のいずれかに該当する。前者の創設は昭和一四年であり、その当時まだ創設されていない。それならば、後者であるかと推測すると、ここも当時建築科は設置されておらず、当てはまらない。従って、中崎一通氏の述べた「関西工学専修学校」という結論に辿り着くこととなる。「関西工学専修学校」の創設は大正一一年一〇月であり、創設当初の学科は建築と土木であるため、ここまでは記述と一致する。しかし、古賀は電気と機械についても、この学校で学んだとされており、そのことに当てはまらず、確実なことは把握できない。

◉新たな事務所開設と特許取得

建築を学んだ後、大正一二年一〇月から昭和四年三月にかけて、古賀は大阪で、知人の藤木守雄という人物と共

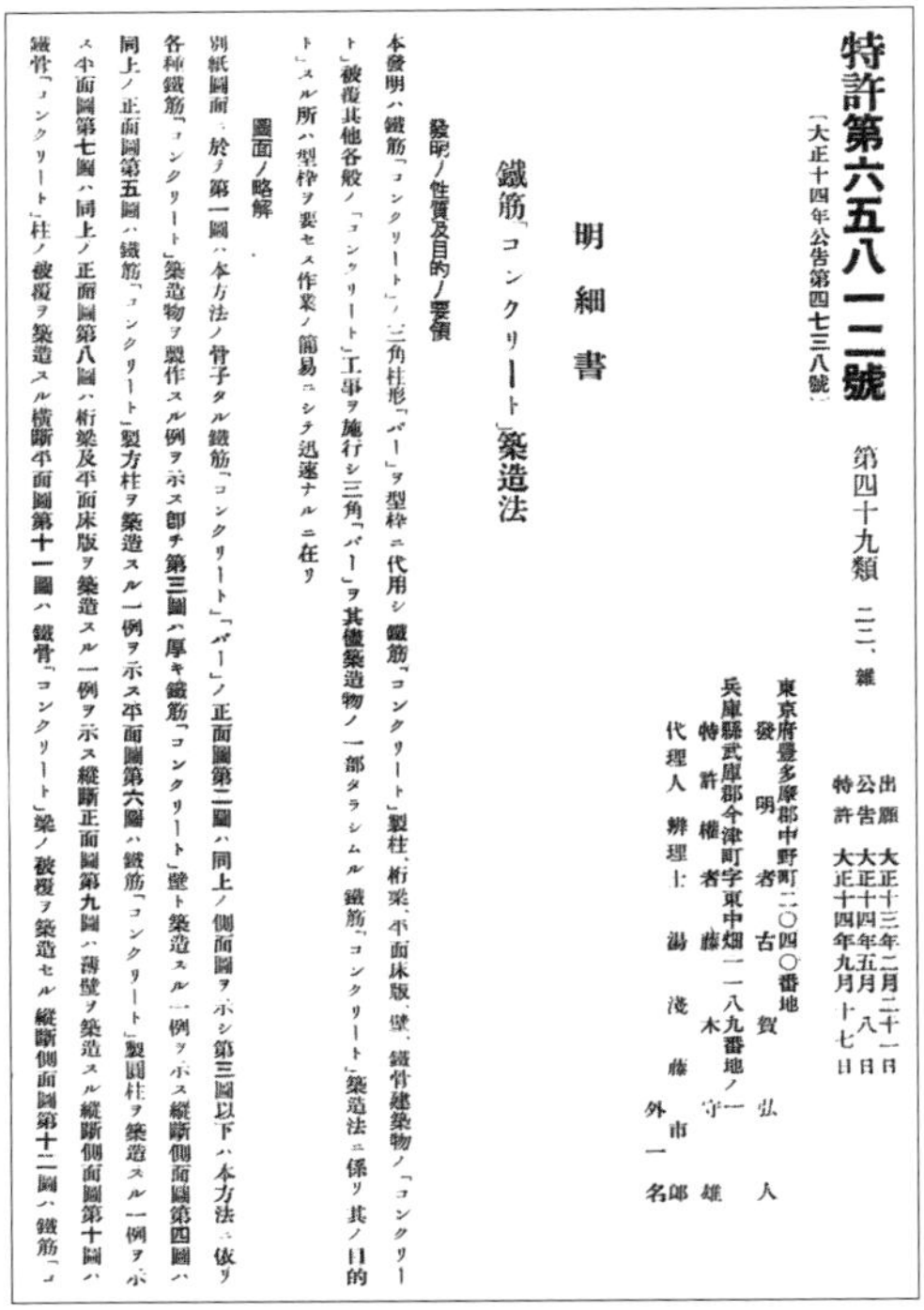

特許第六五八一二號
〔大正十四年公告第四七三八號〕
第四十九類　二二、雑
出願　大正十三年二月二十一日
公告　大正十四年五月八日
特許　大正十四年九月十七日
東京府豊多摩郡中野町二〇四〇番地
發明者　古賀弘人
兵庫縣武庫郡今津町字東中畑一一八九番地ノ一
特許權者　藤木守雄
代理人　辨理士　湯淺藤市郎　外一名

明細書

鐵筋「コンクリート」築造法

發明ノ性質及目的ノ要領

本發明ハ鐵筋「コンクリート」ノ三角柱形「バー」ヲ型枠ニ代用シ鐵筋「コンクリート」製柱、桁梁、平面床版、壁、鐵骨建築物ノ「コンクリート」被覆其他各般ノ「コンクリート」工事ヲ施行シ三角「バー」ヲ其儘築造物ノ一部タラシムル鐵筋「コンクリート」築造法ニ係リ其ノ目的トスル所ハ型枠ヲ要セス作業ノ簡易ニシテ迅速ナルニ在リ

圖面ノ略解

別紙圖面ニ於テ第一圖ハ本方法ノ骨子タル鐵筋「コンクリート」「バー」ノ正面圖第二圖ハ同上ノ側面圖ヲ示シ第三圖以下ハ本方法ニ依リ各種鐵筋「コンクリート」築造物ヲ製作スル例ヲ示ス卽チ第三圖ハ厚キ鐵筋「コンクリート」壁ト築造スル一例ヲ示ス縱斷側面圖第四圖ハ同上ノ正面圖第五圖ハ鐵筋「コンクリート」製方柱ヲ築造スル一例ヲ示ス平面圖第六圖ハ鐵筋「コンクリート」製圓柱ヲ築造スル一例ヲ示ス平面圖第七圖ハ同上ノ正面圖第八圖ハ桁梁及平面床版ヲ築造スル一例ヲ示ス縱斷正面圖第九圖ハ薄壁ヲ築造スル縱斷側面圖第十圖ハ鐵骨「コンクリート」柱ノ被覆ヲ築造スル横斷平面圖第十一圖ハ鐵骨「コンクリート」梁ノ被覆ヲ築造セル縱斷側面圖第十二圖ハ鐵筋「コ

〔図1-1〕特許

同で建築設計事務所「株式会社藤中組建築工業所」を開設した。所在地は、大阪市梅田区北浜堂島ビル三・四階であり、古賀は理事兼技師長であった。この頃、古賀は専売特許を取得した「三角バー鉄筋コンクリート工法」による小住宅の鉄筋化を研究し、実現した。

　この「三角バー鉄筋コンクリート工法」の正式名は「鉄筋「コンクリート」築造法」であり、特許取得の際の記録である「大正十四年特許出願公告第四七三八号　第四十九類　二二．雑」と「特許第六五八一二号　第四十九類　二二．雑」〔図1-1〕の存在を特許庁で確認することができた。それらによると、願書番号は「大正十三年第一〇七〇号」であり、出願が大正一三年二月二一日、公告が大正一四年五月八日、そして特許取得が同年九月一七日である。この「三角バー鉄筋コンクリート工法」とは、三角柱体の内部に鉄筋の入った三角「バー」〔図1-2第一・二図〕を密接させて並べたものを、コンクリートを流し込む型枠として用い、コンクリート打設の後は、三角「バー」をそのまま外すことなく建築の一部として利用する工法である。三角柱体であることから、〔図1-2〕下段に見られるように、方柱や壁といった様々な形態に適用することができ、容易かつ迅速に建造物を建設することができるというのである。

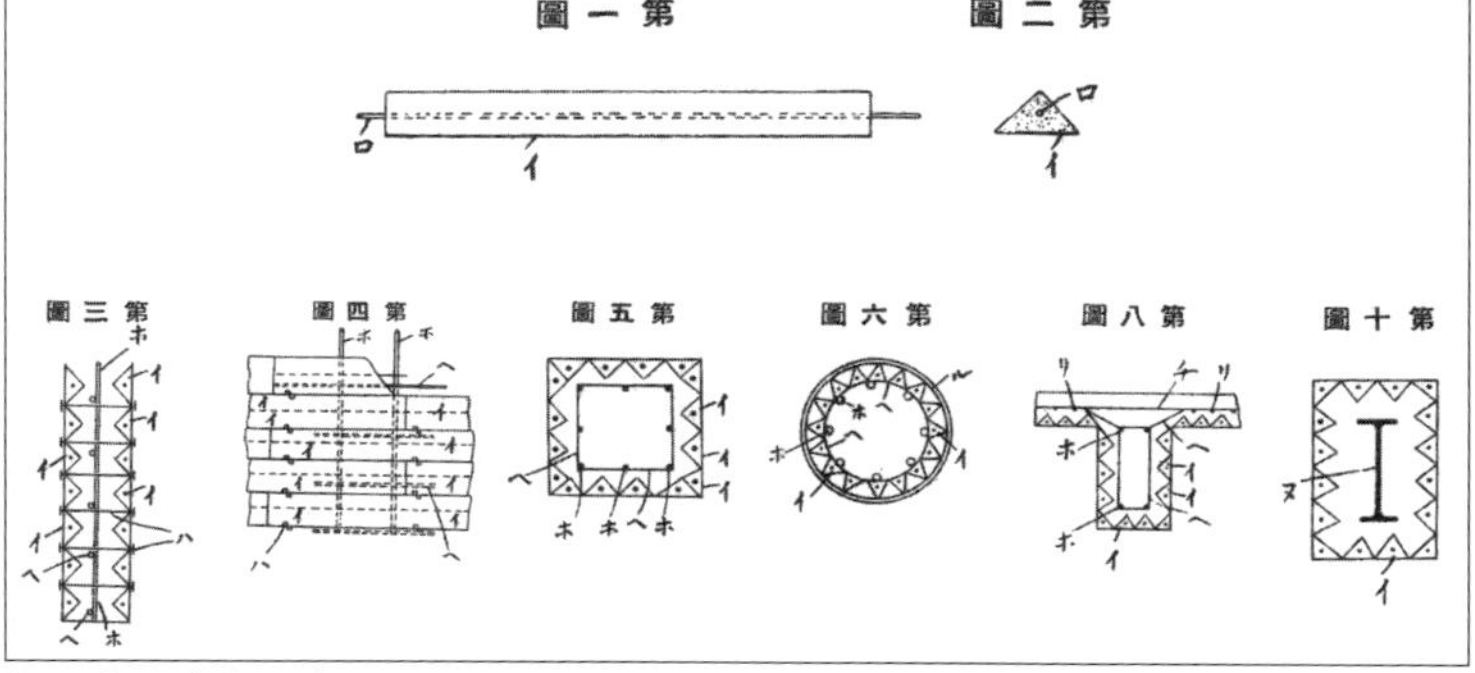

〔図1-2〕三角「バー」

「一級建築士選考申請書」によると、この「三角バー鉄筋コンクリート工法」を用い、古賀が設計施工を行った主な建築には、「阪急沿線今津甲子園住宅」「伊丹阪急住宅」「今津町末松病院」「日本林安繁邸」「大阪市北浜三丁目ローマ字会館」「天下茶屋久保田篤次郎邸」がある。多くの詳細はわからないが、「ローマ字会館」は、用途は病院及び集会所、鉄筋コンクリート造の地下一階、地上四階建て、「ライト派様式[*11]」で、昭和三年に建てられたようである。

◉ライトの弟子に師事

古賀は、事務所を営むと同時に、大正一二年七月から昭和四（一九二九）年一〇月にかけて、南信《まこと》に師事した。南信は、ライトの日本人スタッフ、すなわちライトの弟子の一人であり、日本での「帝国ホテル」や「山邑太左衛門別邸」などの建設に携わった人物である。つまり古賀は、ライトに憧れ、ただまねて自分の建てた建築を「ライト派様式」と称したわけではない。ライト本人ではないものの、弟子に師事することで、ライトの手法を身をもって学んでいたのである。「一級建築士選考申請書」には、構造学及び鉄筋強度計算を学んでいたと書かれているが、学んだのはそれだけではなかったということである。

また、井上祐一らの研究〔文献158〕によると、南は、大正一四年七月に「大阪北区堂島ビル三階二〇二室」で「南建築事務所」という名称の事務所を開設したことが明らかになっている。このビルの三・四階で、大正一二年に古賀は「株式会社藤中組建築工業所」を開設している。つまり、古賀と南は、同じビルの同じ階で設計活動を行っていたということになる。南は大正一四年に、同じライトの弟子であった遠藤新と共同で開設していた「遠藤南建築創作所」から独立したとされており、時期を考慮すると、独立後一時的に南が古賀を頼っていたと推測される。南はその後、大正一五年一二月には兵庫県芦屋に、昭和三年には大阪中ノ島大阪ビルに転居したので、同じビルに居たのはわずか一年半ほどであったことになる。しかし、「一級建築士選考申請書」によると、昭和三年に建てられた「ローマ字会館」の依頼主に、南信・遠藤新両氏の名前がある。おそらくは、古賀は南の下で所員の一人として働きながら、理事兼技師長として自分の事務所に仕事を回してもらっていたのではなかろうか。前述の井上らの論文には古賀の名前は出てこず、ほかに真相を確かめられる史料は、現時点では見つかっていない。

南に師事していたのは、昭和四年一〇月までであるが、「株式会社藤中組建築工業所」は、その前の同年三月に閉じている。その理由は、「古賀弘人の次女・西川ミスミ氏の手紙」から読み取ることができる。ちなみに、ミスミ氏の名前は三角「バー」の「三角」にちなんでつけられたそうである。古賀は、専売特許を取った「三角バー鉄筋コンクリート工法」のおかげで仕事が繁盛し、自動車やモーターボートを購入して乗り回していた。一方で、やはり

*11 「一級建築士選考申請書」に「ライト派様式」と記されている。ライトに憧れていたことから、ライトをまねた様式かと推測されるが、詳細は不明である。

本場でライトの建築を学びたかったのか、共同経営者である藤木の薦めもあり、アメリカ留学の準備を進めていた。そして準備のため、熊本の実家に帰省中、藤木が「三角バー鉄筋コンクリート工法」の特許の書き換えをしたというのである。それによりアメリカ留学は中止され、藤木との仲も悪くなり、事務所を閉めるに至った。特許の書き換えについては、特許庁で調査を行ったが、事実か否かは明らかにできなかった。

◉再び「三角バーコンクリート工業所」開設

古賀は昭和四年四月から昭和七年六月まで、兵庫県今津町（現・西宮市）甲子園住宅四号地にて、再び「三角バーコンクリート工業所」を開設した。この甲子園住宅は、その名称から、藤中組建築工業所時代に古賀自ら建設した「阪急沿線今津甲子園住宅」のことだと思われる。ここでも所長として働き、「三角バー鉄筋コンクリート工法」を用いた鉄筋集合住宅防火地区化の研究実現を行った。設計施工を行った建築として、「兵庫県城崎町防火第一、第二、第三、第四地区」「豊岡町防火第二、第四地区」が挙げられる。これらは、酒井章平『武具池は語る』〔文献125〕の「火災で全滅した木崎《ママ》温泉の復興の際簡易コンクリートを発明して建築をやった」という記述と合致する。兵庫県豊岡市や城崎町は、大正一四年五月二三日に起こった北但馬地震と、それに伴う火災の被害に遭い、なかでも城崎温泉はほぼ壊滅状態になった。このようなことから耐火構造である鉄筋コンクリート造が求められており、古賀の「三角バー鉄筋コンクリート工法」が適していたのであろう。また、古賀は、大正一二年に起こった関東大震災の復興事業にも協力したようで、応急住宅[*12]を研究していたことを記した妻鈴宛ての手紙が残っている。[*13] 古賀は、様々な土地で、様々な研究活動を行っていたのである。

第Ⅲ期

⦿満蒙学校勤務から日輪兵舎考案

古賀は関西での事務所を閉じた後、長崎に渡って事務所を開き、住宅や学校などの建設に関わる仕事をしていた。そしてその後、満蒙学校で教壇に立つことになる。

この満蒙学校は、陸軍中将山田陸槌を校長として、昭和七年五月二日、東京神田三崎町三丁目一八八番地の宇野ビル内に開校された。開校の目的は、文化や制度、風俗や習慣、言語など、満蒙に関する全般的で正確な知識を身につけ、新国家で活躍する人物を育成することであった。〔文献5・6〕古賀が満蒙学校にいた期間は明確ではないが、昭和八年以降の記録はある。「古賀弘人の次女・西川ミスミ氏の手紙」によると、古賀を満蒙学校に迎えたのは、福岡市にいた末永節《みさお》である。末永は、満州国建国の陰の実力者とされる人物で、同時に中国革命の協力者であり、辛亥革命では革命軍に参加していた。古賀が渡満する際は、福岡の末永家に古賀の娘たちも泊って、下関まで見送りに行ったとのことであり、交遊があった。また、古

*12　応急住宅とは仮設住宅の類かと思われる。
*13　この手紙の原本は古賀の娘が所蔵しており、そのコピーを中崎一通氏が所有していたため、それを参照した。

賀が渡満した際は、末永の計らいか、さらに力を持っている頭山満[*14]の計らいによって、いつも「テイカンシ」[*15]という大臣の官邸に、わざわざ和室の客間を準備してもらって泊っていたようなので、かなり優遇されていたと推測される。末永と同じく、古賀も孫文の革命軍に参加していたから、そのときに二人は出会ったのかもしれない。満蒙学校の講師について「満蒙新国家ノ成立ニ、密接ナル関係ヲ有セラル、知名ノ士ニシテ満蒙ニ関スル多年ノ蘊蓄ト実際ノ体験トヲ講義セラル、コト」〔文献5〕という説明があることから、末永は、古賀の中国での活動や経験を評価し、満蒙学校の開校に合わせて講師として呼んだのであろう。

古賀はこの満蒙学校にいた時に日輪兵舎を考案しているが、そのことについては、第二章で詳しく述べることとする。

◉渡満

昭和八年、古賀は、満蒙学校の技師として再び満州の地へ足を踏み入れた。技師として渡った満州で古賀が何を行っていたかわからないが、同年八月に「加隈工業所」を満州奉天市青葉町で開業した。この頃の奉天は、工業が発展していた。建設業界は景気がよく、政府や満鉄などの大きな事業体の建設に集中し、民間工事まで手がまわらず、住宅難であった。また、奉天はかつて東三省の政治の中心地であったことから、商業都市・消費都市としても発展しており、かなり活気があったようである。

そんな奉天の地に事務所を開き、古賀が行ったことは、満州における冬期建築の研究であった。彼が設計施工を行った建築として、「奉天陸軍兵器工廠火薬庫」と「早苗アパート」がある。「奉天陸軍兵器工廠火薬庫」は軍の施設であるため、内密に建てられた建築だったようである。鉄筋コンクリート造の一階建てで、「三角バー鉄筋コンクリート工法」を使用するとともに耐寒工事試験建築でもあった。日本国内とは違って寒さの厳しい満州で、古賀は、三角「バー」を用いるだけでなく、新たに耐寒にも焦点を当てた研究を行っていたのである。その後建てられた「早苗アパート」は、大連市早苗町に建設された集合住宅で、これについては地上五階建てであったということ以外詳細はわからないが、先と同じく耐寒建築だったと推測される。この事務所は昭和一〇年五月に閉じられた。

⦿日輪兵舎建設

前記の事務所を閉じたのと同年の昭和一〇年六月から、古賀は奉天省第一軍管区靖安軍司令部で技官として働きはじめた。同司令部は満州奉天市東門外にあり、ここで古賀は「満州に於ける野戦防備兵舎の研究実現」と「日輪兵舎の創案構築指導」[*16]を行った。日輪兵舎第一

---

*14 福岡生まれの国家主義者で、右翼の巨頭。国会開設後は大陸進出を唱えて政界の黒幕として活躍した。満蒙学校では、顧問の一人であった。

*15 「古賀弘人の次女・西川ミスミ氏の手紙」に、カタカナで記されており、大臣の官邸だとされているが、実態は明らかでない。

*16 ともに「一級建築士選考申請書」から引用。

号はこの靖安軍司令部敷地内につくられた。日輪兵舎に関しては後に詳しく述べるが、昭和一二年三月に日本の茨城県の友部にあった日本国民高等学校敷地内で土製日輪兵舎[*17]を建設し、同年七月には同校の内原分校に日輪兵舎を建設した。古賀は昭和一二年八月頃まで同司令部に所属していたようである。

昭和一二年八月三一日からの約二か月間、満州、饒河《じょうが》（黒竜江省）の地で半地下式日輪兵舎[*18]二棟と本建築の建設に携わった。饒河での古賀の肩書は、『大和』〔文献11〕第一巻第九号によると、満州移住協会の建築技師であった。しかし、「一級建築士選考申請書」によると、昭和一二年九月の段階ではまだ奉天省第一軍管区靖安軍司令部の技官であり、一〇月から関東軍司令部に軍属として採用されたとあることから、これら二種の史料には齟齬がある。「古賀弘人の長女・芝田貢子氏のメモ」に、昭和一二年は、関東軍の嘱託でありながら、中佐待遇を受けており、同時に満州国軍政部で大佐相当官として勤務していた、という記述があることから、満州国軍政部が満州移住協会であるとすれば、満州移住協会と関東軍を掛け持っていたことになる。所属がどうであれ、日輪兵舎の建設を本格的に行いはじめたのは、この頃である。

前後は不明であるが、古賀はまた、関東軍主催の野戦建築競技会において日輪兵舎で特選入賞を受けたようである。彼が関東軍司令部にいたのは、昭和一三年二月までで、三月からは満州拓殖公社工務課義勇隊建設部で建築主任を務め、満州開拓義勇隊五大訓練所の設計と、勃利《ぼつり》大訓練所（黒竜江省）の建設指導を行った。この勃利訓練所においても、日輪兵舎を設計した。

昭和一三年から昭和一九年にかけて、古賀は満州と日本を行き来し、内原訓練所をはじめとした内地訓練所や日本各地、また満州の地の日輪兵舎やその他の建築について、指導者や設計者として関わった。昭和一四年三月からは、満蒙開拓青少年義勇軍内原訓練所建築課の嘱託として昭和一八年八月まで勤めたようだが、厳密な所属はわかっていない。

この頃の足どりも不明なことが多いが、中崎一通氏からの聞き取りによると、昭和一八年三月凌雲義勇隊開拓団にいたことが、当時の団長であった佐藤修氏の話から知られるという。古賀は事前の連絡なく、加藤完治の紹介状を持ってやって来て、そこに滞在して天地根元造の建築を数棟建て、昭和一九年八月に磐山総合開拓団の方へ行くと言って、去っていったようである。しかし、「一級建築士選考申請書」には、昭和一八年九月から昭和一九年三月にかけて、満州東安省東安市にある満州第六三一部隊（師団司令部）に嘱託として勤務して、野戦陣地の構築指導を行ったと記述されている。嘱託でありながら凌雲義勇隊開拓団に来たとすると、時期がずれており、謎は残る。この頃の古賀は、日輪兵舎を考案したということで名前が知られており、どこに行っても、名前を出せば食事を提供されたり、手厚く迎えられたりできたため、ふらふらと自由奔放に動いていた「満州ころ」であったと中崎一通氏は述

＊17　壁と屋根に土を用いてつくられている日輪兵舎を「土製日輪兵舎」と称することとする。
＊18　「日輪兵舎の造り方」〔文献42〕には、日輪兵舎は「地上式」「埋没式」「半埋没式」の三様式があると紹介されている。

べている。[*19]「ころ」とは、ふらつき歩くことである。

昭和一八年一月には、『東亜連盟』に「防空と日輪兵舎――建設隊の提唱」〔文献100〕と題して、古賀自らが書いた文章が掲載されている。ほかにも、『満州日日新聞』（満州日日新聞社、一九〇七・一一・三〜一九二七・一〇・三一）などにも古賀の文章が掲載されたようなので、実際に日輪兵舎を設計・建設するだけでなく、出版物で宣伝もしていた。

◉パネル式移動舎の研究から終戦へ

その後は東安の関東軍第五軍司令部で、パネル式移動舎を研究していた。パネル式移動舎の詳細は不明だが、名前から、パネルによってつくられた、仮設の簡易な建築であると推測される。そして昭和一九年四月から、古賀は満州東安省東安で自営業として「満拓型移動舎製作所」を営んだ。仕事内容は、開拓地用のパネル式移動家屋の研究・実現と、満拓公社の委託による東安・哈爾浜《ハルビン》などでのそれらの製作である。つまり自営業ではあったが、関東軍に委託されて、あるいは嘱託として勤務しながら、パネル式移動舎を研究していた。

終戦直前の六月くらいまで、古賀は、斉斉哈爾《チチハル》方面の甘南県において、第八次入植者のための住宅建設に従事していた。そしてちょうど新京で住宅が建設されたとき、昭和二〇年八月一五日の終戦を迎えた。新京では工兵廠の所長をしており、中国語を駆使して避難民の救済にあたるなどしていたため、すぐには日本に戻ることができなかった。昭和二一年一一月になって、古賀は熊本県八代市の親戚沢井家に引き揚げた。時に古賀は五四歳であった。

◉晩年

昭和二二年、北海道庁からの招きを受けて、札幌の地へと移った。そして七月、名称は不明だが、北海道千歳郡千歳町錦町（現・千歳市）で新たに事務所を開設し、北海道における寒地建築の研究や指導を行った。設計・施工をした主な建築として、「一級建築士選考申請書」には「札幌市郊外での耐寒試験住宅」「千歳町実験農場開拓住宅」「名寄町の深山病院」「野幌機農高等学校第五寮舎」を挙げている。前者二つは関東軍に頼まれて研究を行っていたパネル式の宿舎を用いたものであり、後者二つは煉瓦造の建築であることからタイプの異なる建築を設計していたのである。

北海道の地で、いくつかの建築の設計・施工を行っていたが、古賀の身体の中では胃癌が相当進行していたようである。深山病院や野幌機農高等学校の寮の建設が完了するとすぐに入院したが、時すでに遅く、昭和二四年一月一二日、北海道大学医学部附属病院で胃癌のため逝去した。享年五七歳であった。現在、札幌市にある新善光寺に納骨され、安らかに眠っている。

---

*19 中崎一通氏への聞き取り調査による。第三次凌雲義勇隊開拓団にいた中村氏、第四次開拓団の団長を務めた佐藤修氏、満蒙開拓青少年義勇軍訓練所の職員であった江坂弥太郎氏によるもの。

二　古賀弘人の人となり

日輪兵舎の考案に繋がる古賀の思考や活動を通し、彼の人となりを見ておきたい。

古賀は、日輪兵舎を考案し、また、いくつかの建築作品を残していることから、建築家とみなすことができる。しかし実際は、住だけでなく、衣食住すべてに対して関心があり、いくつもの独自の考案をしていた。中崎一通氏への聞き取り調査によると、研究熱心で、考え出したら徹夜で行うこともよくあり、時には、山の中に籠もって、三日も一〇日も帰ってこないほどであったそうである。そんな創意工夫を好んだ古賀の考案した実例として以下のようなものがある。

衣に関しては、防寒着の制作がある。古賀は、寒冷地である満州において、開拓に行く女性たちの健康のためにもスカートはよくないと考え、素人でもすぐに縫うことができ、暖かくスマートな服を考えるに至った。この研究のために、長女を東京の服飾学校に入学させた。[*20]この頃、古賀の母・としは東京の杉並区に住んでおり、長女はそこから目黒まで通った。考案された服がどういうものであったかは明らかでないが、おそらく満州へ行く女子部の人たちや、長野県の婦人部の人たちにも教えたということであるから、実用的なものであったと推測される。他にも「大和服」というものも独自に考案した。この「大和服」は、古賀自ら命名したものだが、布の表にラッカーを塗り、中に真綿を入れ、そしてキルティングをしてつくった防寒服であったという。専門でない衣服について、古賀は娘に学ばせてまで研究しており、娘にとっては迷惑なことであったかもしれない。

また、食に関しては、古賀は満州で暮らすにあたり、米に頼るのはよくないと考えた。そこで、研究を重ね、高粱（モロコシ）の粉末に緑豆の粉を混ぜ、それを水で練って蒸し、裏ごしした後よく乾燥させ、ちょうど赤い米粒のようになるものを考え出した。それを、米に混ぜて炊くことで、増量になるだけでなく、日本人の口に合って食べやすいものとなったようである。これは、関東軍において試食会が開かれるほど、関心をひくものであった。また、錦河に滞在したときには、少年たちにレシピを教えている。馬鈴薯を千切りにし、塩とカレー粉で味付けして、油で炒めたものである。これは、少年たちの間でとても人気であり、「古賀料理」と名づけられて、盛んにつくられたようである。ほかにも、半分孵化した鴨の卵を焼いて食べる方法を教えられたという話もある。

住、すなわち専門の建築分野では、日輪兵舎のみならず、「三角バー鉄筋コンクリート工法」の特許取得や、「パネル式住宅」などに関して研究改良を重ねたことを述べた。ほかにも、内原訓練所の嘱託であった時期に、訓練所内でいくつか考案したものがあり、それらが『新満州』〔文献77〕などに掲載されている。一つはカタツムリを見て考えついたという「蝸牛式移動家屋」である。これは〔写真1-3〕のような蒲鉾形の建築であり、重さは約一トンである

*20 「古賀弘人の次女・西川ミスミ氏の手紙」には「ドレスメーカー」、『日輪兵舎ものがたり』〔文献131〕には「ドレスメーカー学院」と書かれていることから、現在の学校法人杉野学園ドレスメーカー学院かと推測される。

が、車輪が取り付けてあるため馬によって移動可能であった。その特徴は「家と家との廻りに組建式の細材を渡しその上へシートを敷けば野営にはもって来いの広いテント張りの家が出来る〔文献77〕」と説明されており、二棟あれば、テントによって新たな空間を生み出すことができ、さらに満州のような大陸において大移動が可能であった。訓練所内につくられた試作には、訓練所の所長や幹部が実際に宿泊した。

ほかには「繋駕《けいが》」〔文献79〕が挙げられる〔写真1－4〕。これは建築物ではなく、満州で使用されている「支那大車」というものを、日本人向けに改良したものである。「支那大車」は本来、馬五頭を一人で操縦するものであるが、改良により、「繋駕」は馬一頭で四人乗りとした。それにより、熟練に時間を要す馬の操縦を、より容易に行うことができるとともに、人や物を輸送するのに便利になった。

これら以外にも、「模範家屋」と呼ばれる、現地での個人家屋となるものや、河和田分所の本部など、いくつかの建築の建設にも携わっている。佐藤武夫は、勃利訓練所で会った古賀から、「豊富な先住民族の各種の家居についての

〔写真1-3〕蝸牛式移動家屋

〔写真1-4〕繋駕

知識を授けられた」〔文献54〕と記している。このように、新しいものを考え出すだけでなく、現存する多様な建築の研究も行っていた。

以上のような衣食住に関する事績から、古賀が研究熱心であり、創意工夫に富んだアイディアマンであったことは明らかである。そして、そのアイディアの原点には、既に存在しているものに学ぶという姿勢があった。

一方で古賀は大の酒好きで大酒飲みであったようである。自宅の玄関には、酒の樽が置いてあり、訪ねてきた客に対し、まず酒を勧めた。また、内原訓練所の嘱託として働いていたときは、水戸に間借りして住んでおり、内原まで毎日電車に乗って通っていたのだが、毎日帰る前に一杯飲んで帰っていた。しかし、そんな帰りの電車の中での素敵なエピソードも残っている。あるとき、古賀はいつものように電車に乗って帰っていた。そこで出会った老婦人が、貧乏で暮らしに困っており、その日のごはんにさえ困っていると、古賀に愚痴をこぼした。古賀は、そんな老婦人に対し、持ち金をすべて差し出し、更には、困ったときにお金に換えられるということで、着ている服もすべてあげて水戸まで帰ったというのである。中国の革命軍に加わり、電信隊長とまでなっていたという経歴や、〔写真1－1〕のとおり、外見は短髪でいかつく、身長一六八センチ、体重八〇キロという当時では大きな身体でありながら、その見た目とは異なり、古賀は思いやりのある面倒見のよい人物だった。だからこそ、自らのためだけでなく、多くの人の役に立つような考案に腐心していたのではなかろうか。

また、中崎氏が古賀を直接知っている人に聞き取り調査を行ったところ、彼のことを「自由闊達な人」「自由奔放で規律や法律などには意に介さなかった人」と表現したとのことである。さらに、「一般的なサラリーマンのように、決まった時間に出勤して、決まった時間に帰宅するということが無理であった。だからこそ、加藤完治は、古賀が他人と同化しないように嘱託にしたのではないか」という意見もあったそうである。[*21]

先に述べた古賀の経歴によると、次から次へと様々な仕事や活動をしたり、一か所に留まることなく移動しており、自由に、自分の思うままに活動していた。前述のエピソードでも、研究のために徹夜で取り組んだり、山に籠もったりしたことから、同様な人物像を思うことができる。決まったこと、決められたことを好まず、人と調和せず、自分の思うまま自由に生きた人物であったと考えられるのである。

第二節　建築主任・渡辺亀一郎

古賀弘人の考案した日輪兵舎を日本国内向けに改良を加えたのが、渡辺亀一郎である[*22]〔写真1-5〕。渡辺亀一郎の経歴もみておきたい。

一　渡辺亀一郎の経歴

◉故郷・和田村での生活

渡辺亀一郎は、明治三〇（一八九七）年三月、農業を営む渡辺亀之助の長男として、山形県東置賜郡和田村（現・高畠町）で生まれた。地元の高等小学校を卒業し、一九歳の時、自ら志願して近衛歩兵に入隊した。除隊後の大正八年一月一五日に第四期生として入所した山形県自治講習所[*23]で学びながら、傍らで実家の農業を手伝った。自治講習所では、加藤完治に学んだようである。渡辺家は当時かなりの面積の田畑や山林を所有していたため、同年八月八日に講習所を修了した後も引き続き農業に励み、さらには山林経営にも取り組んだ。そしてその後十数年は、故郷の和田村で農業経営を続けた。自治講習所で学んだ経験を生かして新しい農業経営を模索していたのだが、半年近く氷雪に閉ざされる和田村では容易ではなかったようである。

〔写真1-5〕渡辺亀一郎

＊21　同章註19参照。
＊22　文献148によれば、墓石には「亀市郎」と記されているようであるが、ここでは通常記されるとおり亀一郎としておく。
＊23　大正四年一二月に開所した地方自治の担い手となる青年のための講習所。加藤完治を所長とした。

◉吉植農場へ移住

昭和九年五月、三九歳の時に、実家を弟に任せて故郷・和田村を離れ、一家で千葉県印旛郡本埜村下井（現・印西市）の吉植農場に移り住んだ。この移住は、山形県上山国民高等学校長・西垣喜代次の薦めによった。西垣喜代次は、山形県自治講習所長から、上山国民高等学校長を経て、農林省嘱託になり、後に内原で行われた農業増産報国推進隊の訓練に当たった人物である。移住先の吉植農場の吉植家は、当時千葉県内屈指の大地主であり、政界にも進出したほどであった。衆議院議員となった吉植庄一郎の長男・庄亮は、東京帝国大学の経済学科を卒業しており、自分の所有する印旛沼の北側に広がる湿原を開発して水田にすることを考え、大正一五年から入植者を募って開田を始めた。昭和一〇年までに約五九・五ヘクタールを造成したが、終戦後は農地改革により自作地の約四・九ヘクタール以外は開放した。しかし、現在も吉植新田と呼ばれている。造成した広大な水田を経営するため、吉植庄亮は、山形県や富山県から多くの人を招いていたようで、渡辺家はその縁で移り住んだと思われる。永住するつもりで移住したようであるが、将来自作できる見通しが立たなかったのか、一年半ほどでこの地を離れた。

◉古賀弘人との出会い

渡辺は吉植農場を離れた後、日本国民高等学校の職員となったが、その時期に関しては、昭和一〇年一二月[文献148]と、昭和一一年秋[文献13]との記録がある。日本国民高等学校では、今までの農業経験から農場を主に担当し、水田での鯉の育成、除草作業の容易化などの、農業に関する研究を行った。

昭和一二年三月、友部日本国民高等学校敷地内に、古賀によって日本国内での日輪兵舎第一号が建てられた。「日輪兵舎の沿革」〔文献56〕には、このときに古賀は加藤完治から渡辺を紹介された、と記している。

◉日輪兵舎の研究と建設

昭和一二年八月、古賀は加藤完治に命じられ、饒河訓練所で日輪兵舎の建設を行うこととなった。これは、第二章第二節で詳しく述べる半地下式の土製日輪兵舎二棟である。古賀が現地入りし、日輪兵舎を建設した後、渡辺も饒河の地に入った。日輪兵舎を仮の宿舎とし、本格的な宿舎の建設に携わっており、この間に渡辺は、その後の日輪兵舎建設の基礎的な知識・技術も学んだと思われる。

帰国後、渡辺は日輪兵舎の研究にとりかかった。饒河で建設した日輪兵舎を、日本国内向けに改良するため、試作を重ねたようである。試作と思われる日輪兵舎の建設状況と渡辺が写った写真が残っている〔写真1-6〕。この日輪兵舎が渡辺の試作第一号かどうかはわからない。ただ、ここでは土を固める前の筵《むしろ》で編んだ下地が見えるが、その後の日輪兵舎では木の板で壁をつくっていることから、試作の早い段階でのものと推測される。昭和一二年一一月には、藁屋根の日輪兵舎を実際に建設した。

この時期に建てられた試作段階の日輪兵舎の詳細は、第三章第二節で詳しく述べることとするが、藁屋根の日輪兵舎を建設してまもなくの内原訓練所の建設開始と同時に、渡辺は加藤完治によって訓練所の建設主任に任命された。加藤完治は、渡辺を饒河訓練所での日輪兵舎建設に参加させることで、そのノウハウを習得させ、その後の日輪兵舎建設に生かそうとしたと考えられる。ちょうど義勇軍の議論が開始された頃であるので、加藤完治の先を見越しての判断だったのであろう。

渡辺の研究により、古賀の日輪兵舎は、耐震・耐風・防湿・防寒・防暑などを考慮した内地向けの実用に耐えるものとなった。改良の主なる点は、窓や出入口であり、正面口にポーチをつけたこと、突き上げ窓を開き戸にしたこと、足の泥を払うためにコンクリートの泥よけをつけたことなどが挙げられる。

実際に日輪兵舎を建設した最初の記録は、内原で昭和一二年一一月に藁屋根の日輪兵舎を建設したというものである。この藁屋根の日輪兵舎に関しては、いくつかの異なる

〔写真1-6〕渡辺亀一郎(写真中央)と試作の日輪兵舎

記述が残っており、後節で検討する。この時すべてが藁屋根であったかどうかは不明だが、試験的に八棟の日輪兵舎を建設したようである。建設作業は、高等学校の職員や生徒、茨城県長岡村（現・茨城町）の茨城県立の農民道場の生徒たちの応援を受けて行われた。建てられた場所は拓殖部予定地であり、後に義勇軍内原訓練所が建設されることとなり、その建設開始と同時に加藤完治は渡辺を建築主任に任命したのであった。

◉日輪兵舎完成と渡辺の急死

昭和一三年三月の内原訓練所開設に向け、渡辺は、訓練生を指導して数多くの日輪兵舎建設にとりかかった。そして、計画どおりの工期で五〇〇〇人収容する大建設事業を成し遂げ、無事に内原訓練所を完成させた。しかし、訓練所の施設のほとんどが完成し、最後に残った本部西側の大食堂が完成間近の昭和一三年三月二四日、渡辺が脳出血で亡くなっているところを発見された。このとき渡辺は、満州の大訓練所建設の進捗状況の視察を行うために渡満することとなっており、旅の支度を整え、内原訓練所栄養課北側の日輪兵舎に宿泊していた。享年四二歳であった。

訓練所で葬儀が行われた後、遺骨はいったん故郷の山形県に葬られたが、終戦後、もともと内原訓練所敷地内の弥栄神社のあった場所に改葬された。渡辺の死に対しては、多くの人が彼を弔うとともに、その仕事ぶりに感謝し、古賀は、「日輪兵舎の創設成る実に渡邊先生の献身的努力の賜にして、案者日輪兵舎の隆盛なる今日を見るにつれて、ひそかに襟を正して英霊に感謝禁せざるを得す」〔文献56〕と記し、岸田日出刀*24は、「氏の建築に於ける独創に対し満腔の敬意を表すと共に氏の御冥福を心からお祈り申上げる」〔文献13〕と記している。また東條首相が内原を訪れた際には、渡辺亀一郎の家族に金一封を贈り、内原訓練所建設の労をねぎらった。

古賀が日輪兵舎を考案したが、それを、内原訓練所で容易に建てられるように改良し、実際に何百棟も建てたのは渡辺であった。つまり、内原訓練所の日輪兵舎をつくり上げたのは、渡辺である。だからこそ、岸田日出刀は、古賀の日輪兵舎の形を模して、日輪兵舎を設計した設計者として渡辺を紹介した。*25また、藤森照信は、岸田日出刀のそのような記述や、当時満蒙開拓青少年義勇軍訓練所を紹介した『新建築』〔文献63〕の記事に古賀の名前は現れず、「義勇軍訓練所営繕係　渡邊亀一郎」と記載されていることから、日輪兵舎の考案者を渡辺だと述べたと思われる。ただ、日輪兵舎をはじめて考え出したのは、これまで述べてきたように、古賀であることに間違いない。古賀が日輪兵舎の考案者であり、渡辺は古賀の日輪兵舎の改良を行った内原訓練所の建築主任であった。

二　渡辺亀一郎の人となり

渡辺は、地方自治を担うための青年を育成することを目的とした自治講習所へ自ら希望して入所し、熱心に農業を研究した。彼には、地方の農業を活気づけたい、地方自治を担いたい、との思いが一貫してあったと思われる。自治講習所へ通いながら、実家の農業を手伝い、修了後は、新たな農業経営を模索したり、研究を行ったりして、農村での生活を改善しようとしていた。しかし、それがなかなかうまくいかなかったため、長男であるにもかかわらず、実家を弟に任せ、新たな希望を胸に吉植農場へと移り住んだ。しかし、ここでもうまくいかなかったのか、その後、日本国民高等学校の職員となった。日本国民高等学校には、かつて学んだ自治講習所の所長・加藤完治がいた。つまり、自らの思いを実現することができないため、再び加藤完治のもとで学ぼうと考えたと推測される。このように渡辺は、自分の信念を貫き通す、強い意志の持ち主であった。

また、渡辺は、郷里山形県和田村にいたときから、水田で鯉を飼う研究や、タバコ栽培などの研究を行っており、酒もタバコもたしなまず、研究に打ち込めばお茶すら飲まないほど、研究熱心な人物であった。そのような研究熱心さから、加藤完治は、渡辺を内原訓練所の建築主任として任命したのだろう。経歴から明らかなように、渡辺は建築の専門家ではなく、さらに、建築を学んだこともなく、技術もなかった。しかし、加藤完治によって建設主任に任命されたということは、訓練所建設を成功させるには渡辺しかいないとの思いと、彼への絶対的な信頼があったのではないかと推測される。実際、渡辺は日輪兵舎に関して研究を重ね、数々の日輪兵舎を建設し、内原訓練所を完成させた。詳細については後述するが、建て

＊24　岸田は東京帝国大学出身の建築家で、東京大学安田講堂などの設計に携わった。
＊25　岸田は「日輪兵舎」〔文献13〕の中で、「日輪兵舎の設計者は誰か。それは渡邊亀一郎といふ人である」と述べている。

られた日輪兵舎は一つの形態にとどまらず、徐々に変化していった。古賀の考えた日輪兵舎に改良を加え、よりよいものへと発展させていたのである。

渡辺が以上のような性格であったからこそ、内原訓練所の建築主任として、何百棟もの日輪兵舎建設をやり遂げたのだろう。

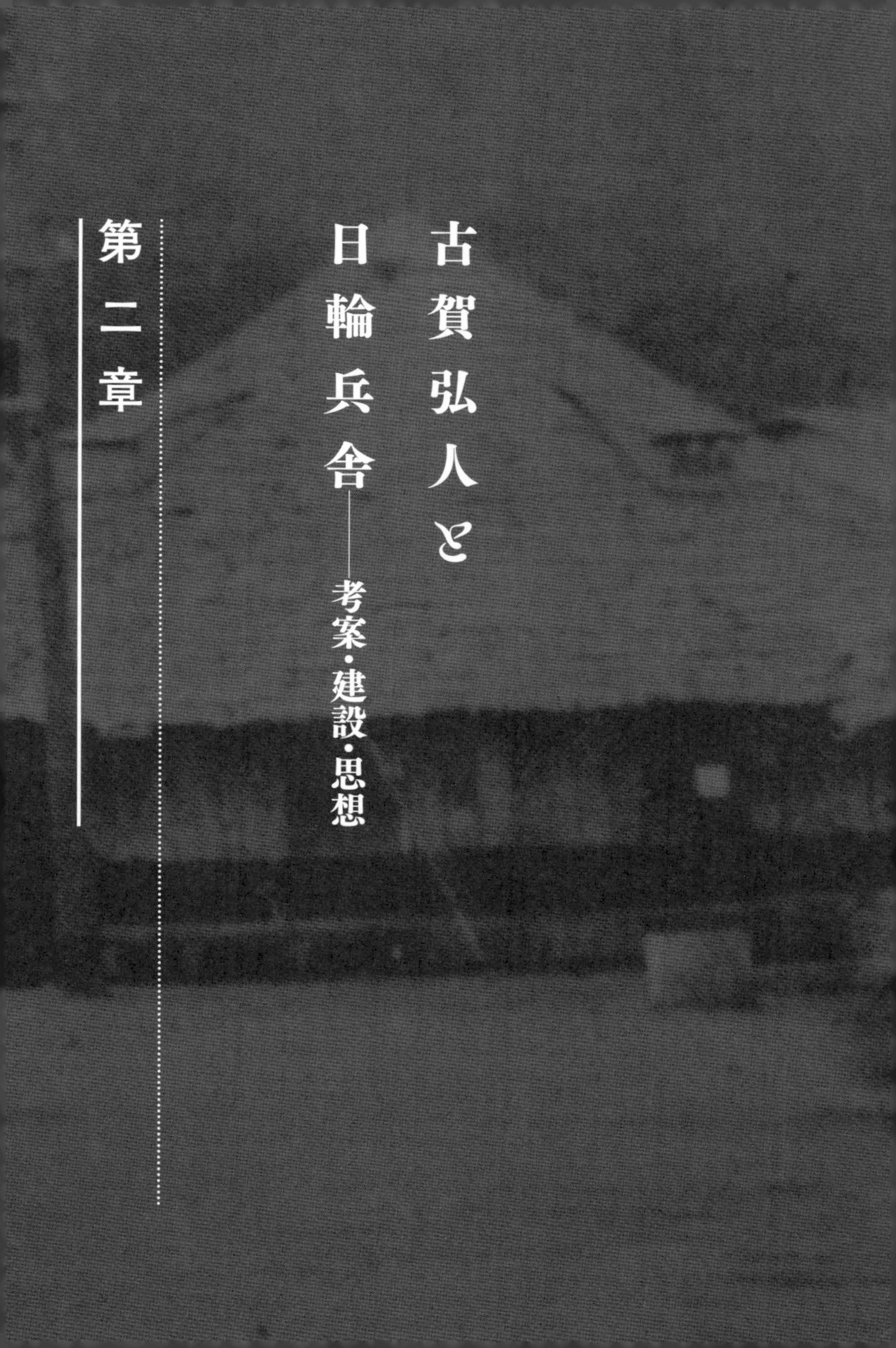

第二章

古賀弘人と日輪兵舎

——考案・建設・思想

日輪兵舎は、古賀によって考案され、数々の試作を経た後、内原訓練所での建設で「標準型」が定まり、国内外で広く建設されていくことになる。本章では、内原訓練所に建てられるまでの初期段階の日輪兵舎の考案された経緯や、その建築的特徴を見ていきたい。「標準型」が生まれた後は第三章以降で扱う。

第一節　日輪兵舎の考案

日輪兵舎考案の動機について、古賀は「昭和七年満州事変勃発に際し在満帝国臣民は皇軍の稜威に信頼するは勿論なるも何分広漠の地域に散在することとて、自然生命の自衛を感じ期せずして防衛陣地は寡を以て衆を制するの円陣形式に執着するに到れり。案者もとより同感にして、往年の尼港事件を起想し、円形避難家屋を考案し、東京神田三崎町満蒙学校教壇にて発表せしことありしも、当時は差したる反響を呼ばず、案者自らも其の後等閑に附したり」〔文献56〕と述べている。

この記述に出てくる尼港事件は、ニコラエフスク事件とも呼ばれ、日本がシベリア出兵中[*1]の大正九（一九二〇）年、アムール川河口にある尼港において、ソビエトのパルチザン部隊[*2]との衝突により、約七〇〇人にのぼるすべての日本人居留民および陸軍守備隊が殺害された事件である。この事件では、約四〇〇〇人のパルチザン部隊が、日本人居留地を包囲し、それによって悲惨な結末を遂げることとなった。古賀と尼港事件の直接的な関連はわからないが、日本中に事件のことが広まっていたので、古賀が日輪兵舎を考案するきっかけとなったことは不思議ではない。

昭和六（一九三一）年九月から始まる満州事変、続く翌七年三月の満州国建国以後、様々な理由から日本人の満州移民の計画が具体化することになる。古賀は、今後満州に日本人が入っていくにあたり、日本人だけが住むわけではない日本の外の地において、周りを敵に包囲され、自らを防衛することが必要となる可能性があると考えた。そしてその際、前述の引用で述べられているとおり、円や円陣という形態が最も効果的であると考え、そこから「円形

*1　一九一八年から一九二二年にかけて、ロシア革命に対する干渉を目的としてシベリアに出兵したこと。
*2　労働者や農民などで組織された非正規軍。

避難家屋」を考案した。戦国時代、中国から伝わった陣形、八陣の中に「方円」と呼ばれるものがある。大将を中心に、円を描くように兵が囲み、敵に対して迎え撃つかたちになって、全方位からの攻撃に対して、対応できるという利点がある。また、動物も、シマウマやゾウがライオンなどの敵から身を守る際に円陣を組むことがある〔写真2－1〕。このように、円という形態は、周りを敵に囲まれた際に身を守る形態として適している。古賀はこのようなことを念頭においていたのであろう。

古賀は、日頃から衣食住のあらゆる分野で様々なものを考案していた。古賀にとって「円形避難家屋」は明確な目的があって考案したのではなく、数ある発明の一つにすぎなかったのではないだろうか。だからこそ、反響のなかったこの「円形避難家屋」は忘れられていたのであろう。その後、国策で移民が推進されていくにつれ、本人も忘れていた「円形避難家屋」に再び光が当たることになる。単なる一つの案にすぎなかった「円形避難家屋」が日輪兵舎として実際に建てられることになるのである。日輪兵舎の発端は古賀が満蒙学校在職中の昭和七年頃であった。

中崎一通氏によると、日輪兵舎の発想の原点について、古賀が生前家族によく語った話があるとのことである。「ある晩、夢の中に大蛇が出てきた。そこで刀で大蛇を斬ったところ、大蛇は円い輪となり天空に浮かび上がって消えていった。その夢を見た翌朝、古賀は夢を思い出し、それをヒントとして設計した」という

〔写真2-1〕ゾウの円陣

話である。古賀の家族の証言であることから、この話の信憑性は高いと思われる。時に、画家や音楽家が、夢に見たものを表現したということがあるが、これはそれと同様である。

第二節　初期段階の日輪兵舎の建設

一　奉天省第一軍管区靖安軍司令部の日輪兵舎

満州国建国の後、国策により満州移民が推進されていくと、古賀はかつて考案した日輪兵舎が、建設が容易であり、防寒や防衛にも適していることから、移民先遣隊の住居に適していると考えたようである。そこで、古賀は同じ熊本出身の小野正雄少佐に提案したところ、まずは満州国軍の兵舎としての研究を許可された。「古賀弘人の次女・西川ミスミ氏の手紙」によると、小野少佐は古賀と同じ熊本藩出身の幼友達であり、陸軍士官学校出身である。小野少佐の弟は東京帝国大学卒業で満鉄参事の河野雅直であり、古賀はこの兄弟に満州で助けられていた。

その後、古賀は小野少佐から奉天省第一軍管区靖安軍司令部敷地内に日輪兵舎の試作を命じられた〔文献56〕。昭和一〇年六月のことであった。「一級建築士選考申請書」によると、古賀は昭和一〇年六月から靖安軍司令部で薦任一等、後に技官として働いており、前述の記事と一致する。ただし、靖安軍司令部敷地内に実際に日輪兵舎が建設された正確な時期は判明しない。ともかくもこの日輪兵舎が、日輪兵舎第一号であったことになる。

そして同年の八月、古賀は小野少佐から、新京での会議のため来満した加藤完治に紹介され、古賀は移民先遣隊の家屋として日輪兵舎を提案した。それに対する加藤完治の決断により、義勇軍と日輪兵舎の関係がはじまったのである。この後、開拓が進められていくなかで、加藤完治から数度、試作や実験を命じられたと、古賀は「防空と日輪兵舎」〔文献100〕で述べている。ただし、この段階での日輪兵舎の建築そのものに関する史料はなく、実態は明らかでない。

二 友部日本国民高等学校の日輪兵舎

次に日本での日輪兵舎第一号を探ってみる。古賀の記した「日輪兵舎の沿革」〔文献56〕によると、昭和一一年、古賀が友部日本国民高等学校*3に加藤完治を訪ねた時のことである。ちょうど同校女子部の火災の直後であり、加藤から日輪兵舎の試作を命じられた。古賀は火災時の廃材を用いて、試験的に日輪兵舎一棟を同校校内に建設した。これが移民用の日輪兵舎のはじまりとなった、と書かれている。

この日輪兵舎の建設時期は正確にはわからないが、昭和一二年三月二四日付『いはらき新聞』〔文献7〕が、友部日本国民高等学校での日輪兵舎建設中の様子〔写真2-2〕を掲載し、紹介している。その記事によると、着工が三月二〇日で、竣工が三月二二日、古賀が設計と指導を行い、延べ約一〇〇人がかりでつくった。そして、一〇〇人という大人数で作業したのではあるが、わずか二日という短期間で日輪兵舎が完成したことに注目している。また、記事には教諭の話が載っており、「北満で開拓していく際、匪賊[*4]や寒さの関係で落ち着いて宿舎を建設することができない。すぐに建てられる日輪兵舎を、まず一時的な仮の宿舎とすれば、小銃弾などが絶対に貫通しないので、一ヶ所に数十名が立て籠もって匪賊に応戦することができる。今後、ここで生徒を交代で生活させることによって、満州での実状に合わせた生活気分を味わわせる」（以上適宜簡略化）と書かれている。以上の記述や写真からわかるように、この日輪兵舎は、考案の動機にもあるとおり、満州の地における移民用の家屋として、匪賊の襲撃にまで備えて考案した建築であった。同年七月一七日付『いはらき新聞』〔文献8〕には、古賀が日本国民高等学校生徒のために、このとき日輪兵舎を二棟つくったと記されており、同様

＊3　内原に日本国民高等学校が移転するまで、西隣の友部に日本国民高等学校はあった。
＊4　徒党を組んで出没し、殺人や掠奪などを行う盗賊。満州では、開拓団などが匪賊に悩まされたと、当時の雑誌などに記されている。

〔写真2-2〕友部日本国民高等学校日輪兵舎、建設中

のものが二棟建設されたようである。
〔写真2－3〕は、中崎一通氏が所蔵する友部日本国民高等学校の日輪兵舎の写真である。〔写真2－3〕と先の〔写真2－2〕は、背景にある木々と斜面に建つことが共通し、建築形態も似ているので、同じ日輪兵舎を写したものであろう。

友部日本国民高等学校の日輪兵舎は、直径三六尺（六間、約一〇・九メートル）の円形平面、高さ三・六メートル、土壁、一階建ての建築であった。*5 先史時代の竪穴住居を思わせる外観である。材料は木材と黒土・筵《むしろ》などであった。屋根は丸太材の垂木の上に筵が敷かれ、その上に土が盛られていると思われる。垂直な外壁の外側には〔写真2－2・3〕に見られるように土が盛られており、このことから、土製日輪兵舎と呼んでおきたい。出入口は、正面の一か所のみ確認でき、扉は存在しない。外壁には銃眼が設けられ、内部にはオンドルが設置されていたようである。

義勇軍の発足は昭和一二年一一月であり、友部日本国民高等学校敷地内に日輪兵舎が建設された段階ではまだそのことは正確に決まっていなかった。しかしすでに関係者の間で発足の準備は進められていたのであろう、その動向とも関わりの深かった加藤完

〔写真2-3〕友部日本国民高等学校日輪兵舎

治は、満州で今後、移民用に日輪兵舎を使用していくことを考え、まずは古賀の研究の成果を見るために、試作として建設を命じたと推測される。このとき、古賀は加藤から、後に内原訓練所で建築主任として日輪兵舎の建設に携わる渡辺を紹介されており、渡辺と日輪兵舎の関係は、このときから始まったことになる。

三　日本国民高等学校内原分校の日輪兵舎

友部の日輪兵舎建設に続いて、昭和一二年七月一七日付『いはらき新聞』〔文献8〕には、「日本国民学校に　又、日輪兵舎」という記事と写真〔写真2－4〕が掲載されている。そこには、奉天第一管区靖安軍司令部所属の古賀弘人の指導によって内原に日輪兵舎が完成した、と書かれている。古賀の関与は確かである。建設が終わった後も、古賀は同校に滞在して、拓務省移民団長候補者八〇人や各種訓練生、生徒に対してさらに日輪兵舎の建設法を指導する、とも書かれている。

日本国民高等学校内原分校日輪兵舎は、直径三〇尺〔五間、約九・一メートル〕の円形平面、

〔写真2-4〕日本国民高等学校内原分校日輪兵舎

＊5　友部日本国民高等学校の日輪兵舎の建築的特徴については、〔文献7・8〕と〔写真2－3〕参照。

木造一階建て、円錐形屋根、漆喰塗りの真壁、高さ約四・五メートルで、五〇人を収容できる建築であった。*6

〔写真2－4〕から、出入口は正面の一か所のみ確認でき、扉の存在は判断できない。真壁の外壁には、柱間一間おきに柱間の幅の窓が見られ、窓枠が存在する。窓は嵌め殺しなのか、開き戸か、それとも窓枠だけなのか、写真からは判断できない。内部中央にはオンドルの設備があり、大陸の気候に対応できるよう、通風や保温に関しては完璧であったようである。また、オンドルの周囲は居間になる設計であったと同紙に書かれており、床が張られていたと推測できる。

四　饒河訓練所の日輪兵舎

日本国民高等学校に建設した日輪兵舎を評価したのか、昭和一二年八月、加藤完治は古賀に対し、満州ウスリー江岸の町饒河にある饒河少年隊の訓練所において日輪兵舎を建てるよう命じた。〔文献56〕加藤完治が命じたのは、饒河少年隊の大和村北進寮*7に五〇人収容の宿舎をつくることであったが、現地にいた三宅指導官は、北進寮から約六キロメートル西方の西南岔《シーナンチャン》*8という地に宿舎をつくるよう依頼したようである。西南岔は匪賊の巣窟であった密林が近くにあり、一本の桜の樹が生える小高い丘があった。その丘の南面には匪賊によって焼き打ちされたという家屋があり、匪賊の多いその地に、防衛用の宿舎が必要とされた。短期間で容易に建設することができることから、まず日輪兵舎が仮の宿舎として建てられ、その後、本建築と呼ばれる本格的な宿舎が建設されることになる。本建築は方形平面の建築であるため日輪兵舎ではない。本建築の建設後は、日輪兵舎は仮眠室として使われた。

武田栄蔵「東宮寮の建設」〔文献140〕によると、日輪兵舎の建設作業は、昭和一二年八月一八日から古賀を隊長に、大人五人と少年隊四人の計九人によって始められた。彼らは、ロシア馬車に食料・資材・器具・弾薬兵器を積んで、北進寮を朝五時に出発し、目的地の西南岔に到着して朝食をとった後、作業を開始した。まず始めに収容人数一五人ほどの小型の日輪兵舎の建設に取りかかった。小さい丘の頂点をドーナツ形に掘り、中心の残土を柱とした。そして、残土の柱に、垂木である丸太を放射状に並べ、柳・篠を使って編み、その上に羊草と土を交互に重ねることで屋根を形成した。続いて、一二個ほどの銃眼兼窓をつけた。ここまでかかった時間はわずか一日であった。翌日は、前日つくった日輪兵舎の入口を出た所に、深さ二メートル、幅五メートル、長さ一〇メートルほどの擲弾筒[*9]発射所兼広場を掘り、日々建設を進めた。一週間ほどして、今度は広場の反対側（東側）に収容人数四〇人ほどの大型の日輪兵舎の建設に取りかかった。そして二週間ほどたった八月末に、大小異なる日輪兵舎二棟が

＊6　友部日本国民高等学校内原分校の日輪兵舎の建築的特徴については〔文献8〕参照。
＊7　饒河訓練所に日輪兵舎が建設される以前から存在した宿舎である。当時、饒河訓練所の訓練生はここで生活していた。
＊8　「岔」は「峠」を意味する。〔文献140〕参照。
＊9　小型の携帯用迫撃砲。手榴弾や発煙弾、照明弾などの発射に使用する。

〔写真2-5〕饒河訓練所日輪兵舎

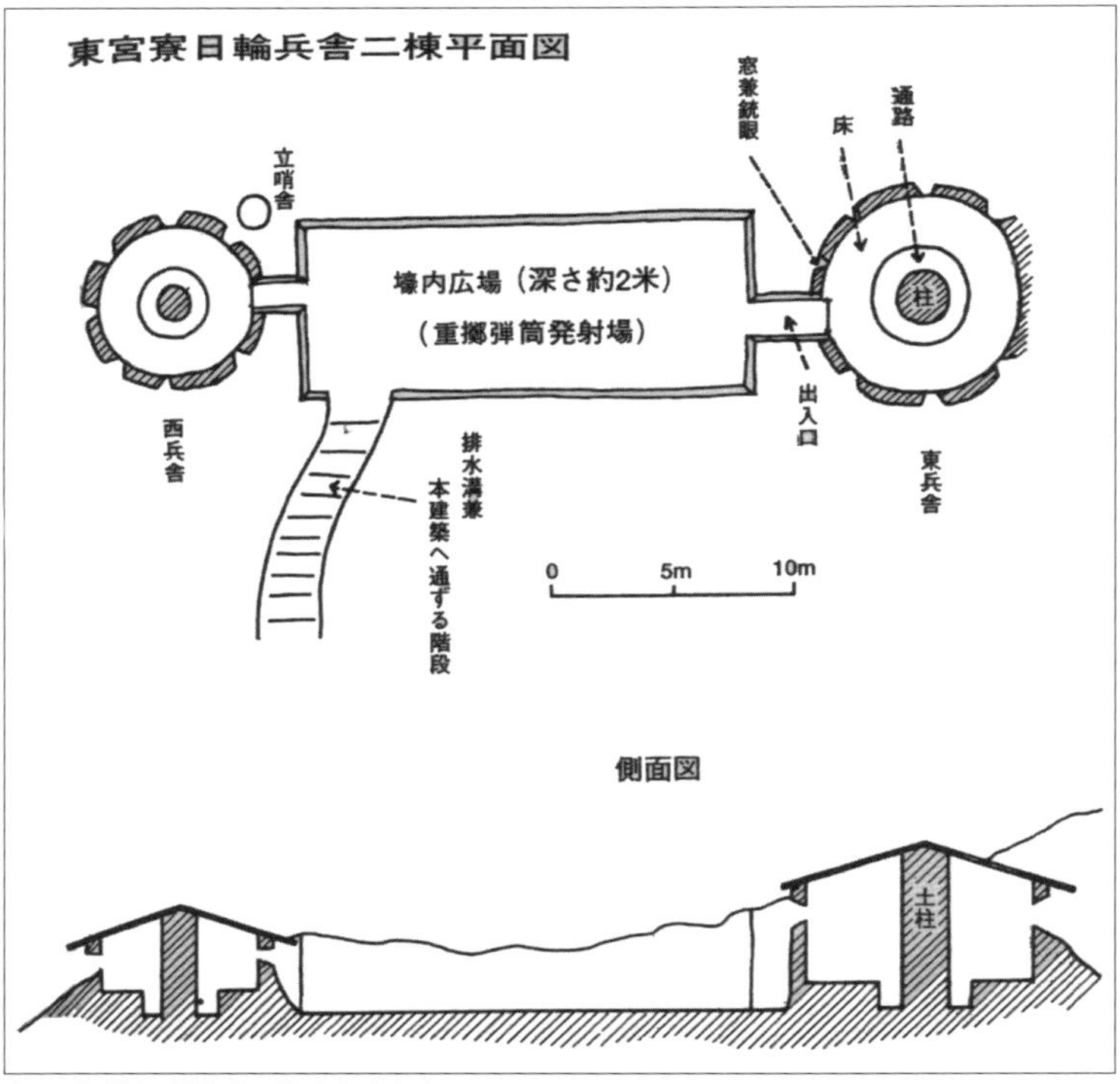

〔図2-1〕饒河訓練所日輪兵舎 図面

完成した〔写真2－5〕〔図2－1〕。

『大和』〔文献11〕には、昭和一二年八月三〇日、試験家屋建設のため、古賀が満州移住協会建築技師としてほかの三人とともに饒河にやってきたという記録が残っている。この試験家屋は本建築のことだと考えられる。前述の日輪兵舎の建設が終わり、饒河訓練所に一度戻ったのであろう。日輪兵舎と本建築の建設はともに、古賀の指導によって行われていた。

九月六日、古賀とともに約二〇人の木工班は西南岔へと出発した。続く七日には、建築見習生として饒河にやってきた渡辺と二九人の選抜された長野県出身者による木工班がそれに続いた。

本建築は、土牆《とうちゃん》造りという技法でつくられた。まず輪郭だけの水平を出して地ならしをし、丸太を使って骨組みとなる柱を立てた。この柱は、屋根の骨組みを支えられる程度のものであり、また、基礎として石やコンクリートは使用していないようである。壁をつくるにあたり、湿らせた土と、一〇センチメートルほどに切った草を混ぜ合わせ、壁土をつくった。厚さ五センチメートル、幅三〇センチメートルほどの板ばさみの枠の中に、切った柳・篠を挟み込み、タコと呼ばれる道具で壁土を入れ突き固めては、板を引き上げ、また壁土を入れては突き固めていくという作業を繰り返した。すなわち版築の技法である。そして屋根ぎりぎりまで壁を積み上げ、屋根の骨組みを取り付けた後、乾草を巻き付けていって隙間をなくし、その上に、泥を塗って黒い厚紙を張り、またその上に泥を塗って完成である。壁の厚さは、三～四〇センチメートルから七～八〇センチメートルと幅があるが、とにかく厚く、なおかつ丈夫であったという。壁が丈夫だったことを示すエピソードとして、完成した後、風呂場用の窓枠を入れ忘れて撃ち抜く際、機関銃を試しに撃ち込んだが、五〇発ほど撃ったにもかかわらず少し崩れただけであったという。

　窓は壁をつくる途中で窓枠をはめ込んで固定するが、正確に垂直面を保つ必要があり、取り付けには苦労したようである。窓も出入口も、すべて二重であり、内側と外側のそれぞれの方向へ開くように取り付けられた。内部には寒さ対策として、オンドルが設けられた。

　屋根を葺く作業を残すだけとなった一〇月某日、渡辺一行は引き揚げた。二か月ほどで本建築は完成し、その後、一一月初めに戦死した東宮鉄男を偲んで、この本建築は「東宮寮」と名づけられた。東宮は加藤完治とともに満州移民を推進した中心人物の一人である。

　また、古賀の提案で本建築の南側に一〇坪ほどの温室をつくった。東宮神社や厩の建設が行われたとの記録もあるが、それらを古賀が指導したのか否か、また古賀がいつ饒河から引き揚げたのかはわかっていない。

　訓練所全体の建物配置は〔図2-2〕に見ることができる。広場を挟んで大小二つの日輪兵舎があり、中央に本建築、そのほかにも温室や家畜小屋などが建てられていた。

　西南岔に滞在中、古賀は、暗闇のなかで日本刀を振る方法や、草原を逃げる方法、また小銃の腰だめ射撃、二丁拳銃の連続発射法などの実践的な訓練を少年たちに行ったとの記録も残る。たとえば、九月中旬には、日輪兵舎を使った攻防戦を計画し、饒河少年隊と伊拉哈《イラハ》少年先遣隊[*10]とで攻守にわかれ、実弾を用いた演習を行った。その後、演習の成果と実戦に際してのアドバイスもした。戦闘訓練については、少年隊は軍隊ではないから、特別な事態でない限り攻撃を仕掛けることはないが、襲撃を受けた場合、いかに被害を少なく、敵を撃退するかが戦闘の目的である、しかしその前にまず、襲撃を受けなくてすむ努力をすべきだ、と説いている。これらのアドバイスは、古賀自らが体験した中国の革命軍などの経験をもとにしたのであろう。かつての中国での経験は、日輪兵舎の建築指導にも生かされていた。

饒河訓練所の建物各部の寸法は〔図2－3〕に示されているとおりである。東西に並ぶ二棟のうち、小型の日輪兵舎を「西兵舎」、大型の日輪兵舎を「東兵舎」と称することにする。

西兵舎は、直径約二一尺（六・三メートル）の土造、円形平面、半地下式、円錐形の屋根で、高さ約一六尺（四・八メートル）、一五人収容の建築である。敷地西側の小高い丘の上に建つ。

＊10 伊拉哈は黒竜江省の嫩江県に位置した。伊拉哈少年先遣隊は、満蒙開拓青少年義勇軍の先遣隊であり、伊拉哈開拓団（第一次義勇隊開拓団）である。

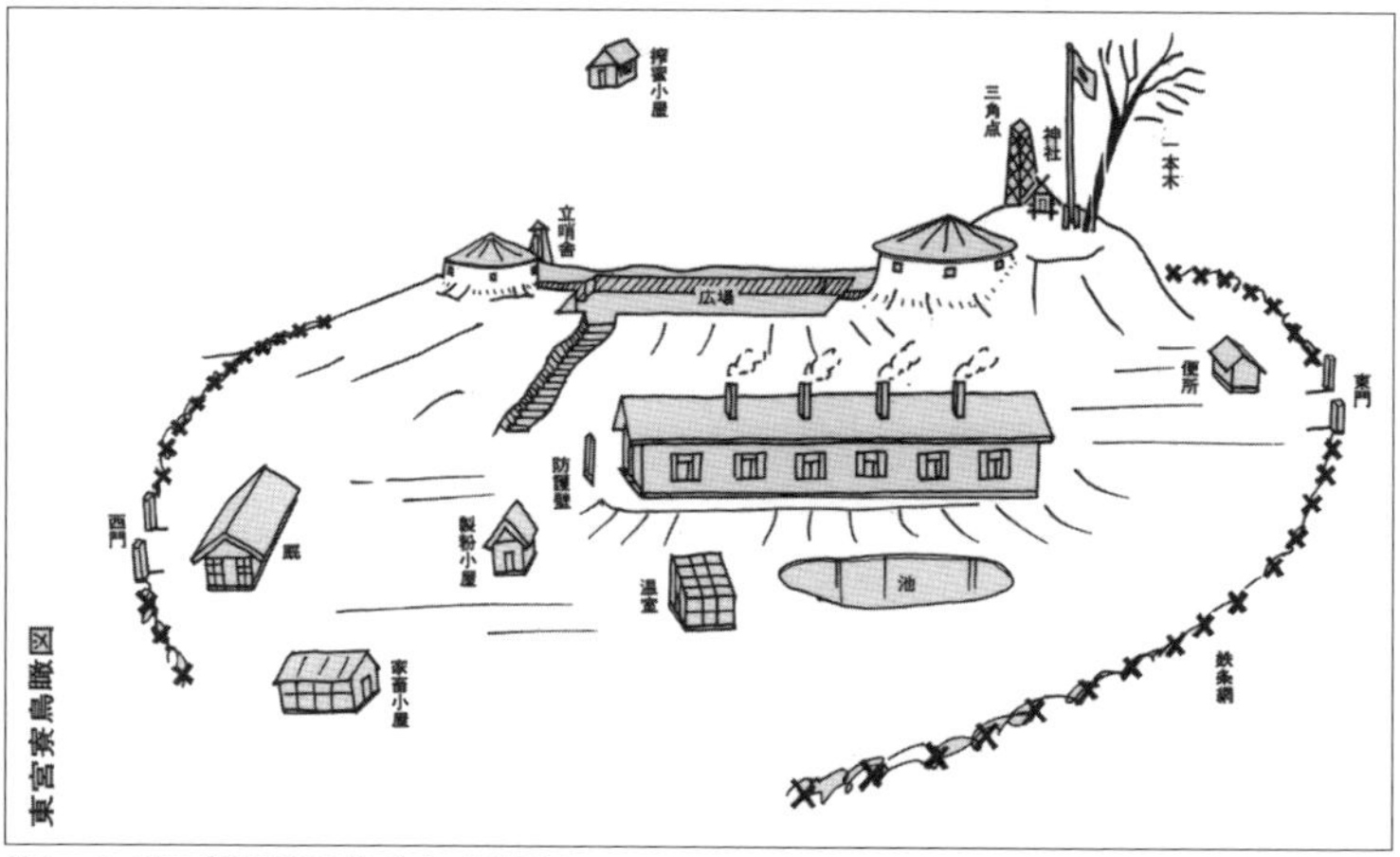

〔図2-2〕饒河訓練所日輪兵舎 配置図

中央部には床面を掘り込んだ際に残した土でつくられた直径一・五メートルの心柱[*11]があり、その心柱に沿った幅〇・七五メートルの床は、周囲の地盤より一メートル下がっている。床は土間である。外壁は土製の壁である。出入口は、広場に繋がる東側一か所であり、出入口から広場までは、長さ二・二メートル、幅一メートルの通路で繋がれている。出入口には扉がある。銃眼と思われる開口が周囲に設けられている。一段下がった床からこの銃眼までの高さは二メートルで、銃眼の大きさは縦〇・六メートルである。

東兵舎は、直径約二七・五尺(八・三メートル)の土造、円形平面、半地下式、円錐形の屋根で、高さ約二三尺(七メートル)、四〇人収容の建築である。敷地東側の西兵舎が建てられた丘よりも大きく高い丘の上に立つ。

中央部は西兵舎と同様、土製の直径二メートルの心柱があり、その心柱に沿った幅一メートルの

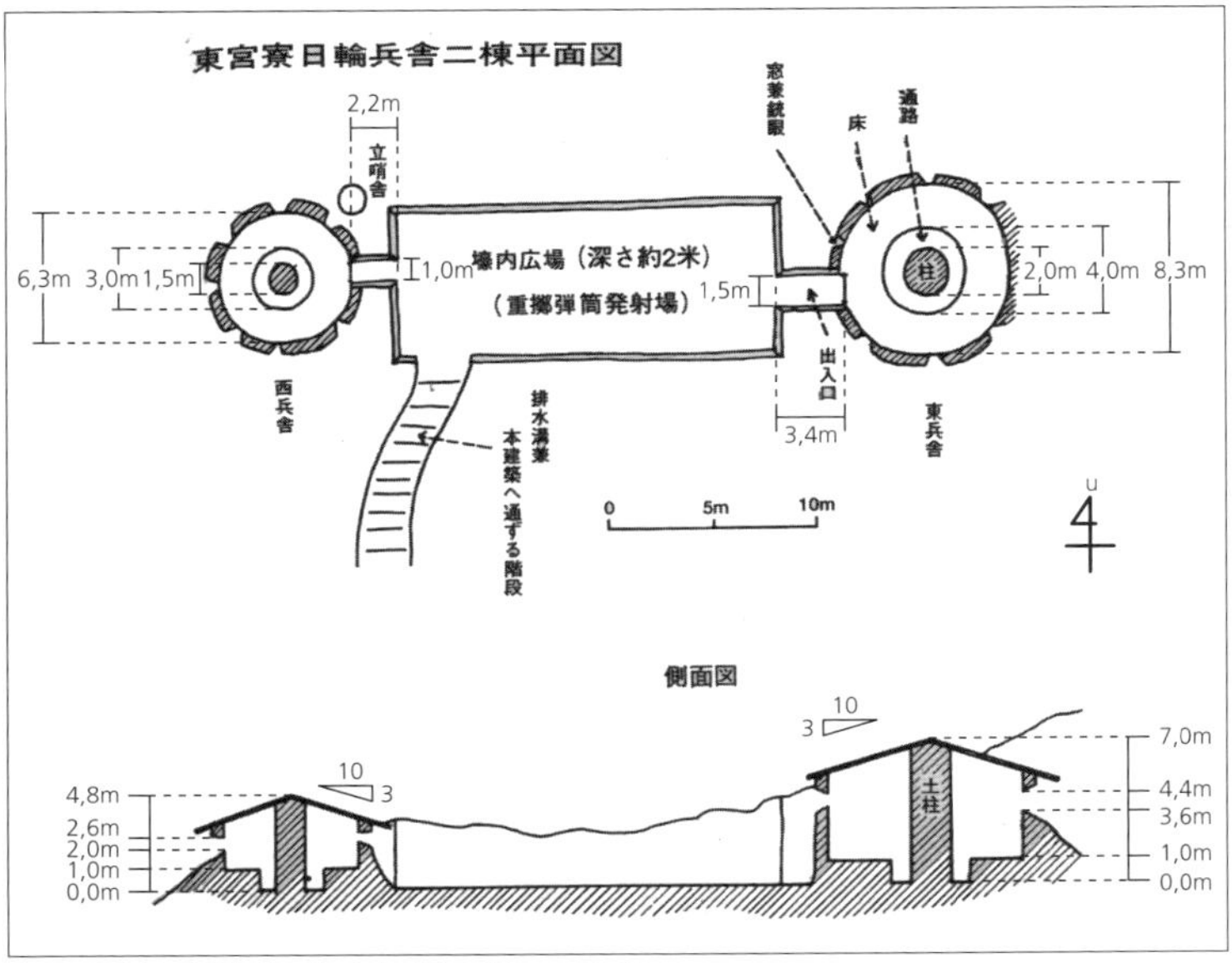

〔図2-3〕 饒河訓練所日輪兵舎 図面(図2-1に加筆)

床は、周囲よりも一メートル下がっている。床は土間である。外壁は土製の壁である。出入口は広場に繋がる西側一か所であり、出入口から広場までは、長さ三・四メートル、幅一・五メートルの通路で繋がれている。一重の扉があり、銃眼も存在する。一段下がった床からこの銃眼までの高さは三・六メートルで、銃眼の大きさは縦〇・八メートルである。

屋根は東西の兵舎ともに心柱と外壁によって支えられており、心柱の頂点から外壁の外側まで丸太を放射線状に並べ、柳・篠を使って編み、その上に羊草と土を交互に重ねることで形成されている。屋根は三寸勾配である。外壁は〔図2－3〕を見ると土を固めてつくられているようだが、〔写真2－5〕〔写真2－6〕を見ると半地下式であることから、地盤の一部が壁になっていた。〔写真2－6〕には雪が残る中、八人が屋根の上に立つ様子が見られ、屋根の土の自重と冬の積雪荷重、さらには、人の荷重にも耐えられるほどの強度があったことがわかる。どちらも、壁と屋根には土が用いられていることから、土製日輪兵舎である。

西兵舎と東兵舎は規模が異なるため、両者には、直径・高さ・心柱の径・床から銃眼まで

〔写真2-6〕 饒河訓練所日輪兵舎

＊11　心柱とは、日輪兵舎の内部中心、円錐形の屋根の頂点の真下に伸びる柱を指す。〔図2－1〕の断面図には、心柱のことを「土柱」と表記している。これは、土でできた柱であるために、このように示された。

の高さ・出入口の幅などに相違が見られるが、心柱の周囲を取り囲む、一段下がった床の深さは一メートルと等しい。これは、この一段下がった床に人が降りるために、人のスケールに合わせて設定されたのであろう。

五　関東軍野戦建築競技会での入賞

時期が明確ではないが、「一級建築士選考申請書」によると、古賀は南嶺において、関東軍主催の野戦建築競技会に参加し、日輪兵舎で特選入賞し、上田軍司令官より賞状を受け取った。このことは、「古賀の長女・芝田貢子氏のメモ」にも昭和一二年の出来事として記されており、関東軍司令部で中佐としての待遇を受けていたとされている。受賞以前から関東軍司令部に軍属として勤めていたのか、受賞を契機に関東軍司令部に入ったのかはわからない。この野戦建築競技会に関しては、これ以上の詳細を知ることができない。

第三節　その後の日輪兵舎の建設

一　勃利訓練所の日輪兵舎

古賀が関東軍司令部に所属していたのは、昭和一三年二月までで、三月からは満州拓殖公社工務課義勇隊建設部で建築主任を務めた。この間に満州開拓義勇隊五大訓練所[*12]の設計及び建設指導を行った。また、国内で内原訓練所開設にあたり、日輪兵舎が宿舎として採用されたために、その指導のための出張も行った。日輪兵舎が本格的に建てられはじめたのはこの頃からである。

まず勃利訓練所の日輪兵舎建設のため、古賀は昭和一三年六月に吉田秀雄建築課補導とともに勃利に渡った。勃利訓練所は、義勇隊の大訓練所の一つである。ここでも饒河同様、まず日輪兵舎が建設され、それを拠点として本建築の建設が行われた。詳細は不明だが、早稲

*12　五か所は、嫩江訓練所（龍江省嫩江県伊拉哈）・孫呉訓練所（黒河省孫呉県孫呉）・鉄驪訓練所（濱江省鉄驪県鉄驪）・寧安訓練所（牡丹江省寧安県沙蘭鎮）・勃利訓練所（三江省勃利県桃山）である。

田大学教授で、建築家でもあった佐藤武夫が、著書『無双窓』〔文献54〕の中でこの勃利訓練所に行ったことについて述べている。その文章は昭和一四（一九三九）年八月に記されたものであることから、建設はそれ以前であった。

二　内地訓練所の日輪兵舎

昭和一二年一一月頃から、内原訓練所で日輪兵舎の建設が開始された。このとき古賀は、満州拓殖公社工務課義勇隊建築部に所属していた。昭和一四年三月からは、満蒙開拓青少年義勇軍内原訓練所建築課の嘱託となった。所属は変わったものの、引き続き内原の日輪兵舎に関わっていたようである。昭和一三年の内地訓練所の日輪兵舎建設時は、自宅は満州の新京市朝日町の八島小学校近くであり、昭和一九年まで満州と内原を行き来していた。東京では杉並区天沼に暮らし、そこから内原へと通っていたようである。内原訓練所では渡辺が建築主任として、日輪兵舎に関する研究や建設を行っていたので、日本と満州とを行き来する古賀は、日輪兵舎の考案者として指導にあたっていたのであろう。

内原訓練所建築課の嘱託となった昭和一四年三月に、内原から東南約四キロメートルにある河和田村に河和田分所が開設された。また、昭和一五年には、内原から南方にある鯉淵村に幹部訓練所ができた。日輪兵舎に限らず、それとは別の特異な形態の建築である河和田分所本部など、内地の訓練所のあらゆる建築の建設指導に携わっていた。

三　日本各地の日輪兵舎

昭和一五年一月一五日に起きた静岡市の大火では、約八〇〇〇戸が焼き尽くされたが、その復興のために各地から集まった職人部隊を収容する家として日輪兵舎が採用された。その建設にあたるため古賀が呼ばれた。そして、わずか数日で、三〇〇人を収容する日輪兵舎を建設し、静岡復興に拍車をかけた。また、初めての官立の女子義勇軍訓練所である長野県立桔梗ヶ原女子拓務訓練所では、訓練所内の施設建設において、古賀が設計から建築まで一切を担当して完成させている。

以上のように、古賀は全国を飛び回り、日輪兵舎をはじめとする建築の建設に携わっていた。満蒙開拓青少年義勇軍内原訓練所建築課の嘱託であったのは昭和一八年八月までで、いつまで日輪兵舎の建設に携わっていたのかは明らかでない。

第四節　日輪兵舎に関する古賀の思想

古賀が日輪兵舎に対してどのような思想を持っていたのかについて、古賀本人の記述から抽出して見ておきたい。

一　名称の由来

古賀が考案した建築を、「日輪兵舎」と称した理由について、「なぜ日輪兵舎と称するか[文献19]」で以下のように述べている。

日輪兵舎の名称は型それ自体が日輪の型を表現するのみならず、その性質が日輪の意義にピッタリと合致するが故に日輪の名称を冠せられたものである。平時にありては指導者を中心とする教育の殿堂となり一旦有時の場合は何時なりとも転じて城塞の目的を達し得る。是れは日輪が天下万物を育てる父の慈愛であり乍ら一旦怒れば赫々何物をも焼き尽す威力の二相を備へる夫れと実に髣髴たる相通ずるものを有するが故に敢て日輪兵舎と命名する。

つまり、建築の形そのものが日輪、すなわち太陽と同じ円形を表現しているだけでなく、建築の性質も、日輪の意義にぴったりと合っていると主張している。日輪の性質として表現された「父の慈愛」と「威力」の間には相反する二面性があり、それと同様に、日輪兵舎も、平時は「教育の殿堂」、有時は「城塞」という相反する二面性を持つ。古賀はこのことを述べていると思われる。

しかし、平時と有時という状況に応じた二種類の使用方法があるというだけでなく、「教育の殿堂」と「城塞」という建築〔施設〕の性質に注目することで、解釈の余地があるのではないかと考えられる。

ここで説明されている「教育の殿堂」とは、何も起こっていない平常時において、真ん中に指導者が位置し、その指導者を中心として、建築の円形に沿って生徒が周りを取り囲むように位置することができる教育の場・施設のことであり、「城塞」とは、外から攻められるような緊急時において外敵を防ぐための、防衛を目的とした施設であると解釈できる。そして、この二つの関係は、「意味性」と「空間性」という二つの視点で捉えられると考えられる。「意味性」という視点においては、「教育の殿堂」とは、ある人がより高い能力を持つために教え育てるという、教育を行うための建築であり、建築そのものに意味はなく、建築を利用して行われる行為のほうに意味がある。また、余裕があってこそこのような建築が生み出される。しかし「城塞」とは、敵の攻撃を防ぐために建てられる建築であり、敵から身を守るために使用される建築そのものに意味があり、切羽詰まった状況において生み出されるものである。一方「空間性」という視点においては、内部で完結し、内部空間に意味があると考えられる「教育の殿堂」に対し、外部との関係性が生み出され、それによって意味が見いだされる「城塞」という捉え方ができる。古賀がこれほど深く考えて言葉を選択し、文章を記述したかどうかまで明らかではない。また、そもそも満州への移住を推進する満州移住協会の発行した機関誌に掲載されていることから、多くの人々を説得するために体裁を繕った文章を書いたかもしれない。しかし、このような「意味性」と「空間性」という視点で捉えることによっても、日輪兵舎の相反する二面性を見ることができるのである。

「日輪兵舎」という名称で、全国に広まっていったという事実を見ると、その名称や意味づけは、時代の風潮に適ったのであろう。そもそも「日輪」とは太陽を意味する。そして、日本人にとって、太陽と言えば日本の国旗と直結する。戦争が起こり、愛国心が高まっていた当時の時代背景を考慮すると、「円形」が「日輪」「日の丸」と結びつくのは自然な流れである。「日輪」という言葉が考案当初はつけられていなかったにも関わらず、「円形避難家屋」という建築が「日輪兵舎」と名づけられたのは、必然であったとも考えられるのである。そして、「日輪兵舎」という名称であるが故に、より全国へと広まっていったのであろう。

古賀の執筆した文章には、「日輪」と書きながら、読み方として「にちりん」と記したものと、「ひのまる」と記したものの両方が存在する。[*13] 意味は同じであり、漢字で見ると変わらないので、特にこだわりはなかったのであろう。書物の中にも、「日輪兵舎」と表現するものだけでなく、「日の丸兵舎」と書いているものもあることから、「日輪」という表記よりも、日本の国旗を表現する、その「意味」が重要視されていたのではなかろうか。

つまり、「日輪兵舎」という名称は、形態においても、性質においても、当時の社会情勢に「ピッタリと合致」していたものであった。それは意図されたものであっただろう。

二　建設目的

すでに述べたように（本章65頁）日輪兵舎の考案のきっかけは尼港事件であり、それに触発されて古賀は「円形避難家屋」を考え出した。したがって考案当初の日輪兵舎の目的は、防衛が第一であったと推測される。しかし、昭和一八年発行の「防空と日輪兵舎」〔文献100〕には、「元来日輪兵舎は北満の地へ防寒と消極的防衛を目的として考案したものであり」との記述があり、これによると防寒が第一で、防衛は第二であるように読み取ることができる。つまり、二つの記述の間には、日輪兵舎の目的に若干の相違が見られるのである。

当初の目的が防衛だったことについては、初期段階の日輪兵舎から知られる。第一号は、奉天省第一軍管区靖安軍司令部敷地内に満州国軍の兵舎として建てられた軍事用であり、防衛目的で建てられたことは明らかである。次に国内で初めて建設された友部日本国民高等学校の日輪兵舎は、土製日輪兵舎であり、銃眼が設けられていた。それは明らかに敵に対する備えとして付けられたものであり、防衛目的で建てられたことになる。饒河訓練所の日輪兵舎は、本建築を建設する際の拠点として仮に建設されたものであり、そこに滞在し続けるというわけではなかった。しかし、建てられた地域は匪賊が多いことから、匪賊からの襲撃を

＊13「日輪兵舎の沿革」〔文献56〕では「ひのまる」とふりがなが振ってあり、「なぜ日輪兵舎と稱するか」〔文献19〕では「にちりん」とふりがなが振ってある。どちらも古賀の名で書かれた記事である。

防ぐという意図があり、また、銃眼が設けられていたので、これも防衛目的であった。以上の三か所の日輪兵舎は、内原訓練所に日輪兵舎が建設される前に建てられており、初期段階のものである。

その後、内原訓練所に義勇軍の宿舎として日輪兵舎が建設され、日本全国に広まった。国内では、防衛面を考慮する必要はない。内部にオンドルが設置され、防寒が重視されている。

以上のことから、初期段階の日輪兵舎と、内原訓練所に始まり日本全国へ広まる日輪兵舎(標準型)の間には、目的の相違が生じている。義勇軍は軍隊ではなく、開拓に行く少年たちであることから、軍事目的というのは、少なくとも建前上は不都合があったのであろう。

三　建設隊と都市防空

昭和一〇年代後半は、太平洋戦争が始まり、空襲に備えた防空意識が高まってきた時期である。そのような時期の昭和一八年に著された「防空と日輪兵舎」〔文献100〕のなかで、古賀は日輪兵舎と関連させて建設隊と都市防空についての新たな提案をしている。

建設隊に関して、空襲は避けられないという軍当局の警告に対し、建築に携わる一人の人間として応えたものである。自由に建設が進められてきた東京という都市において、このままでは空襲に焼き払われてしまうおそれがあり、空襲がなくとも都市構造の面では不利なことが多いので、至急整備する必要がある。その整備で都市を大移動することになると国民に負担がかかるので、国家が「建設隊」を組織することで、その負担を減らすべきである、と言うのである。

「建設隊」とは、国家が直接管轄下において、訓練・運用すべき組織である。今までの教育は、実戦的な訓練よりも理論的な訓練に偏りがちであった。そもそも、「建設隊」というのは、仕事そのものが実践的なものであるから、机上で理論を学ぶよりも、まず腕を磨く方が先である。そしてもちろん、その指導者も十分な実践力を身につけておく必要がある。また、今までは国家が「建設隊」を要請するのは緊急事態のみであったが、早いうちから組織を考えておく必要があるとした。さらに、「建設隊」を「将来国家が正式に必要とする建設隊」と「非常時に組織される建設隊」の二つに分類している。前者は、従来の工学的知識だけでなく、国家理論の把握や精神的・肉体的な錬磨を必要とし、長期訓練により、将来を見据えて訓練されるべき建設隊である。後者の「非常時に組織される建設隊」とは、訓練期間はなく、急遽、想定外の量の建設を望まれる場合に臨時で編成される建設隊である。

古賀は、後者の「非常時に組織される建設隊」がより効果的に機能するためには、容易に建設することのできる建築、あるいはその建設方法を発見することが必要であるとしており、その方法の適例として、自ら考案した日輪兵舎を挙げている。そして、日輪兵舎の利点として、構造理論に最も合理的に考案されているため、年老いた人も少年も、そして初心者にでも、のこぎりと金槌と釘さえあれば建設が可能なことを掲げている。後述するが、実際に内原訓練所では、建設工事に関して素人であった一〇代の青少年たちが、約二か月で六〇〇〇人収容できる日輪兵舎を完成させたので、確かに古賀の提唱に偽りはなかった。内原訓練所において一度大規模な建設が行われており、実績もあった。

また、空襲を受けた際の対策については、以下のように述べている。東京が空襲を受けた場合、人は防空壕などに避難すればよいが、木造が多いため、東京は火災に見舞われ、相当な被害が予想される。したがって、防空対策を練るよりも、被災後を見通した長期的な計画を立てる必要がある。その計画として、江戸川か多摩川あたりの緑地に、内原訓練所に建設された大食堂のような、五〇〇人収容の大きな日輪兵舎を二〇〇〇棟建て、一〇〇万人規模の大収容所を建設するという構想を提案する。そして建てられた日輪兵舎は、平時には青少年の訓練や救急資材の貯蔵庫、あるいは穀倉として使用し、緊急時には避難施設として利用すればよいというのである。これは、日輪兵舎の名称の由来にあった二面性が生かされた案であり、宿舎としての日輪兵舎の規模を大きくすることで、当時の状況に合わせ、さらなる活用方法があることを示したものである。

この文章の中で古賀は、日輪兵舎には「道場としての内原式日輪兵舎」「耐寒としての満州日輪兵舎」「防空目的の日輪兵舎」の三種類があるとしている。前の二つは、今まで述べられたように建てられたものである。しかし、三つ目に挙げられた防空と関連した日輪兵舎については、記録が見つかっておらず、日輪兵舎のさらなる可能性を追求した古賀の一つの構想にとどまったようである。

防空用の日輪兵舎については「防空と日輪兵舎」〔文献100〕に詳細な建て方が記述されている。大都市の避難民用なので、直径一二〇尺（約三六・三メートル）という規模の大きな日輪兵舎が企画されている。この建て方の技法については、第四章第一節で見ることにしたい。

内地訓練所と日輪兵舎

第三章

本章では日輪兵舎の「標準型」となる義勇軍内原訓練所での日輪兵舎の建設の過程と、そこで建てられた建築物について見ておきたい。

第一節 内地訓練所

昭和一二（一九三七）年七月に関東軍は「青年農民訓練所（仮称）創設要綱」を決定した。これを受けて義勇軍の国内での訓練に関連する施設（通称・内地訓練所）[*1]は、茨城県内のみに設けられた。その施設には、昭和一三年に東茨城郡下中妻村内原（現・水戸市）に開設された「満蒙開拓青少年義勇軍内原訓練所」（通称・内原訓練所）、昭和一四年に東茨城郡河和田村河和田（現・水戸市）に開設された「満蒙開拓青少年義勇軍訓練所 河和田分所」（通称・河和田分所）、昭和一四年に東茨城郡鯉淵村中台（現・水戸市、笠間市）に開設された「満蒙開拓幹部訓練所」（通称・幹部訓練所）、昭和一七年に同敷地内に開設された「満蒙開拓指導員養成所」がある。経営主体は満州移住協会であり、同協会に国費を交付することで運営された。

満州移住協会が運営した施設のほかには、満州開拓青年義勇隊の内地訓練所である「満州開拓青年義勇隊内地特別訓練所」が、昭和一七年、新治郡田余村（現・小美玉市）に開設された。この経営主体は開拓青年保健協会であり、新京の満州開拓青年義勇隊訓練本部で予算化され、同協会に委託して運営された。

ここでは、これらの施設のうち、日輪兵舎が建設されていたことが判明した内原訓練所・河和田分所・幹部訓練所[*2]について取りあげ、それぞれの施設建設の経緯と施設の内容について述べる。

一　開設準備と先遣隊による建設

内原訓練所は、元々日本国民高等学校の小林地区農場予定地であったところにつくられた。拓務省の委託を受けて義勇軍の経営を行うこととなった満州移住協会は、昭和一二年一一月

＊1　国外の施設は現地訓練所と呼ばれた。
＊2　満蒙開拓幹部訓練所と同指導員養成所は、幹部訓練所敷地内にあったことから、「幹部訓練所」とまとめて記す。

の国の決定による昭和一三年三月一日の訓練所開設に向け、早急な建設が求められた。そこで同協会は、日本国民高等学校協会と協議し、施設に必要な敷地面積と、訓練に必要な指導者を確保できること、また、東京から来る場合、上野駅から所要時間二時間程度である内原駅の近くであるということから、訓練所の建設地をこの内原の地に決定したようである。

昭和一二年暮れごろから、私有地の買収と並行し、内原訓練所開設のための木々の伐採や整地が日本国民高等学校の職員や生徒を動員して行われた。私有地買収の結果、内原訓練所用地は、当初の日本国民高等学校の農場予定地約二六・八ヘクタールから約四三・七ヘクタールにまで増えた。そしてその後の敷地拡大により、内原訓練所の面積は約四五・六ヘクタールとなった。これとは別に約一〇三・一ヘクタールの実習地もあり、これを含めた総敷地面積は計約一四八・七ヘクタールであった。

内原訓練所の建築物の建設は、第一陣が昭和一二年の末に入所し、昭和一三年元旦に着工した。その後、一月一五日に山形県からの約一三〇人、続く香川県からの一八九人を含め、宮城・群馬・新潟の計五県から、二月一〇日頃には総勢六五三人が建設班として内原に集まった。そして、二月二〇日ごろの義勇軍入所に向けて日輪兵舎の建設を進めた。

二月二五日入所予定であった義勇軍の人数に関しては、『拓け満蒙』第二巻第三号[文献18]では六〇〇〇人であると書かれているが、その後の『拓け満蒙』第二巻第四号[文献20]や昭和一三年一月七日付『いはらき新聞』[文献12]では五〇〇〇人と書かれている。また、この入所の二月二五日という日付に関して、『拓け満蒙』第二巻第四号[文献20]によると、満州での建築時期は寒さを避けた四月の終わりから一〇月いっぱいに限られている。その間に三万人以上を収容する訓練所を建設するためには、四月二〇日ごろまでに先遣隊として五〇〇〇人渡満しなければならない。その渡満までには、二か月の内地訓練が必要であるから、先遣隊は内原訓練所に二月二〇日には入所しなくてはならない。二月二〇日ごろに内原訓練所に入所するためには、募集締め切りは二月一五日が限度である、というように、逆算によって期日が決定されていた。

実際は、二月二六日から内原訓練所への入所がはじまった。また、二月一五日締め切りの五〇〇〇人の募集に対して八六九五人が応募し、さらにその前に入所中の建設班と合わせて応募者は約九六〇〇人という、予定をはるかに超えた数となった。そのため入所を延期された応募者もいたようである。正式な内原訓練所開設は昭和一三年三月一日であったが、訓練の開始を急いだため、開所式は開かれなかった。

内原訓練所は、当時の金額で建築総工費二八万円、設備費三八万円、土地買収費一六万円の、計八二万円であったとされており、経常費を加え昭和一三年の支出は九九万八〇〇〇円で、そのうち四〇万六〇〇〇円が政府から補助され、三井報恩会などの援助もあった。

二　建設訓練

義勇軍が開拓に行く地は何もないところである。そのため、まずは住むための宿舎の建設が必要となる。それに備え、内原訓練所では建築作業の訓練が行われた。建築作業は特技訓練[*3]の一環であり、一中隊を編成する五小隊の中に一小隊ずつ建築班が設けられ、建築班となった訓練生は、日輪兵舎の建設に関する訓練を受けた。彼らはノコギリやカンナを用いて木材を加工し、日輪兵舎を建てたり、修繕したりした〔写真3－1〕。建築ばかりではなく、木製銃の製作を行うこともあった〔絵3－1〕。

三　内原訓練所周辺地域の変化

内原の地には、訓練所が開設され、さらにそれに伴い、父兄や視察団など多くの人が訪れたことにより、周囲に変化が現れた。

内原駅の乗降者数は、それまで年間一二万人前後であったが、昭和一五（一九四〇）年には年間四五万人と三倍以上に増え、乗降者の増加と業務の多忙化により、駅舎の拡張と職員の増員が行われた。駅前の郵便局でも職員が増員され、取り扱われる郵便物が多いため内原訓練所内にも郵便所が設けられ、駅前の内原郵便局との間を一日三回往復しての郵便物のやりとりが行われた。

駅周辺では義勇軍を目当てにした時計屋や万年筆屋ができ、内原訓練所の職員や幹部の協和服[*4]を扱う洋服屋、刀剣に関係する研ぎ師業、さらには前述の来訪者を目当てにした旅館や飲食店が立ち並ん

〔写真3-1〕木工訓練

だ。そして、内原訓練所に行くまでの近道は元々は細い道であったが、バスが通れるほどの広い道へと変化した。

また、義勇軍の増加だけでなく、幹部の数も増加したことにより、彼らの家族も大勢が内原の地へと引っ越してきた。多くは内原の農家から一棟を借りて住んだのだが、その家賃が当時の値段で、月三円から五円へと上がった。また、下中妻村の人口は、元々二八〇〇人であったが昭和一三年四月の時点で一万人を超え、茨城県下の市町村別人口において二三六位から一〇位以内へと一気に上昇した。

このように、内原訓練所が建設されたことにより、今までと比べられないほど多くの人が内原を訪れることとなり、周囲の環境にも大きな変化が現れたのである。

〔絵3-1〕木製銃の製作

四　他団体の利用

内原訓練所は、義勇軍の訓練に限らず、他の活動や訓練でも使用された。その理由は、大

*3　何もない満州の地で生活していくために必要な技術を身につけた特殊技術者を養成するための訓練。栄養・縫工・気象観測・農産加工など、衣食住に関わるもので、各中隊から訓練生を選抜するか当番制により行われた。

*4　満州の国民服であり、洋服屋が存在していたということから、当時、内原訓練所の職員や幹部が着ていたと思われる。

規模な収容施設が全国的に珍しいこと、東京からの交通の便がよかったこと、初年度以降は義勇軍の応募者が目標人数に達しておらず、訓練施設の利用率が低かったことなどが挙げられる。また、義勇軍の訓練が高く評価され、委託訓練の申し込みが各種団体から多くあったということも関係していた。内原訓練所は「講習会の栞」*5を作成し、義勇軍以外の人の利用に備えた。委託訓練は、明治大学の学生をはじめとした大学生や専門学校生対象の拓殖訓練、全国教員拓殖講習会などの国民学校教職員や青年学校専任職員を対象とした拓殖指導者の訓練、東京鉄道教習所生の訓練などがあり、規模は数十人から数百人であった。なかでも圧倒的な規模を誇ったのは、農業増産報国推進隊の訓練である。

農業増産報国推進隊とは、農林省と農業報国連盟によって「戦時下の食糧確保のため増産運動の重要性を認識させ農民の奮起を促すため〔文献79〕」に計画された。隊員は、地方長官の推薦によって、全国から農業経営に精進する研究熱心な二五歳から四五歳の男子が集められた。訓練を受けた人数は、この事業が開始された昭和一五年度には一万四七八二人（前期七〇七六人、後期七七〇六人）、昭和一六年度には一万三二八七人（前期六三九五人、後期六八九二人）、昭和一七年度には一万三四二二人、昭和一八年度には一万三九〇九人であった〔文献144〕。合計五万五四〇〇人であり、義勇軍の約九万人の約半数に上る。昭和一五年度と昭和一六年度は、前後期に分かれており、前期が一一月二〇日から約一か月、後期は一二月二二日頃から約一か月の訓練期間であった。それ以降の年度は、一二月二二日頃から約一か月、内原訓練所に加え、河和田分所でも訓練が行われた。つまり、前後期に分けて内原訓練所一か所で行っていたのを、河和田分所を加えて二か所同時に行うようになった。彼らは、義勇軍と同様の時間割で訓練を受け、日輪兵舎で起居し、農場の開墾や森林伐採などを行った。

このほか、終戦前には軍の要求に応じて、訓練所はその一部を開放しなければならなかったようである。

内原訓練所イコール満蒙開拓青少年義勇軍というイメージが強いが、実際は、多くの団体の訓練が義勇軍と場を共有して行われていた。戦争が激化し、材料不足によって建設が簡単には行うことができなくなっていった時期であるため、新たな施設を建設するよりも、今ある施設を利用することが重視されていたのであろう。利用された内原訓練所の日輪兵舎は、低コストでつくられていたから、義勇軍に限らず、あらゆる団体の訓練にとって、とても都合のよい施設であったのだ。

五　内地訓練所の終焉

昭和二〇（一九四五）年八月一五日、日本は終戦を迎えた。この日、内原訓練所では、全職員が本部大食堂に集まって、正午から始まった昭和天皇の終戦を知らせる玉音放送を聴いた。

＊5『満州開拓と青少年義勇軍』〔文献148〕にその内容が一部掲載されている。それによると、「講習隊員心得」や「日課概要」などが細かく記載されていたようである。

終戦により「満州国」は八月一八日をもって終焉を迎えた。さらに九月六日、満州移住協会の命令により、約八年間続いた義勇軍は解散された。そして、終戦時約八〇〇〇人いた訓練生たちは、各出身地へと帰郷するか、希望により開拓地へと入植した。訓練所はしばらくの間は人の出入りがあったが、日ごとに減少し、九月二五日、加藤完治により閉鎖が言い渡された。

　内原訓練所が閉鎖して一か月後の様子が昭和二〇年一〇月二三日付『朝日新聞』と一一月一三日付『茨城新聞』〔文献102〕に掲載されている。これらによると、幹部訓練所と指導員養成所の建築物は、全国農業会に引き渡されて技術員訓練所に転用されたが、ほかはほとんど取り壊された。ただ、戦争により建設資材が不足していたため、取り壊された日輪兵舎などの建築物から出た廃材は、戦災を受けた地域で再利用されることとなり、多くは水戸市の住宅建設に使用されたとのことである。つまり、何百棟と建ち並んでいた日輪兵舎はこの時に取り壊された。一部はほかの地で再び日輪兵舎として生まれ変わったものもあるが、訓練所に人がいなくなったため、無断で持ち去られた資材もあったようである。

第二節　内原訓練所の日輪兵舎

内原訓練所は、面積約四五・六ヘクタールの敷地内に〔写真3－2・3〕に見られるように数多くの日輪兵舎が建設された。終戦直後の調査[文献148]によると、日輪兵舎およびそれに類似した形式の建物が三四七棟、通常の建物が五一棟、格納舎が八棟の計四〇六棟が建設されたとされている。終戦直後の内原訓練所の配置図は手に入れることができなかったが、昭和一三年五月時点の配置図〔図3－1〕、昭和一五年六月発行の雑誌[文献63]に掲載された配置図〔図3－2〕、昭和一六年時点の配置図〔図3－3〕を得ることができた。

これらの配置図の中で最も新しい〔図3－3〕から、その凡例を参考に、用途や形態によって分類し、〔図3－4〕を作成した。この〔図3－4〕では、「宿舎」「炊事場」「便所」「浴場」「中隊本部」「その他日輪兵舎」「特殊型日輪兵舎」と分類した。「その他日輪兵舎」とは、「宿舎」をはじめとした五つの用途に分類されないが、〔図3－3〕では円形で示されていることから、「日輪兵舎」とみなしてよい建築である。「特殊型日輪兵舎」とは、〔図3－3〕では円形で示されていないが、日輪兵舎を変形させたと思われるものである。

本節では、これらの図と、〔図3－3〕と同じ昭和一六年時点の航空写真〔写真3－2〕、時代

〔写真3-2〕内原訓練所 航空写真(昭和16年)(左上は河和田分所)

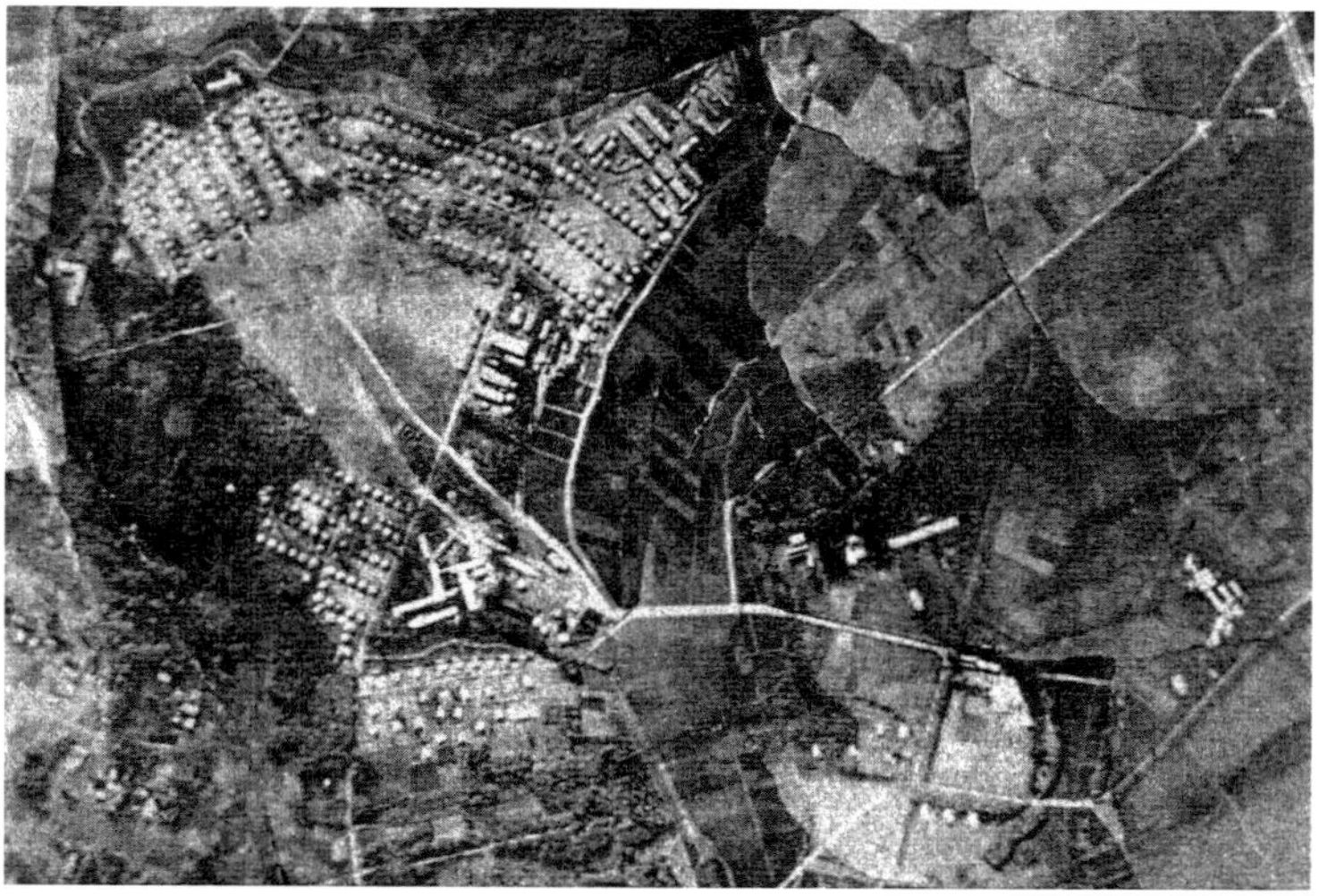

〔写真3-3〕内原訓練所 航空写真(年代不明)

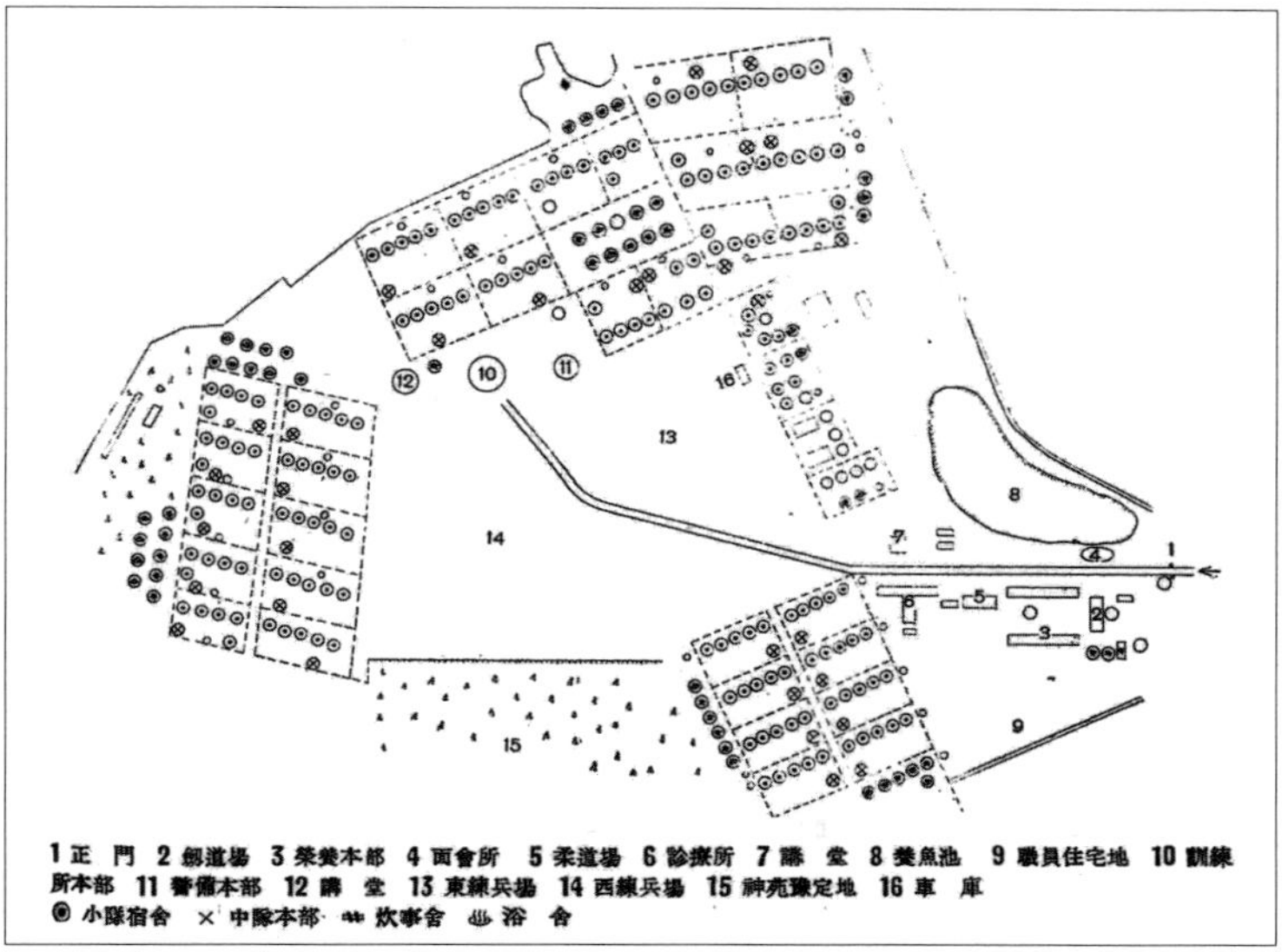

〔図3-1〕内原訓練所 配置図（昭和13年5月）

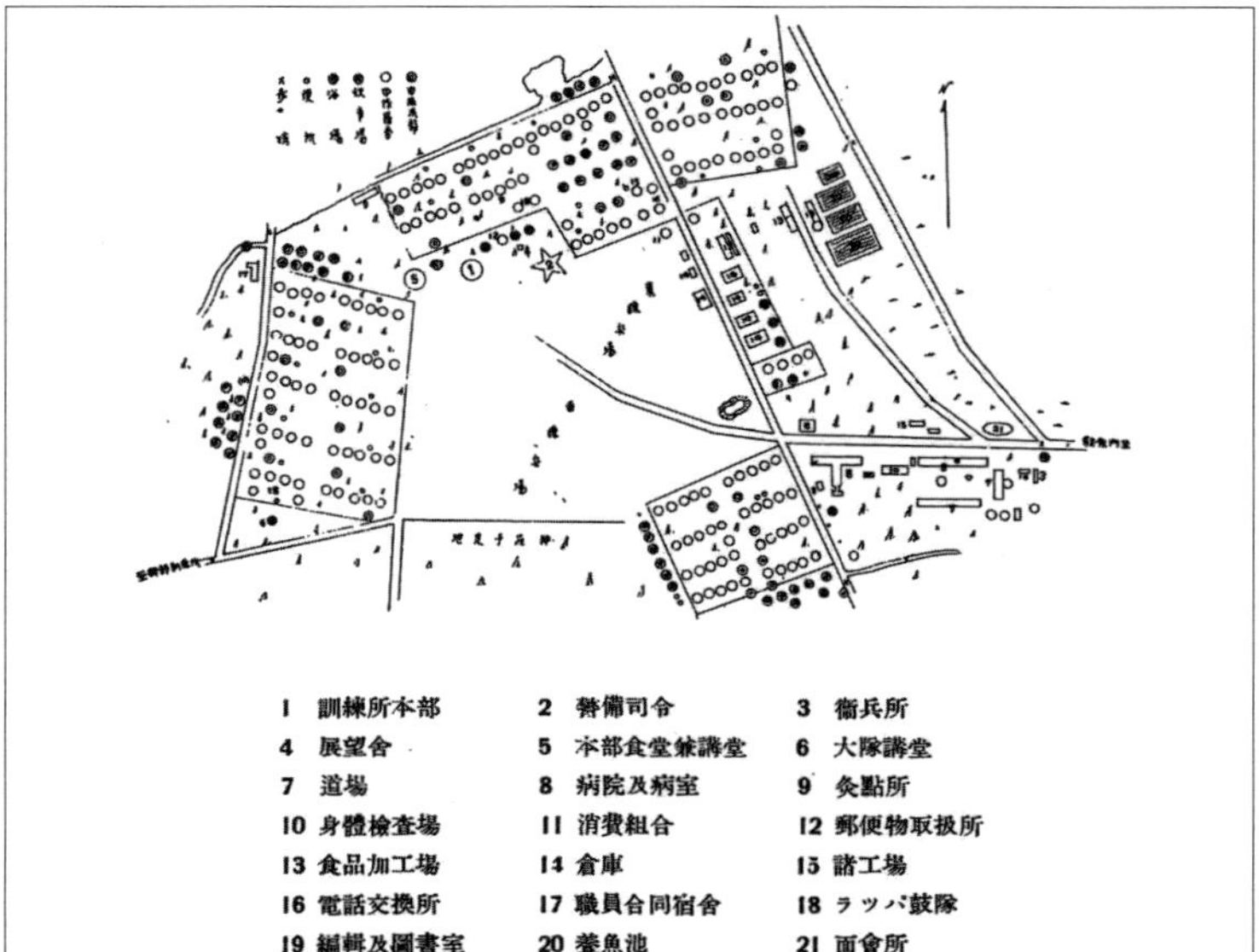

〔図3-2〕内原訓練所 配置図（昭和15年6月）

不明の航空写真〔写真3－3〕、そのほか得られた写真や記述をもとに、訓練所内の施設配置やそれぞれの建物の建築的特質について見ていきたい。

一　試作段階の日輪兵舎

まず、内原訓練所で本格的な建設が開始される前の、試作段階の日輪兵舎の実態を見ておく。

昭和一二年一〇月頃から、饒河訓練所で日輪兵舎について学んできた渡辺亀一郎により、日輪兵舎の試作が始められた。第一章では、この頃に建てられたのは〔写真1－6〕（58頁参照）の日輪兵舎ではないかと推測した。

渡辺の手で藁葺の日輪兵舎が昭和一二年一一月から建てはじめられたようであるが、この建設については、平成になって中崎一通氏が著した「日輪兵舎雑記」〔文献136〕と、昭和一

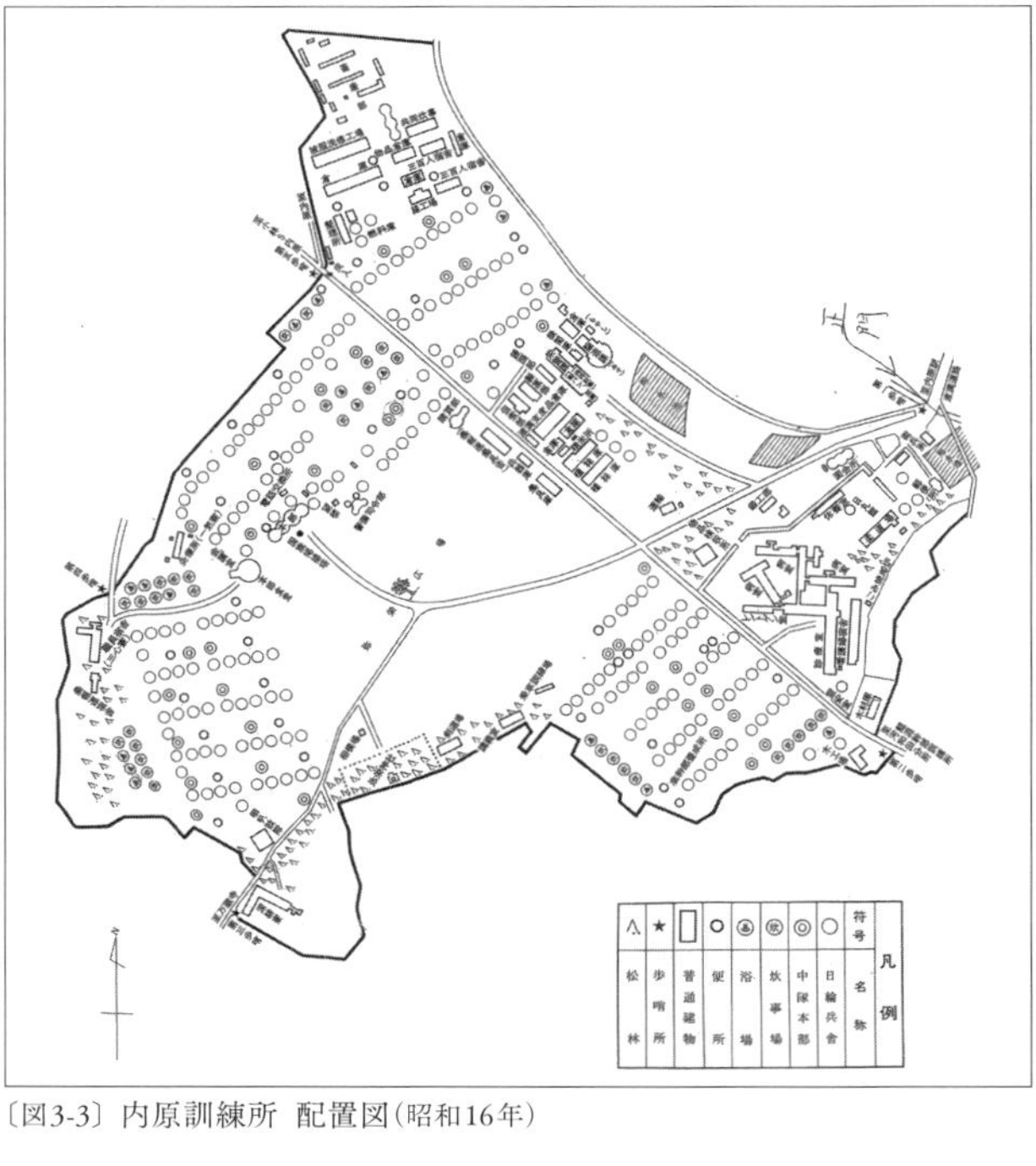

〔図3-3〕内原訓練所 配置図（昭和16年）

二年一一月二七日付『いはらき新聞〔文献9〕』とで異なる記述がある。

　中崎氏は、古賀の長女・芝田貢子氏からの聞き取りと、元伝習農場長・早川一男の著書『一本の道〔文献104〕』を参考に、「建てた場所は内原電機正門を入って一五〇メートル程先の右側に三棟、タカトー工場西側の現在杉林の所に二棟（中略）この設計と建築指導に当たったのは日輪兵舎創案者の古賀弘人であるが、実際の建築作業に従事したのは、当時長岡の県立経営伝習農場で訓練中の浜野貴ら開拓訓練生で、製材から完成までに要したのは九日間であった」と書いている。後者には、一一月一八日に日本国民高等学校に入った「拓務省第六次満州移民の茨城斑、本隊員富塚義雄君他六十五名」により、「十九日に起工して早くも六棟が完成しようとしている」と書かれている。二つの記述の間には、建てられた棟数も建設者も相違が見られるのである。

　前者の記述に出てきた「内原電機」と「タカトー工場」は現存する企業である。内原郷土史義勇軍資料館に展示されている地図と中崎一通氏への聞き取り調査の結果を照らし合わせて勘案すると〔図3－5〕の⬢△の位置にあたる。この図に示したとおり内原電機の正門は、〔図3－5〕では6診療所と7講堂の間の道が北西に折れるあたり、すなわち〔図3－2〕の十字路あたりであると思われるので、相当する日輪兵舎三棟は〔図3－5〕の丸Aで囲ったいずれかではないかと思われる。また、「タカトー工場」は、〔図3－5〕の8養魚池の向かいで、内原訓練所の敷地外に位置する。この西側には〔図3－1〕では日輪兵舎は見当たらない。前の記述に、日輪兵舎二棟があった所は、現在杉林であると書かれていることから、

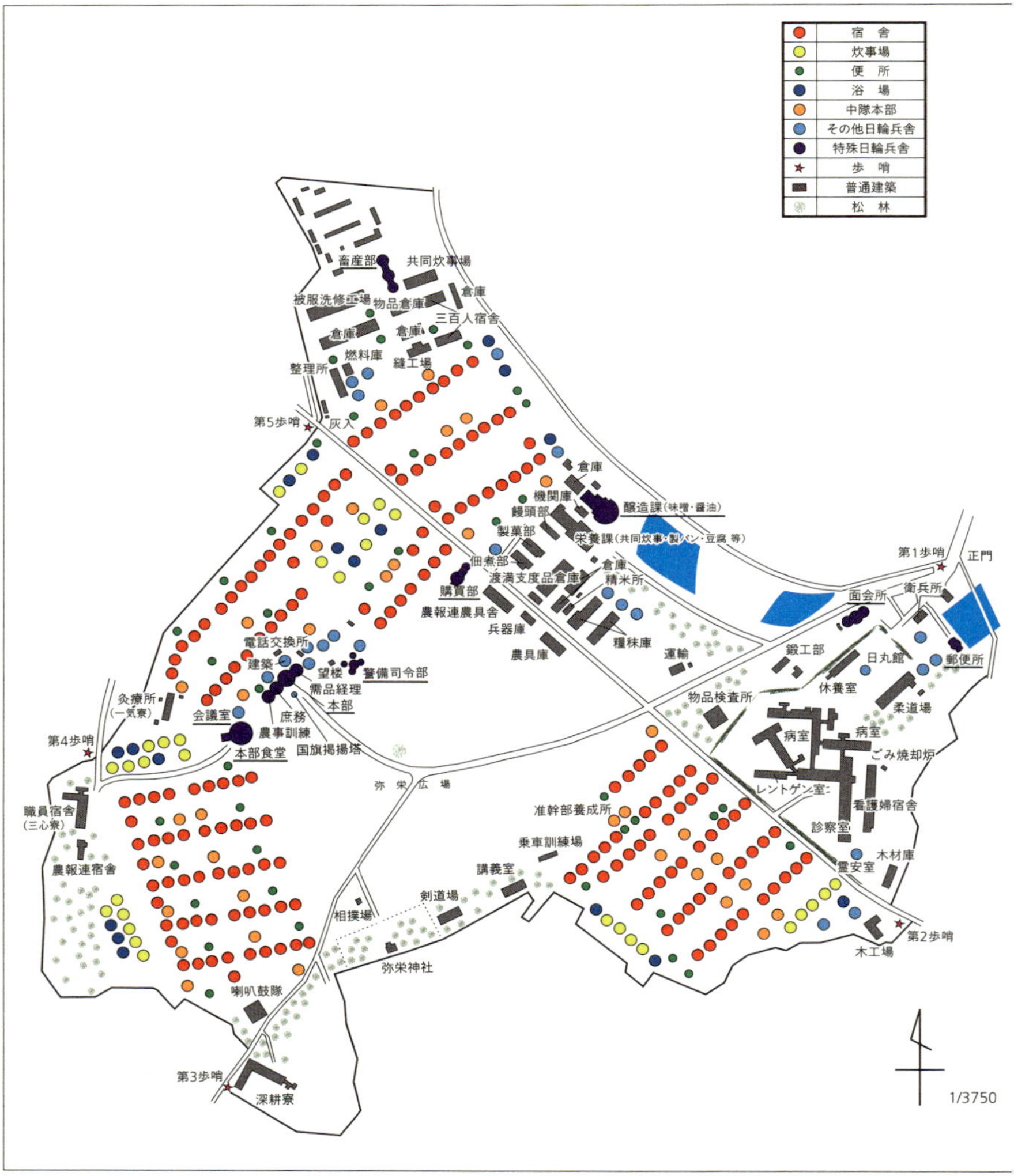

〔図3-4〕内原訓練所 配置図（昭和16年）

試作の段階の日輪兵舎であったため、建設後すぐ取り壊されたのかもしれない。

後者の『いはらき新聞』〔文献9〕には、〔写真3－4〕が掲載されている。窓の形や外壁・背景から、同じ日輪兵舎を写したと思われる「モダン日輪兵舎」〔文献18〕掲載の〔写真3－5〕には、藁葺の日輪兵舎が四棟並んでいる。藁屋根の日輪兵舎が建設されていた場所として、上記以外に「病院の前の道を右に消費組合の方へ向って行くと右側に藁葺の日輪兵舎、これぞ青少年義勇軍と切り離して考へる事のできない日輪兵舎の最古の歴史的な建築物。（中略）この日輪兵舎は現在倉庫に使用されている」という記述がある。〔文献37〕ちょうど〔図3－5〕の丸Aで囲ったところに、宿舎としての日輪兵舎が九棟建っており、また〔写真3－4・5〕の日輪兵舎は二列に立ち並んでいる。したがって藁葺の日輪兵舎が建っていたのは〔図3－5〕の丸Bで囲ったあたりと推測される。ただ、藁葺の日輪兵舎は、

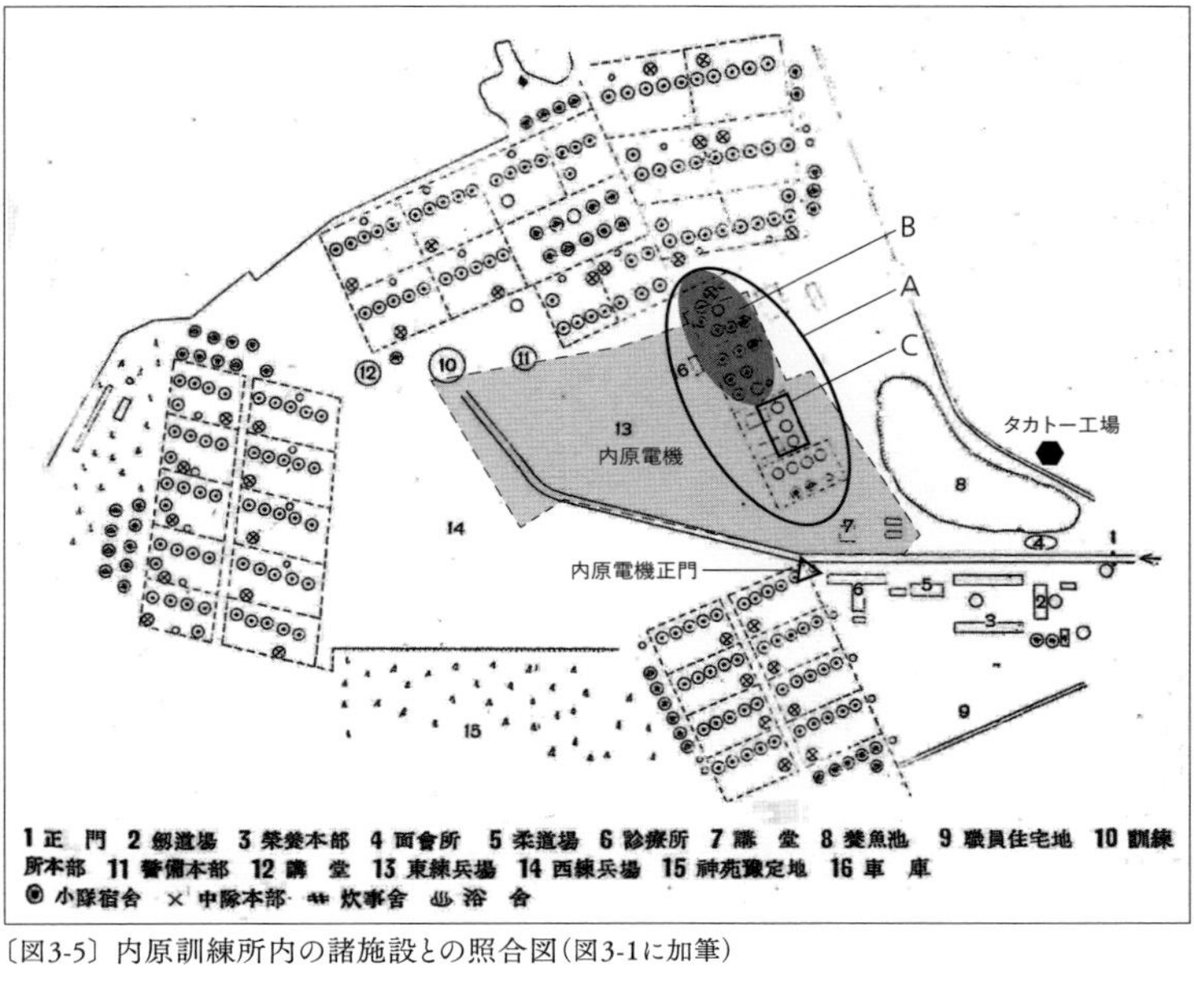

〔図3-5〕内原訓練所内の諸施設との照合図（図3-1に加筆）

宿舎として使用されなくなった後は、倉庫など別の用途で使用され、昭和一八年頃取り壊されたようであり、その後の配置図〔図3－3〕で残っている三棟〔図3－5のC〕は藁屋根であった可能性が高い。

一方、渡辺は試験的に日輪兵舎八棟を建設した、という記録があり〔文献13〕、試作段階の藁葺の日輪兵舎は、先に示した渡辺による試作と合わせて八棟建てられたことになる。また、建設者については「日輪兵舎雑記」〔文献136〕は古賀が指導にあたっていたが、昭和一二年一一月二七日付『いはらき新聞』〔文献9〕は江坂首席教諭が指導したと書かれている。それぞれの記事の筆者の着目点が異なったからではなかろうか。

いずれにせよ、日輪兵舎は昭和一二年一一月まで建設されたようなので、一一月三日に「満蒙開拓青少年義勇軍編成ニ関スル建白書」が提出されるまでに、すでに義勇軍の訓練所建設は準備段階にあって、試験的に日輪兵舎が建設されていたことになる。

宿舎として利用された藁葺の日輪兵

〔写真3-4〕藁屋根の日輪兵舎、建設中

〔写真3-5〕藁屋根の日輪兵舎

舎は、雨漏りなどで困ったようである。そのためか、長期間宿舎として使用されたわけではなく、後に倉庫として使用されるようになった。昭和一五年の終わり頃には、訓練生の中から義勇軍の幹部を養成することになって研究生の制度を設けた際、この日輪兵舎で研修が行われたようである。

内原訓練所の建設準備の頃の試作段階の日輪兵舎は藁葺であったが、これ以降の屋根は杉皮葺となる。その理由は、中崎一通氏によると、当時はトラックなどがなかったために、大量の藁は調達できても運搬が困難であったこと、また藁を葺く技術は難しく、少年たちの手で藁を葺くことができず、職人を必要としたためだという。雨漏りがひどかったことも一因だったようである。日輪兵舎建設が少年たちの手で行われることを考慮し、少年たちにも簡単に葺くことのできる杉皮葺が採用されたのであろう。

試作段階の日輪兵舎は、木造、直径三〇尺〔五間、約九・一メートル〕の円形平面、藁葺、円錐形の屋根、高さ一五尺〔約四・五メートル〕の建築で、六五人が収容できた。[*6] 屋根は、円形の頂点から垂木が放射状に並べられ、その上に藁が葺かれた〔写真3－4〕。外壁は、昭和一二年一一月二七日付『いはらき新聞』〔文献9〕に、「木材を組みたてて周囲を土で固め」たと書かれており、〔写真3－4〕には下見板張りの大壁が見られる。〔写真3－5〕は藁葺で、外壁も

*6　試作段階の日輪兵舎の建築的特徴については、昭和一二年一一月二七日付『いはらき新聞』〔文献9〕と〔写真3－4、5〕参照。

土塗の大壁のようである。日本国民高等学校内原分校日輪兵舎では真壁であったが、それとは異なって大壁であった。これは土製日輪兵舎を参考にしたためであろう。

出入口や窓の数はわからないが、外壁の上部に窓があり、突き上げ窓と思われる。開口部は日本国民高等学校内原分校日輪兵舎に比べ、横長である。内部には床が二段設けられ、中央にはオンドルがあった。また、匪賊に備えるための銃眼まで備えられていたとも前記の新聞には書かれているが、突き上げ窓が銃眼の役割を果たしていたのか、あるいは、ほかに設けられていたのかは判別できない。

試作段階の日輪兵舎は、外壁が土壁で銃眼が設けられていることに、友部日本国民高等学校や饒河訓練所の土製日輪兵舎と共通点が見られる。これは、古賀と渡辺が饒河訓練所から帰ってきた後に建てられたものであるため、その経験をふまえているのであろう。

この後、本格的な日輪兵舎が陸続と建てられることになる。以下ではその実態を見てゆく。

二　宿舎

内原訓練所の建設は、最初の建築班が昭和一二年暮れに入所し、昭和一三年元旦から始まった。試作の後、一一月末には宿舎として建設される日輪兵舎の形態が決定されたようである。建築班は山形・宮城・香川・群馬・新潟の計五県からの六五〇人を超える少年たちであった。彼らの手で二月二五日に義勇軍に入所する予定の五〇〇〇人のための宿舎が、次々と建てられていった。宿舎は、一小隊につき日輪兵舎一棟が充てられ、一中隊は五小隊からなっていたから、終戦時には三五中隊分、一七五棟の日輪兵舎が建設された。これは、内原訓練所に建てられた日輪兵舎三四七棟の約半分にあたり、用途別にみると最も多い。内原訓練所に建てられた日輪兵舎は、古賀の創案した日輪兵舎の形式を、耐震・耐風・防湿・防寒・防暑などを考慮して内地向けにつくられたものである。また、すでに述べたように、日輪兵舎はもともと「円形避難家屋」として考案されたものであって、主たる用途は住居である。したがって日輪兵舎の用途が宿舎となることは自然であり、まずここでは、宿舎として内原訓練所に建てられた日輪兵舎について述べる。

ところで、内原訓練所で宿舎として使われた日輪兵舎に関して、屋根形式により大別すると、

1　円錐形屋根の日輪兵舎
2　小塔付円錐形屋根の日輪兵舎
3　入母屋造屋根の日輪兵舎

の三種に分けられる。それぞれの形式ごとに見ていきたい。

①円錐形屋根の日輪兵舎

内原訓練所に日輪兵舎が存在していた当時の記録や書物のうち、日輪兵舎の建築形態について詳しく記述されている文献は〔表3-1〕のとおりである。いずれも建築家の随筆や建

築関係の雑誌六点〔文献13・18・54・63・81・83〕であり、刊行順に並べた。また、先に述べた試作段階の藁葺屋根の日輪兵舎についても、変化の過程がわかるよう併載した。〔表3－1〕とともに、そのほかの史料も適宜参照しながら見ていきたい。

内原訓練所の円錐形屋根の日輪兵舎は、〔絵3－2〕に見られるように、中心に一本の心柱が立ち、その頂点から放射状に垂木が広がる屋根構造を持つ。いわば唐傘型とでも呼ぶことのできる形態である。実際、内原訓練所の日輪兵舎を紹介する当時の記録に、屋根を「唐傘」「傘の骨」「洋傘」などと表現しており、そのようなイメージで見られていたのである。

「モダン日輪兵舎」〔文献18〕は、試作段階以後の、日輪兵舎の特徴について詳しく記述された最初の文献である。日輪兵舎の本格的な建設が昭和一三年一月からであり、この記事の掲載された雑誌『拓け満蒙』の刊行が三月であることから、書かれたのは建設開始

〔絵3-2〕日輪兵舎内部の様子

『モダン日輪兵舎』〔文献18〕	『いはらき新聞』〔文献9〕	
昭和13年3月出版	昭和12年11月27日掲載	刊行・執筆
平面図〔図3-6〕		図面の有無
杉皮葺	藁葺	屋根材
75人	65人	収容人数
「直径三十六尺の日の丸型」	「直径五間の圓形」	平面（直径）
	「2間半」	高さ
「28坪」		建坪
・「三尺の間隔を以て約三寸角長さ十尺程の柱を堀立、中央の中心柱」がある		柱
・「中央の中心柱に棟木を取付けたものを建て棰を掛け、野地板を並べてその上に杉皮を葺く」		屋根
・「外壁は南京下見張り」	・「木材を組みたてて周囲を土で固める」 ・「匪賊に備へるため銃眼までつけられてある」	壁
・「出入口には文化住宅にある様なポーチが設けられ、二重扉に成ってい」る		出入口
・「十二ヶ所に窓があ」る		窓
・「壁に沿うて床が丸く幅七尺、高さ一尺位に張られていて、藁床となって居り、その上には海軍省でも使っていると云ふ畳と薄べりとの合の子と云った様な薄い畳が敷かれてあ」る	・「居間はオンドルを囲んで設けられ」る	内部
・「一番初めに造られた兵舎は三層になっていたので窓からの光線が充分に採れず薄暗い感じを与えていたいましたけれども後から建てられた大部分の兵舎は一階になってい」る ・「この一階造りの場合でも随時に二層或は三層造にすぐ架設出来る」	・「二階建」	階数
		材料
・「全然素人の少年達が従事していますが、四十名で即日一棟完成させてい」る		建設人数・日数
・「材料費は二百円内外ですから、少年達の手間を一人二圓と見積もっても八十円、計二百八十円、この兵舎建坪は二十八坪ありますから、坪当り建築費は十円見当になる訳です」 ・「現在建築材料が騰貴して中流住宅を建てるのに坪百円位を要するのを見ても之が如何に廉いかが判る」		コスト
・「耐寒の点に就いて実験の結果を見ますと外部で零下十度の酷寒の時廿八坪もある内部中央のペチカ（ストーブ）を少し燃しただけで廿度も寒暖計の目盛が昇って、中に入っている七十五名の者が大変暖かく寝られる」	・「屋内中央にオンドルの設備があ」る	防寒
・「三層造りの兵舎と同じ人員を収容し得るために建物の直径を六尺拡げ三十六尺にしてあ」る		その他

〔表3-1〕内原に建つ日輪兵舎に関する文献表記の比較（次ページに続く）

「日輪営舎の建築」〔文献54〕	「日輪兵舎」〔文献13〕	
昭和13年10月執筆	昭和13年7月執筆、昭和13年8月出版	**刊行・執筆**
	平面図〔図3-9〕、立面図〔図3-8〕	**図面の有無**
杉皮葺(写真による)	杉皮葺	**屋根材**
	60人	**収容人数**
「直径六間の円形の平面」	「直径36尺」	**平面(直径)**
	「約29坪」	**建坪**
・「壁は三十六本の柱が並び、中心に心柱が一本」	・「周囲に柱を立て並べ」る ・「部屋の中央に一本心柱」 ・「周囲に計36本の杉又は松材の三寸角の柱を掘立てに建て並べ」る ・「末口五寸杉又は松丸太の中心柱」	**柱**
・「中心に心柱が一本あり、仰ぎ見れば蛤も傘の骨のやうに屋根裏の棰が見える」 ・「屋根亦薄板を葺いて竹で押へてある」	・「部屋の中央に一本柱が立ち、その頂上のところに傘の骨のやうな具合に棰が集まり、所謂小屋組の類は一切省略してある。屋根はこの棰の上に無造作に敷並べられた杉皮で葺いてあるに過ぎない」 ・周囲の「柱列の上部を大貫材で内外から挟み敷桁となし、末口二寸五分杉丸太の棰をこの敷桁に架け渡し、末口五寸杉又は松丸太の中心柱上方に放射状に集めてある」	**屋根**
・「丸い壁が周囲を取巻く」 ・「壁は薄板か背板が無造作に打ちつけられ」ている	・「外壁は極く薄い板張り」 ・「壁板は極く薄いからこれまた簡易に円く張れる。内部は凹面をしていて円く板を張ること難かしいから、竪羽目張りにしてある」	**壁**
・「一個の出入口」		**出入口**
・「簡易な突出し窓」		**窓**
・「部屋の内部は中央の土間と、周囲の板床、二階の桟敷の附いたものもある」		**内部**
	・「収容人員の増加によりては二階も任意に架し得るように計画」	**階数**
	・「松材及杉丸太を主」	**材料**
	・「延施工人員は素人（訓練生）のみの50〜60人といふ程度のもの」	**建設人数・日数**
		コスト
		防寒
		その他

「茨城県内原訓練所の建築」 〔文献81〕	「満蒙開拓青少年義勇軍訓練所」 〔文献63〕	『大陸日本教育の父』 〔文献83〕
昭和15年7月出版	昭和15年6月出版	昭和15年3月出版
	平面図・断面図〔図3-7〕	
杉皮葺	杉皮葺（写真による）	杉皮葺
60人	60人	60人
「直径六間」		
「三十坪未満」		
・「中央棟に達する丸柱を有する」 ・「外周の壁体の外、直径三間半の圓陣をなす位置に普通の柱を建て繞ら」す	・「中央には一本の主柱」	・「主柱は中央に傘の柄の如きものが一本あとは周囲に一列あるだけ」
・「傘型の小屋組構造を有しないところの心柱に集る棰ばかりの屋根で、何れも杉皮を葺いて居り勾配はほぼ四寸五分に相当」 ・「天井は凡て屋根裏をみせてい」る	・「中央には一本の主柱があり、洋傘の様に円錐形の屋根はこの柱及び外壁で支持されて居る」	
・「外壁は横板張り又は縦板張り若くは皮付丸太材を割ったものを横に打付けて居」る		・「周囲は松板の引きぱなしの釘づけ」 ・「板で周囲を張」る
・「出入口は前後に二ヶ所、ポーチ型に造ったものが多く、入口はドア」がある		・「入口は二ヶ所」
・「窓は開」く		・「ガラスの小窓が観音びらきについている」
・「上り床との間に卓を造りつけてあ」る	・「内部は土間で、外壁にそって二段に起臥する処がとられて居る」	・「床も高くして、藁が敷いてあ」る ・「床は、窓ぎはに沿ふて一階と二階と二通りに出来ているが、巾は約九尺位、床板は悄々窓ぎはが高く傾斜して張られてある」
・「多くの兵舎は直径六間の単層建築で稍大なるものは中二階床のあるものもあ」る		
・「建築用材は自然材に近く杉、松材の丸太、押角の割材を用ひ」る		・「材料は勿論松林から伐り出した材木で骨組を作」る
		・「訓練生十人で、四、五日で仕上げる」
		・「テーブルは、中央の主柱に向って弧を画くやうに配列されてあります。これも手製の釘づけの食卓であり、勉学の机でもある」

間もない時期である。そのため、収容人数などが、それ以降の五点の文献と異なっている。一方で、五点の文献には、ほとんど同じ内容が記されている。すなわち、「モダン日輪兵舎〔文献18〕」に記された日輪兵舎はまだ試行錯誤を重ねている段階であり、以後の五点の文献に記された日輪兵舎が一般的に建設された日輪兵舎であると推測される。

そこで、「モダン日輪兵舎〔文献18〕」の記載を初期型、それ以外の文献の記載を標準型として、分けて記述する。

I）初期型

初期型の日輪兵舎は、直径三六尺（六間、約一〇・九メートル）の木造、円形平面、円錐形屋根、杉皮葺、南京下見張りの大壁造、七五人収容の建築である〔表3-1〕〔図3-6〕。「外柱」は約三寸（約九センチ）角、長さ一〇尺（約三・〇メートル）の角柱、「中心柱」[*7]は丸柱であり、ともに堀立柱[*8]である。外柱は、外周に沿って約三寸間隔で三六本立てる。出入口は二か所設けられ、前後に対向して配置されている。正面口にはポーチが付いている。窓は一二か所、左右対称に設ける。床は中央が土間であり、壁に沿って一段高く床板が張られている。

屋根の構造は、心柱に棟木を取り付けて、その上に垂木を架け、

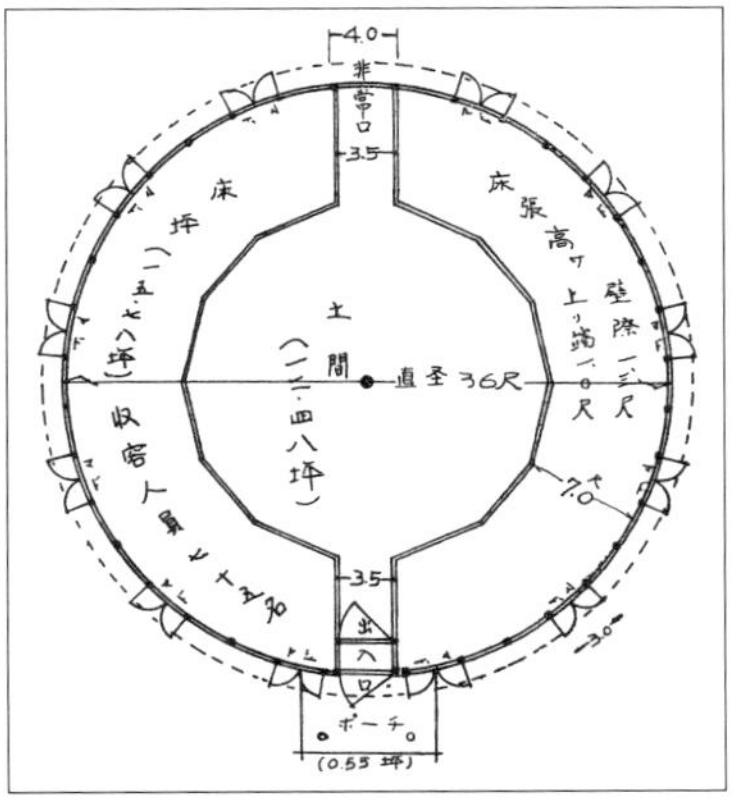

〔図3-6〕日輪兵舎（初期型）平面図

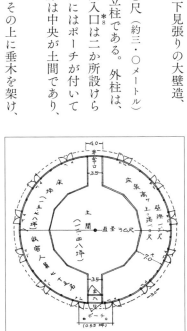

野地板を並べ、最後に杉皮を葺いた。この棟木とは、心柱上部に頰杖状に開いた材の上に載る垂木掛けであろう。*9

出入口は、正面口、裏口ともに幅四尺で、扉がつけられており、正面口のみ二重扉である。ポーチは、〇・五五坪で、丸柱二本で支えられている。窓は隣り合う外柱の柱間と等しく幅三尺で、両開きである。つまり、出入口の柱間は、他の柱間よりも少し広くなっている。

内部は、出入口と繫がる幅三・五尺の通路を除き、壁に沿って幅七尺で床板が張られており、床高は「上り端」すなわち内側で一尺、壁際では一・三尺で、内側へ向かって低くなるよう傾斜がつけられている。また、床には藁が敷かれ、その上には、海軍省でも使われていたという、畳と薄べり*10の中間的な薄い畳が敷かれていた。〔絵3－2・3〕によれば、少年

*7 「外柱」「中心柱」は当時の記録に見られる用語である。「中心柱」は、以下では一般的な心柱という用語を使うこととする。

*8 〔図3－6〕には「出入口」「非常口」と書かれているが、どちらも「出入口」と称することとする。二つの出入口がある場合、「正面口」「裏口」と称することにする。

*9 円形平面の日輪兵舎では、心柱一本が立つだけでは、一点に集まる垂木を支持できないので本文のように考えた。内部に棟木があるのは、後述する入母屋型屋根の日輪兵舎であるが、この形態の日輪兵舎は平面が円形プランでなく、初期型の日輪兵舎にはない。

*10 布の縁をつけたござ。

〔絵3-3〕睡眠の様子

たちが頭を円の外側に向けて寝ており、頭の方を高くして寝ていた。〔図3―6〕には外柱と心柱しか描かれておらず、一五・七八坪と書かれた床の坪数が一層分の床の坪数と一致するので、この日輪兵舎の内部の床は一層であった。多くの日輪兵舎は床一層で構成されていたようである。「モダン日輪兵舎」〔文献18〕には次のように書かれている。これ以前の日輪兵舎は床が三層であるため、内部が薄暗かったが、一層にすることにより、その薄暗さは解消された。ただし、三層を一層に減らす一方で、収容人員を減らさないために平面の直径を六尺広げた。一層であっても、容易に二層や三層に増設できるようにしてあった。初期段階も試作段階も三層であったという記録は残っていないが、どの段階かで三層のものも建てられたのであろう。

いつ誰が実施したかは不明だが、耐寒性能についての実験を行ったようで、その結果は、外部が氷点下一〇度のとき、内部中央でペチカ（ストーブ）を燃やすと、温度計の目盛りが二〇度まで上り、室内の七五名の人たちは快適に寝られたとのことである。ただ、実験で燃したペチカと、実際に訓練所で使用されていたペチカの仕様が同じだったのか、などの実験の詳細はわからないので、本当に青少年たちが快適に生活を送ることができたのかは不明である。

試作段階の日輪兵舎と比較すると、屋根が藁葺から杉皮葺になっていること、直径が六尺（一間）大きくなっており、それに伴って収容人数が増加していること、窓が両開きになっていること、銃眼がなくなっていること、さらにポーチが設けられていることなどに変化が見られ、改良が加えられたことは明らかである。

初期型の建設は、一棟あたり、四〇人の素人の少年によって、一日あれば完成できたようである。材料費は、一棟あたり二〇〇円前後であり、少年たちの手間を一人あたり二円とすると、二〇〇（円）＋四〇（人）×二（円）＝二八〇（円）で建設できるとしている。一棟あたりの建坪は約二八坪であることから、坪あたり一〇円である。この時代の中流住宅は、建築材料の高騰により、坪あたり一〇〇円くらいであったとのことから、建設にかかるコストは非常に安かった。

Ⅱ）標準型

標準型の日輪兵舎は、木造、直径三六尺（六間）の円形平面、円錐形屋根、杉皮葺、小屋組は唐傘型、六〇人収容の建築である〔表3－1〕〔図3－7～9〕。

外柱は三寸角の角柱、心柱は末口五寸の丸柱であり、ともに堀立柱である。外柱は外周に沿って約三尺間隔で三六本立つ。出入口は二か所設けられ、前後に対向して配置されている。正面口にはポーチがつく。窓は左右対称に設けられている。床は中央が土間であり、壁に沿って床板が二層に張られている。二層の床だけが初期型との差異で、他はすべて同一である。

屋根は、心柱と外柱によって支えられており、心柱の頂上には、傘の骨のように垂木が集まる〔写真3－6・7〕〔絵3－2〕。岸田日出刀「日輪兵舎」〔文献13〕によると、外柱の上部は、内外を敷桁で挟んだ挟桁とし、垂木をこの挟桁に架け渡してあった。垂木は外壁の外まで伸び、軒を形

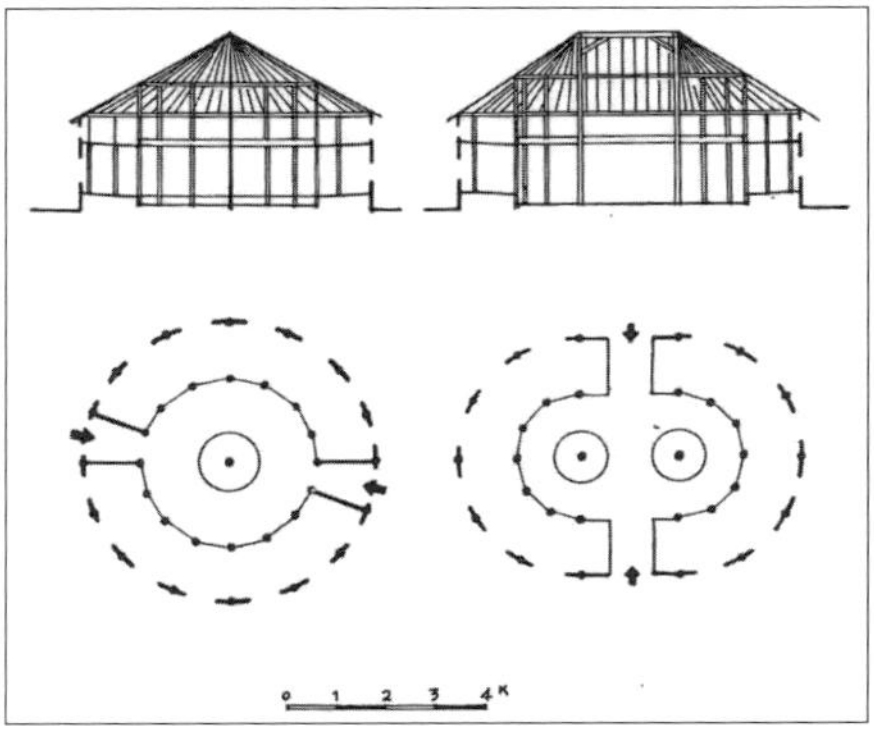

〔図3-7〕日輪兵舎 平面図、断面図

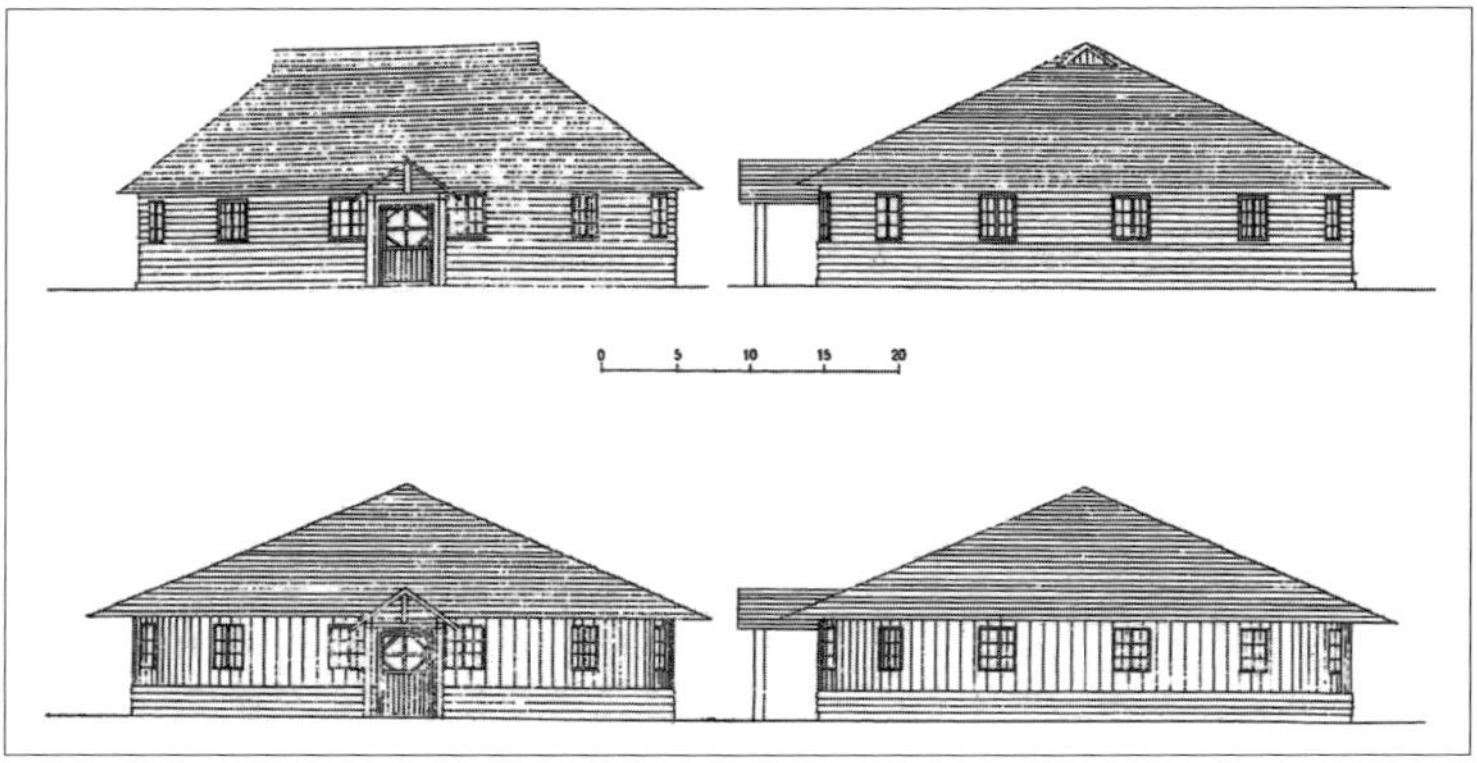

〔図3-8〕日輪兵舎 正面立面図、側面立面図

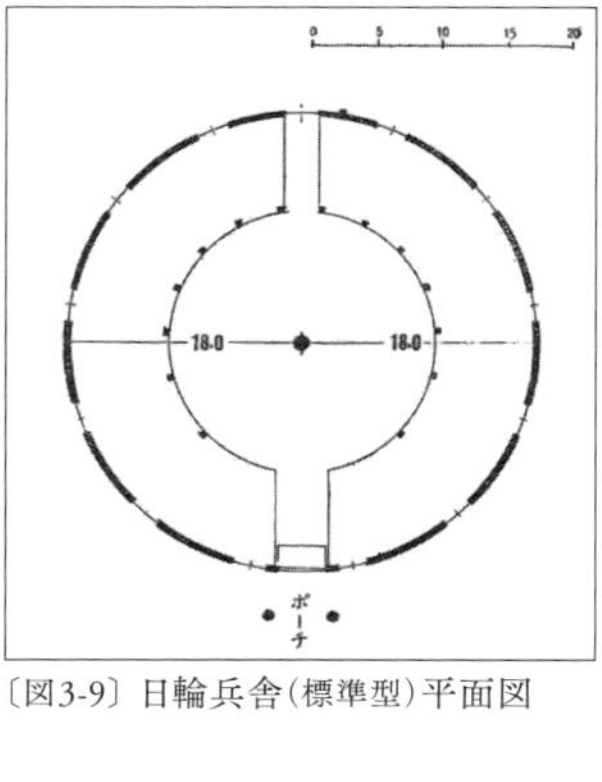

〔図3-9〕日輪兵舎(標準型)平面図

〔写真3-6〕唐傘型円錐形屋根の日輪兵舎架構

〔写真3-7〕唐傘型円錐形屋根の日輪兵舎、建設中

〔写真3-8〕開口付唐傘型円錐形屋根の日輪兵舎

成している。垂木は末口二寸五分の杉丸太である。垂木の上に杉皮が葺かれ、杉皮は竹で押さえられている。屋根勾配はほぼ四寸五分であった。〔文献81〕岸田による〔図3－8〕の立面図もそれに合致する。しかし、「満蒙開拓青少年義勇軍訓練所」〔文献63〕所載の〔図3－7〕の断面図は約五寸五分勾配である。したがって、少なくとも二種類の屋根勾配が存在したと考えられるが、時期によって五寸五分勾配から四寸五分勾配に移行していったのかは明らかでなく、*11 そもそもそう厳密なものではなかったのではなかろうか。天井は張られておらず屋根裏が見える。〔図3－7〕には見受けられないが、〔写真3－6〕には、心柱上部に頬杖が設けられ、頬杖は頂部の垂木掛を支えていた。また、屋根には〔写真3－8〕のように、開口部をつけてあるものも見られ、採光・通風に配慮されていた。

〔図3－7〕や岸田日出刀「日輪兵舎」〔文献13〕所収の〔図3－9〕には、内部に柱を描いている。したがって内柱が立つ構造のものもあったようである。〔図3－7〕の断面図では、内柱が床板を支えるとともに、垂木の中間部を受ける母屋桁を支えているように描かれている。〔写真3－6〕でも内柱は確認できる。

〔写真3-9〕下見板張りの日輪兵舎

〔写真3-10〕下見板張りの日輪兵舎

〔写真3-11〕竪羽目張りの日輪兵舎

〔写真3-12〕円錐形屋根、竪羽目板張りの日輪兵舎

〔写真3-13〕皮付丸太材横張りの日輪兵舎

〔写真3-14〕ポーチ付日輪兵舎

外壁は木材が張られた。外壁の外側については、「横板張り又は縦板張り若くは皮付丸太材を割ったものを横に打付け」という記述がある。〔文献81〕〔写真3-9・10〕は下見板張りであり、〔図3-8〕〔写真3-11・12〕は竪羽目板張り、さらに〔写真3-13〕には割丸太材のものも写っているように、いくつかの種類が見受けられるので、材料等の関係により複数の仕様

*11 勾配「五寸五分」の〔図3-7〕は昭和一五年六月出版の『新建築』第一六巻第六号〔文献63〕にあり、、「四寸五分」の〔図3-8〕は昭和一五年七月出版の『セメント工業』第三巻第七号〔文献81〕、昭和一三年八月出版の『国際建築』第一四巻第八号〔文献13〕にある。

があったのであろう。あるいは、あり合わせの材料を使うため一律の仕様にはならなかったと見るべきかもしれない。

壁の内側は、岸田日出刀によると、凹面をしているため、板を丸く張ることは難しく、堅羽目板張りにしていたとのことである。内側の壁を写した写真はないが、外側のように複数の仕様があったかもしれない。なお、兵舎の周りに土を盛り上げることで、防寒と排水対策を行っていたようである。

出入口は、〔図3－7・9〕にある平面図と「茨城県内原訓練所の建築」〔文献81〕の記述によると、一般的には二か所であったと思われる。しかし、佐藤武夫『無双窓』〔文献54〕には、「一個の出入口」とあることから、一か所のみのものも存在したようである。ただ、先の〔図3－6〕には片方が「出入口」で、もう片方が「非常口」と示されていることから、二つを「出入口」と呼ぶことも、「出入口」と「非常口」を呼び分けたこともあったのであろう。〔図3－9〕では、二つの出入口の幅が異なっており、幅の広い方にはポーチがあり、さらに二重扉であることから、正面口と裏口とで仕様が異なっていた。

ポーチは一か所、正面口にのみ設けられていた〔図3－6・8・9〕〔写真3－14〕。外壁より約四尺外側に、五尺間隔で柱を二本立て、それらを梁でつなぎ、梁の中央に束を建て棟木を載せて、切妻造の屋根を架けて、妻を正面に向ける。柱は丸柱で、屋根は杉皮葺である。ただし、〔図3－7〕にはポーチはなく、〔写真3－8〕にも見受けられないので、ポーチのない日輪兵舎もあった。

〔写真3-15〕日輪兵舎の内観

〔写真3-16〕日輪兵舎の内観

窓は、〔図3－9〕では一二か所、〔図3－7〕では一四か所あり、数は決まっていなかったようである。ただし、左右対称に設けられていた。窓の仕様は、佐藤武夫『無双窓』〔文献54〕には「簡易な突出し窓」とあるが、『大陸日本教育の父』〔文献83〕には「ガラスの小窓が観音びらき」とあることから、上質なものへと改良されたようである。

床板は、出入口と繋がる通路を除き、壁に沿って二層に張られていた〔図3－7〕〔写真3－15～17〕〔絵3－2〕。床板の幅は、九尺または七尺との記述が見られる。平面の半径一八尺の約半分ほどの幅であった。床面は、窓側を高くし、傾斜して張られていた。この上に藁を敷き、その上に敷布団二枚を三人で使用して寝ていた。上段の床は、束と外柱によって支えられた。〔写真3－6〕から、柱は上部が繋がれ、丸太の根太が放射状に架けられ、床板が張られていることがわかる。内側には手すりが設けられた〔写真3－15・16〕。これは〔写真3－16〕のように心柱側へ倒すことにより、机へと変化するものであったようである。しかし〔写真3－17〕には手すりのようなものは見られない。建設時期による差か、複数の形式があったのであろう。二層目に上るための梯子がかけられた。空間を確保でき、製作も容易であるからであろう。〔写真3－15〕に見られる一般的な梯子のほかに、〔写真3－17〕に見られるような裏に板が張られた階段に近い形式もあった。

〔写真3-17〕日輪兵舎の内観

〔写真3-18〕食事の様子

土間の部分には、〔写真3－18〕のような円弧状の机を置き、丸椅子とともに食卓として、あるいは勉強机として使用した。

建設はすべて訓練生が当たったが、要する人工《にんく》数については、「五〇～六〇人」〔文献13〕「十人で、四、五日」〔文献83〕「六人の手で三、四日」〔文献14〕「十五人位で、二週間ほど」〔文献136〕と、様々な記述がある。臨機応変に建設作業を行っていたのであろう。ただし、素人の訓練生により、少ない人数で早く建設できたことは確かである。

また、一棟当たりの建設費用に関しては、〔表3－1〕の諸記録では確認できないが、「当時の金額で二八〇円から三〇〇円で済んだ」〔文献114〕、「一九三九年当時の建設費用が五〇〇円くらい」〔文献107〕、あるいは、「時給材料だけなら坪七円」〔文献116〕という記述がある。仕様によってコストは異なり、さらに建設にかけた人数によっても差異があった。

以上をまとめると、標準型は初期型と比べ、床板が一層から二層となり、収容人数は七五人から六〇人となったことに大きな変化が見られる。六〇人というのは、一小隊と同じ人数であり、一小隊で一棟の日輪兵舎を使用していたことから、それに合わせた改良と推測される。床の層数が増えて収容人数が減っているのは、一人分のスペースに余裕を持たせたのであろう。収容人数六〇人、床二層が標準型として定まった。床は初期型と標準型に共通して傾斜がつけられており、寝心地の良さに配慮したものであろう。使い心地を考慮して日輪兵舎は改良されたのである。

材料は主に杉か松であり、周囲の松林から伐ってきて、主に丸太材や押角（七寸角以下の細い材）の割材などの自然材に近いままを使用したようである。早くつくるために製材の手間を省く効率の良さだけでなく、コスト面でも考慮したためであろう。また、古賀が日輪兵舎を建てる際の注意として述べていたように、その土地のものを使っての建設であった。

〔写真3-19〕小塔付円錐形屋根の日輪兵舎

〔写真3-20〕小塔付円錐形屋根の日輪兵舎

②小塔付円錐形屋根の日輪兵舎

小塔付円錐形屋根の日輪兵舎とは、円錐形屋根の頂部に小塔（越屋根）が設けられている日輪兵舎で、内原訓練所内に何棟か存在した〔写真3－19・20〕。図面や記録は存在しないが、標準型と大差はないようである。

小塔は屋根面に開口部を設けたものと機能は同じで、採光や通風のためのものであろう。小塔を設ける形式と、屋根面に開口を設ける形式との前後関係はわかっていない。

〔写真3-21〕入母屋造屋根の日輪兵舎

〔写真3-22〕入母屋造屋根の日輪兵舎

〔写真3-23〕開口付入母屋造屋根の日輪兵舎

③入母屋造の日輪兵舎

内原訓練所内には入母屋造の日輪兵舎が何棟か建っていた〔写真3−21〜23〕。また〔絵3−4〕により、宿舎として使用されていたようである。

一般的な入母屋造の建築は方形平面であるが、ここに示される日輪兵舎は、方形平面ではない。

岸田が紹介した入母屋造の日輪兵舎の図〔図3−8〕によれば、正立面図と側立面図に示された建築の幅が等しいので、平面形は円形と考えられるが、「満蒙開拓青少年義勇軍訓練所」〔文献63〕の示す〔図3−7〕は、半円と半円を直線で繋いだ形が平面図に示されている。いずれもが正確であれば、円形と、方形に半円を結合させた形の二種類の平面形式が存在したことになる。

方形に半円を結合させた平面の入母屋造の日輪兵舎も杉皮葺である。外柱は外周に沿って立ち、心柱は丸柱が二本で、平面を構成する二つの半円のそれぞれの中心の位置に立つ。内柱も円形に立てられて、垂木の中間部を支持する構造となっている。出入口は二か所あり、平面の直線部分に向かい合って配置され、正面口にはポーチがある。窓は一二か所、左右対称に設けられる。

屋根は、心柱二本の間に棟木が架けられ、棟木は頬杖で補強される。平《ひら》の直線部分に向か

〔絵3-4〕入母屋造屋根の日輪兵舎

って棟木と直交するように平行に垂木を架け、半円形平面の部分では、心柱に向かって放射状に垂木が架けられる。〔図3－8〕や〔写真3－21・23〕に見られるように、妻はごく小さい。垂木の上に杉皮が葺かれる。この屋根にも、開口部の設けられたものが存在した〔写真3－23〕。

内部の床は中央が土間で、出入口と繋がる通路を除き、壁に沿って床板が二層に張られている。床は外壁側を高くして、傾斜がつけられている。そのほかは、標準型と同様だと思われる。

内部空間を広く設けようとして通常の長方形平面の建物に日輪兵舎の形態を結合し、日輪兵舎の簡便な構造を応用したのがこの入母屋造の日輪兵舎である。

三　宿舎の関連施設

宿舎は一小隊一棟であり、これに対応して宿舎に付随する便所・炊事場・浴場の数が決められていた。便所と炊事場は一中隊（五小隊）に一棟、浴場は二中隊に一棟である。また、中隊本部が、一中隊に一棟ある〔図3－4〕。内原訓練所には宿舎としての日輪兵舎が三五中隊分建てられており、相当な数となる。内原訓練所の宿舎の関連施設として、便所・炊事場・浴場・中隊本部の実態を見ておきたい。

①便所

便所は全四〇棟で〔図3-4〕各中隊の近くにほぼ一棟ずつ、計三四棟あり、それに加えて本部横に一棟、畜産部のあたりに五棟設けられていた。『拓け満蒙』〔文献22〕第二巻第四号には、宿舎と同じ円形平面の建築であると記されている〔図3-1~3〕。いずれを見ても、宿舎よりも円の直径が小さいことが読み取れるから、小型の日輪兵舎であったと思われるが、便所に関する詳細な記録はない。

②炊事場

炊事場は三〇棟あった〔図3-4〕。三五中隊分に各一棟という規定には達していないが、これ以外に、本部食堂や、畜産部の共同炊事場もあることから、それらも使われていたと思われる。共同炊事場は、昭和一四年四月には建設中であり、でき上がる頃には、二〇〇〇人分の食事ができる規模であると『拓け満蒙』〔文献37〕第三巻第四号に書かれている。

一つの炊事場では、一〇人程度で一中隊三〇〇人分の食事をつくっていた。炊事場であり食堂ではないので、食事ができたら合図が鳴らされ、それぞれの日輪兵舎に運んで食事をしていた〔絵3-5〕〔写真3-18〕。

炊事場も宿舎と同じ円形平面の建築であるとされているが、炊事場の屋根だけは、耐火を考え、波板トタンが葺かれていた。内部は竃が設えられて、煙突が屋根にのびていた。床板はなかった。

〔絵3-5〕炊事場

③浴場

浴場は一七棟あった〔図3-4〕。浴場は二中隊に一棟と定められていたことから、数はほぼ規定どおりである。

浴場は、直径約三六尺の円形平面、円錐形屋根、杉皮葺の建築であるが、心柱の有無はわからない。出入口は二か所向かい合って設けられている。窓はなく、出入口を結ぶ軸に直交する軸線上に、排水口と焚口がある。この軸線上の間仕切りで半円形平面の二室に分けられ、間仕切りを境に二室は対称に構成されている。二中隊が一棟の浴場を使用するためで、一中隊それぞれが使用していたのであろう。

浴槽は一つが縦四尺、横八尺であり、〔図3－10〕が正確に描かれていれば、浴場の平面の直径は三六尺で、標準型と同じ規模である。

床は、中央部分はコンクリートたたきであり、壁に沿って一部土間がある〔図3－10〕。土間は脱衣所、コンクリートたたきは浴室であり、内部の様子を写した〔写真3－24〕によると、コンクリートの上に簀の子板が置かれている。焚口のすぐ横には浴槽があり、焚かれたお湯がそのまま浴槽で使われていた。ちなみに、浴槽にはお湯を深さ二尺ほどしか溜めなかったため、最後に浴場を使用する訓練生はほとんどお湯が残っておらず、さらには臭いもよくなかったようである。浴槽から少し離して水槽が存在する。床には排水口に向かって勾配がつけられ、水が流れるようになっていた。

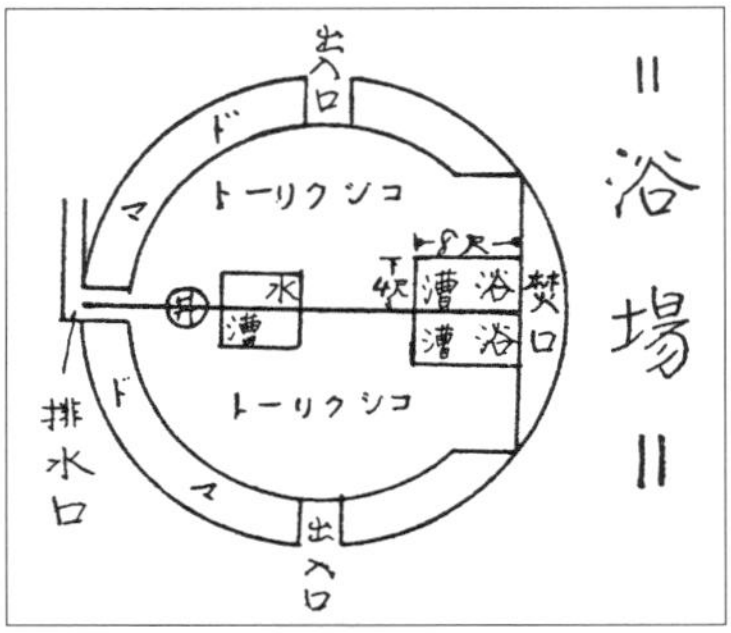

〔図3-10〕浴場 平面図

〔写真3-24〕浴場 内部

④中隊本部

中隊本部は三五棟建てられ〔図3－4〕、これは、内原訓練所に三五中隊があったことと一致する。

中隊本部は中隊長の部屋であり、

中隊長は、幹部訓練所を出た開拓指導員が配属されていた。*12 彼らも少年たちと同じ寝具で寝て、同じ食事をとっていたようである。

内部は〔絵3－6〕から、床が二層であることがわかる。また、机は訓練生の宿舎のものと同様に円弧状である。中隊長と中隊長付の部下がどのくらい一緒に生活していたのかはわからないが、〔絵3－6〕などから見ると宿舎としての日輪兵舎と同等の規模だったのであろう。

〔絵3-6〕中隊本部

四 その他の日輪兵舎

〔図3－4〕で分類した「特殊日輪兵舎」と「その他の日輪兵舎」の一部について、それぞ

*12 各隊の大隊長と中隊長は訓練所の職員であるが、小隊長だけは幹部候補生であった。小隊長は、一小隊ごとに訓練生と共に同じ宿舎で起居した。

れの実態を見ておきたい。対象となるのは、「特殊日輪兵舎」の「本部」「警備司令部」「本部食堂」「購買部」「醸造課」「郵便所」「面会所」「畜産部」と、「その他の日輪兵舎」の「会議室」である。

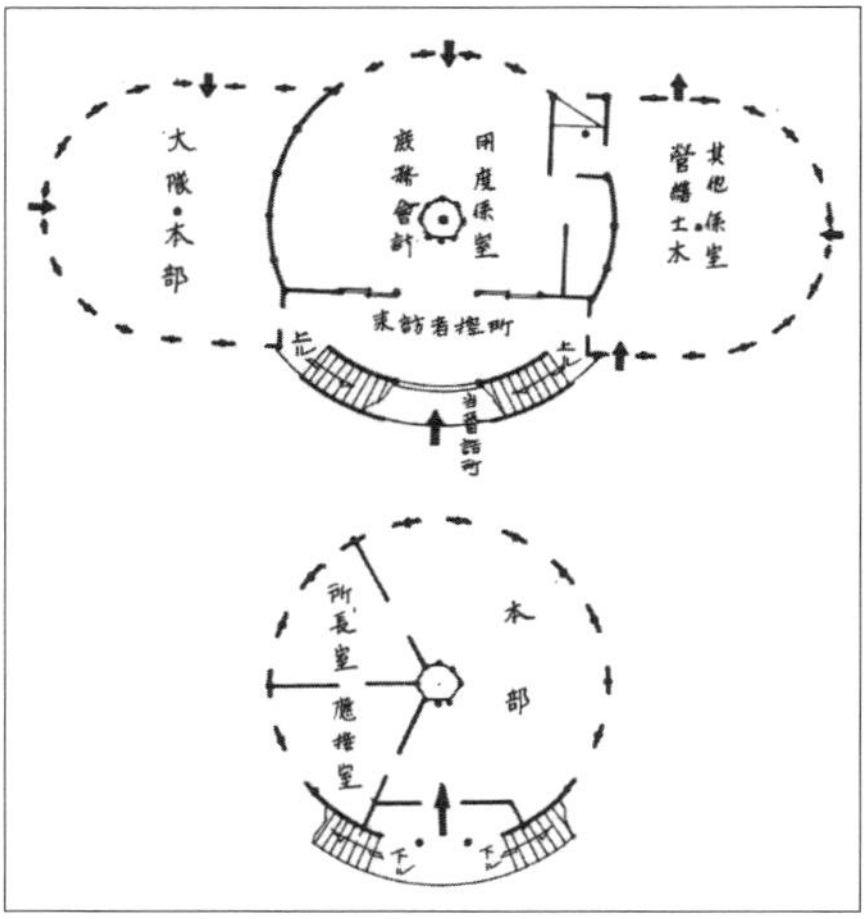

〔図3-11〕本部 平面図

〔絵3-7〕本部

〔絵3-8〕本部

①本部

本部は弥栄広場の前、内原訓練所の中央部に位置する〔図3－4〕。本部には、加藤完治の執務していた所

〔写真3-25〕本部（初期）

〔写真3-26〕本部（増築後）

長室や、訓練所の職員の諸室などがあり、訓練所を運営するにあたって重要な役割を果たしていた。

〔図3−11〕〔絵3−7・8〕には、三棟の日輪兵舎が連なった形態の建物が描かれている。〔図3−4〕では四棟が繋がった形態が示されている。〔写真3−25〕の三棟が連結された建築が本部とみられ、その両脇にさらに一棟ずつ独立した建築がある。しかし、〔写真3−26〕では、奥（西）の一棟が廊状の建築で接続されていることから、本部建築の改造が行われたと考えられる。訓練所の組織編成は時期によって変化していることから、それに伴い、西の日輪兵舎を接続する改造が必要になったのであろうか。

⦿改造以前

改造前の本部は、中央に位置する規模の大きな小塔付円錐形屋根の日輪兵舎の両脇に、それぞれ入母屋造の日輪兵舎が連結した形態である〔図3−11〕〔写真3−25・27・28〕〔絵3−7〜9〕。

中央棟は、円形平面で正面に扇形平面の階段室がつき、屋根は杉皮葺、壁面は皮付丸太材横張りの大壁造、

〔写真3-27〕本部

〔写真3-28〕本部、建設中

〔絵3-9〕本部

二階建て[*13]の建築である。

外柱は外壁に沿って立ち、心柱は一・二階の通し柱である。出入口は前後二か所に設けられ、前後に対向して配置されている。正面は弥栄広場側である。正面口の両側に階段が左右対称に設けられ、そこから二階に上り下りできる。一階は両脇の棟との接続部分を除いて窓が設けられ、二階は全面に窓が開けられている。二階の床は全面に張られており、一・二階とも内部は間仕切りによって区切られている。

窓は、正面側は一階と二階で位置が異なるが、裏側では上下揃っている。両開きのガラス窓である〔写真3-28〕。

東西両脇の二棟は、前述の入母屋造の日輪兵舎を半切して中央棟に接続した形の平面で、杉皮葺、壁は皮付丸太材横張りの大壁の一階建ての建物である。

外柱は中央部と連結する部分を除いて外壁に沿って立ち、心柱は半円形平面の中心に立つ。出入口は、西棟には二か所、東棟には三か所に設けられている。

窓は、ともに中央棟と連結する部分を除いて等間隔で左右対称に設けられている。両開きのガラス窓である。

屋根の構造は、明確な記述はないが、中央棟は小塔付円錐形屋根、両脇の棟は入母屋造の日輪兵舎と同様であろう。中央棟には小塔、両脇の二棟には開口部が設けられており、採光や通風を重視していたと思われる。

一階の内部は、中央部の正面口側に「来訪者控室」、裏口側に「庶務会計用度係室」、両脇の棟にはそれぞれ「営繕土木其他係室」と「大隊本部」が設けられている。中央棟は、正面と裏側を区切るように設けられた壁により二室に分けられており、「来訪者控室」からは、両脇の棟それぞれに行き来できる。「庶務会計用度係室」は、「営繕土木其他係室」側に内壁と扉口が設けられ、「大隊本部」側とは壁があって行き来はできない。外観は左右対称であるが、内部構成は異なっているのである。一階の二室は円形内に収められており、それに張り出したかたちで階段部分が存在する。二階には、心柱から放射状に仕切られた内壁により、「本部」「所長室」「応接室」の三室に区切られている。中央棟では、一階と二階で内壁の設け方が異なる。

*13 二層目の床が建物内部のほぼ全面に張られて、外観からも二層であることが明確なものを二階建てと呼ぶ。

〔写真3-29〕本部（増築後）

⦿改造以後

改造によって、本部の西脇の建築とさらに西にある建築とが連結された〔図3－4〕〔写真3－26・29〕。

西端の日輪兵舎は、円形平面、円錐形屋根、杉皮葺、壁面は皮付丸太材横張り大壁造の建築である。窓が一列であることから、一階建てであろう。繋廊は両下造で、同様に杉皮葺らしい。

②警備司令部

警備司令部は、自警訓練を担当する部門で、渡満後すぐに警備体制を組むことができるように設置された。警備兵は、各中隊から当番で要員を出して、二名ずつペアで所内を見回るという、実践的な訓練を行った。

警備司令部は、本部の東に位置した〔図3－4〕。

警備司令部の建築は、円形が三つ連結した平面形態で、[*14]木造、円錐形屋根、杉皮葺、壁面は皮付丸太材横張りの大壁造の建築であった〔図3－4〕〔写真3－30～33〕〔絵3－10〕。中央棟は両脇の二棟より直径が大きく、高さもある〔写真3－30・31〕。しかし、標準型の宿舎と比較すると、円の直径も高さも小さく、小規模な日輪兵舎で構成されていた。正面口は中央棟の弥栄広場側に設けられているが、その他の出入口の位置は不明である。屋根構造も不明確だが、両脇の建築は入母屋造のように見える。

この建築の特徴は、屋根を隠すほどまで立ち上がったパラペットを持っていることである。上部には凹凸が見られる〔写真3－32・33〕。これは、中世ヨーロッパの城郭や城壁〔写真3－34〕にしばしば見られる形態である。この凹凸は、「ツィンネ（鋸型狭間）」と呼ばれ、攻めてくる敵に

〔写真3-30〕望楼と警備司令部

対して、兵士が身を隠しながら応戦するために用いられた。つまり、城や街を守るためにこの形態の壁を利用していた。〔写真3-33〕を見ると、パラペット内部の屋根は円錐形屋根であり、人がそこに立てるような水平面は存在しない。他の日輪兵舎と区別し、警備司令部であるということをわかりやすく表現するために、ヨーロッパの城壁の形態のみを真似たのであろう。

外壁の構成は、柱材が等間隔で周りを囲み、柱に沿った内側に横材を回すことで固定し、外側には松の半割丸太を打ち付けてある。ヨーロッパの城郭に似ていること、また『写真集 満蒙開拓青少年義勇軍』〔文献116〕に掲載の〔写真3-33〕の説明に従って、本書ではこの形態を、「城郭型」と呼ぶことにする。

外周の壁面には銃眼のような小さな窓が設けられていた〔写真3-31〕。また、正面口の上にも窓が設けられており〔絵3-10〕、両側と高さが異なることから、中央棟のみ二階建てとなっていたのかもしれない。〔写真3-33〕の警備司令部を拡大して見てみると、これらに加え、すぐ後方にある小型の日輪兵舎二棟にも城郭型の外壁が見られる。しかし、この二棟は〔図3-3〕には「便所」と表記されていることから、便所も城郭型の外壁を持っていたようである。便所までも警備司令部の独自性を示そうとしたのであろう。

*14 〔図3-3〕より判断した。ただし、本部は中央部の両側は円形平面でなかったにもかかわらず、模式的に円形四つを連ねて表現されているので、実際は異なる可能性がある。

〔写真3-31〕警備司令部

〔写真3-33〕警備司令部 上部

〔写真3-32〕警備司令部

〔絵3-10〕警備司令部

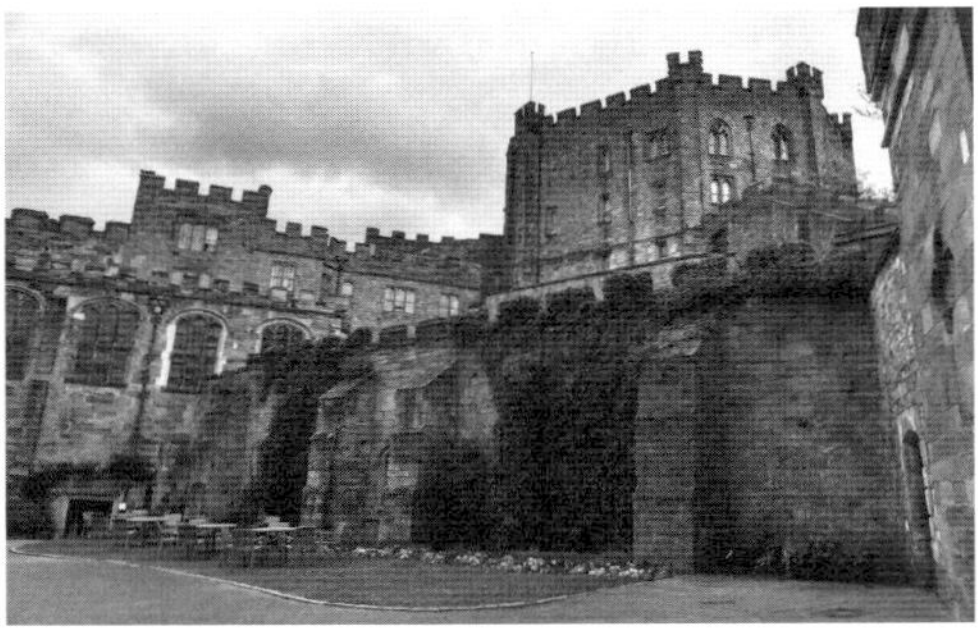

〔写真3-34〕ヨーロッパの城郭

〔写真3-35〕本部食堂

③本部食堂

本部食堂については、「講堂」〔図3－1〕、「本部食堂兼講堂」〔図3－2〕、「本部食堂」〔図3－3〕と呼称が変化した。当初は講堂としてのみ使用されたが、食堂としても使用されるようになったようである。ここでは、多くの記録に残る「本部食堂」と表記しておく。本部食堂は、本部南西部に位置する〔図3－4〕。

円形平面、二重の円錐形屋根、杉皮葺、外壁は皮付丸太材横張りの大壁造の建築である〔図3－12〕〔写真3－35～38〕。平面は、標準型よりも直径が大きく、高さも高い。外柱が外周に沿って立ち、心柱は丸柱である。外柱と心柱の間に内柱が二〇本設けられている。出入口は、四方向に四か所設けられている。上層の壁面にも窓が開けられ、上層・下層ともに、窓は左右対称に開けられている。

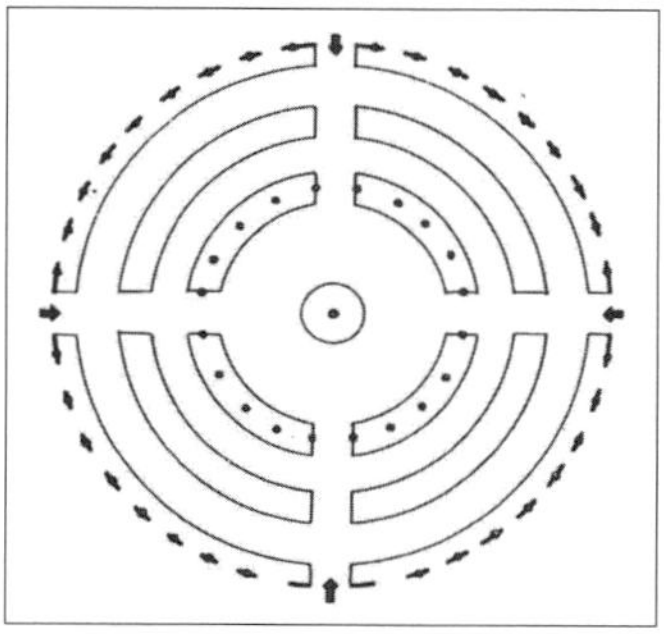

〔図3-12〕本部食堂 平面図

下層の屋根は外柱が受け、上層の屋根は内柱が受ける。心柱は屋根頂上まで一本が伸び、下方は四本の丸柱が心柱をとりまいて添えられている。

心柱と内柱とを繋ぐ梁が、四方向、すなわち十文字に架けられている〔写真3－38〕。添柱頂部には板を置いてその上に頬杖が放射状に伸びて上層の屋根の母屋桁を支える。心柱頂部近くにも頬杖が設けられ、垂木掛を支える。心柱の頂部からは内柱列に向かって放射状に垂木が架け渡してあり、上層の屋根を構成している。

下層の屋根は、内柱の途中に垂木掛を取り付けて、外柱の桁とを繋いで放射状に垂木を架けて構成されている。内柱は途中二か所を横材で繋いで軸部を固めている〔写真3-37〕。内柱の下側の繋材と同位置で、頬杖を留めて下層の屋根の母屋桁を支えている。まさに唐傘型と呼ぶにふさわしい小屋組である。

本部大食堂と同様の二層の構造の日輪兵舎の模型の写真が山浦生「茨城県内原訓練所の建築」〔文献81〕に紹介されている〔写真3-39〕。細かな部材までは表現されていないが、おおよその構造は知られる。屋根に開口部や小塔はなく、上層の窓が採光の役割を果たしている。

外壁の内側は竪羽目張りである。内部には、円弧の四分の一の扇形の机が、三重に造り付けられており、

〔写真3-36〕本部食堂と会議室

〔写真3-37〕本部食堂 内観

〔写真3-38〕本部食堂 内観

〔写真3-39〕
本部食堂と同様の構造の模型

外側の机は、外壁に沿っていて、最も内側の机は内柱にとりつけられている。心柱の周りにも円形の机があり、大人数で使うことができるようになっていた。〔図3－3〕にはポーチと思われる大きな突出部が描かれているが、写真や図面からは確認できない。

本部食堂は、宿舎の日輪兵舎に比べて平面規模が大きく、内部は間仕切りのない大空間である。これを実現させるために、唐傘型円錐形屋根の日輪兵舎を応用したと思われる。外柱・内柱の二重に柱を立て、頬杖や多くの繋材が設けられたことにより、構造は複雑化している。また、規模が大きくなったことで内部が暗くならないよう、上層の壁に窓を設ける工夫が施されている。つまり、本部食堂は規模が大きく、それに伴い、二層屋根で内柱を用いた複雑な構造の日輪兵舎であった。

④購買部

購買部は、本部から警備司令部を越えて、さらに北東部に位置する〔図3－4〕。「販売所」〔文献24〕「販売部」〔文献23〕「消費組合」〔文献29・46・67〕などと呼ばれており、呼称が変化したか、あるいはそれぞれが呼びやすい名称で呼んでいたようである。購買部はよく繁盛していたようで、手帳や手ぬぐい、歯磨き粉といった日用品が売られており、なかでも人気商品は、家族たちと手紙をやりとりするための切手やはがき・便箋などであった。

〔写真3-40〕太鼓楼の頃

この日輪兵舎については、昭和一三年一月七日付『いはらき新聞』〔文献12〕に、「太鼓楼」と称されて、建設中の様子が掲載されている〔写真3－40〕。また、『拓け満蒙』第二巻第三号〔文献18〕には、「第一大隊本部」として掲載されている〔写真3－41〕。そして、その後の『拓け満蒙』第二巻第四号〔文献24〕と『新満州』〔文献67〕第四巻第四号には、「購買部」として紹介されている〔絵3－11・12〕。これらの記録は時期がずれており、同じ建築だが用途が変化したのだろう。このような独特な形態の建築が複数建てられたという記録は見つかっておらず、配置図にも見当たらない。

〔写真3-41〕購買部

〔絵3－11〕と〔絵3－12〕を比較すると、〔絵3－11〕は二棟で構成されているが、〔絵3－12〕は三棟で構成されている。〔写真3－40〕では明確には読み取れず、〔写真3－41〕では二棟しか確認できない。*[15] しかし〔図3－3〕では、三棟が連結したように描かれていることから、増築が行われたようである。

◉増築前

増築前の購買部は、入母屋造と円錐形屋根の日輪兵舎二棟が連結した構成である〔写真3－41〕〔絵3－11〕。

入母屋造の棟は杉皮葺、下見板張りの大壁造、平屋の建築である。平面の直線部分には正面口があり、ポーチが設けられている。窓もあって、屋根からは煙突が出ている。

円錐形屋根の棟は、円形平面、杉皮葺、下見板張りの大壁造で、通常より高い建築である。〔絵3－12〕によると窓は三層で、各層同位置に存在するが、内部が何階建てであるかは不明である。〔写真3－40〕では三層目にはまだ壁がなく、外柱が一〇本ある。「標準型」は外柱が三六本で直径三六尺であるということと比較すると、平面規模は小さい。〔写真3－40〕は三層目に太鼓を吊っているのかもしれない。

◉増築後

増築により、庇付円錐形屋根の日輪兵舎が円錐形屋根の棟側に連結し、三棟連結した建築となった〔絵3－12〕。増築部分は、平面が円形の外側に扇形が組み合わさった形態で、円錐形屋根、杉皮葺、庇付の建築である。〔絵3－12〕に描かれた庇の屋根は、円錐形屋根とは異なる材料で、板葺かトタン葺であろう。屋根には煙突がついている。

〔絵3-11〕購買部(初期)

〔絵3-12〕購買部(増築後)

この日輪兵舎は購買部として使われていたことから、多くの訓練生が日用品などを購入しにきた。このために、商品の置かれた円形平面の部分と、置かれていない扇面形平面の部分とで空間を区分し、買い物客に対して考慮したのだろう。

いずれも、宿舎としての日輪兵舎を応用し、変化させたものであり、それらを組み合わせることで新たな形態の日輪兵舎が生み出された。

⑤醸造課

醸造課では、味噌や醤油をつくっており、一万人分は十分に製造できる規模であった。味噌や醤油は長持ちするので蓄えておくことができ、また、日本人として、味噌汁は欠かせないという訓練所栄養部の意図が表れているのであろう。

醸造課は、訓練所北東部、栄養課のあたりの用水池の前に位置した〔図3－4〕。「現地の義勇軍に見せるページ」〔文献27〕には「醸造部のすばらしく大きな建物が出来上がった」と書かれていることから、内原訓練所が昭和一三年三月に開設して、半月ほど経ってから建設されたようである。

醸造課は、円形と方形が連結した平面形態で、三重の円錐形屋根、杉皮葺の建築である〔図3－3〕〔写真

＊15　もう一棟左手に見えるが購買部と一体かどうか定かではない。

3−42・43〕。得られた写真だけでは平面の全体像をつかむことはできないが、〔写真3−42〕では南東側にある池が手前に写っていることから、〔図3−4〕を参照すると、円形部分だけが見えていることになる。池側にはポーチがついて出入口があった。〔写真3−43〕には左側に方形平面の建築が少し写っており、その部分の屋根に水平線が見られるので、方形平面の部分には、切妻造か入母屋造の屋根が架かっていたようである。この醸造課は、本部食堂よりもさらに平面規模が大きく、敷地内でもっとも大きい建築であった。

〔写真3-42〕醸造課（用水池側）

〔写真3-43〕醸造課

　円形平面の部分は屋根が三重になっているのが特徴的である。おそらく柱も三重に巡っていたと推定される。前述の本部食堂では、平面規模が大きいために、屋根が二重になり、構造も複雑になっていた。本部食堂は醸造課が建設されるよりも早い時期に建てられた。その経験を生かしてさらに規模の大きな三重の屋根の日輪兵舎をつくりあげたのであろう。内部が何階建てであるかはわからないが、規模が大きいため、外壁では三層ともに窓が設けられており、採光に考慮したと思われる。

　醸造課は、本部食堂を応用して変化させ、さらに規模を大きくした日輪兵舎であり、その結果うまれた三重の屋根に特徴がある。

⑥郵便所

内原駅の郵便局は、内原訓練所ができたために多忙となったことは第三章第一節で述べたが、同様に訓練所内の郵便所も多忙であった。〔写真3－44〕に見られるように、二輪車に郵便物を詰め、一日三往復、内原郵便局との間を行き来し、届いた手紙を配達し、係員五人で朝から晩まで休む暇なく働いていた。

郵便所は内原訓練所東部の正門近くに位置した〔図3－4〕。〔図3－1〕には描かれておらず、〔図3－2〕には本部裏に「郵便物取扱所」が存在していることから、昭和一五年六月以降に新しく建てられたのであろう。

郵便所は、円形の両脇にそれぞれ扇形が連結した平面形態であり、円形平面の部分は円錐形屋根、杉皮葺、皮付丸太材横張りの大壁造で、扇形平面の部分はトタン葺の庇がある〔図3－4〕〔写真3－45〕。

〔写真3-44〕郵便車

〔図3－3〕によると、平面は、中央部の円形に加えて、両側に扇形の庇が見られる。しかし〔写真3－45〕を見ると、写真の手前側の片側しか庇は見られないため、おそらくある時期に増築されたと思われる。

また、〔図3－1・2〕では、同じ位置に円形平面の日輪兵舎が描かれていることから、元々は円形平面の日輪兵舎であったが、徐々に増築したことで、最終的に〔図3－3〕に示された平面形態になったのであろう。

出入口は、庇の部分にあり、その横に〔写真3－44〕の左に写る「郵便物取扱所」の看板が掲げられている。窓は円形平面の部分と庇の部分の両方に設けられている。

内原訓練所では、短期間に、しかも、低コストで建築をつくることが求められていた。すでに建てられていた日輪兵舎を増築することで需要に対応したのであろう。庇は杉皮葺ではなくトタン葺であり、このような屋根材料の違いも増築のためであろう。

庇の部分は、購買部の増築部とほぼ同じ形態である。購買部も郵便所

〔写真3-45〕郵便所

と同様、円形平面の日輪兵舎のみを当初の購買部に連結し、さらに庇の部分を付け加えた可能性がある。

⑦面会所

面会所には毎日多くの訓練生の家族などが訪れ、まだ一〇代の少年であった訓練生たちは、久しぶりに家族とのひとときを楽しんだ。面会所は、内原訓練所東部の正門近くに位置した〔図3-4〕。正門のあたりを

〔写真3-46〕面会所

〔写真3-47〕面会所

〔写真3-48〕面会所 内部(左)と入口(右)

写した〔写真3-49〕の右側に写っているのが面会所である。

面会所は円形が三つ連なった平面形態で図示されている。[*16] 写真では中央棟は円錐形屋根の日輪兵舎であり、その両脇にそれぞれ入母屋造の日輪兵舎が連結している。したがって本部と同様の平面形式だったのであろう。屋根は杉皮葺で、下見板張りの大壁造の建築である〔図3-4〕〔写真3-46~48〕。

中央棟の内部は下見板張りの大壁造で、窓は二層である。床板は張られておらず土間である。正面には桜の紋章がついていた〔写真3-48右〕。

面会所は、中央棟が円錐形屋根であり、その両脇が入母屋造である点で本部と同じである。しかし、中央棟が一階建てで、屋根に小塔がない。内部が一階建てで、窓が二層設けら

*16 〔図3-4〕より判断した。実際は異なる可能性があると思われる。

〔写真3-49〕内原訓練所正門方向をのぞむ

れていることから、小塔をつけて採光や通風を取らなくても、十分明るかったかと思われる。小塔がなく、すべて一階建てであることに、本部の建築との違いが見られ、本部を変化させてつくられたと推測される。

〔写真3-50〕畜産部

⑧畜産部

畜産部は、内原訓練所北部に位置する〔図3－4〕。〔図3－1・2〕には描かれておらず、昭和一五年六月以降に建てられた比較的新しい建築であろう。

畜産部は、二重、円錐形屋根、杉皮葺の建築である〔図3－4〕〔写真3－50・51〕。

〔図3－4〕には三つの円形をそれぞれ直線で繋いだ平面形態が見られるが、〔写真3－50・51〕にはともに一棟しか写っておらず、〔写真3－3〕では二棟あったことしか読み取れない。したがって、三つの円形が連結した平面形態の畜産部の実態ははっきりしない。円形の平面規模は〔図3－3〕によると、宿舎とほぼ同じと考えられるが、〔写真3－50・51〕を見るとやや大きいのかもしれない。

〔写真3-51〕畜産部

屋根は二重であるが、初重に比べて二重の径が小さく、二重の外壁に窓は見られず、同じ二重屋根の本部食堂とは形態が異なる。小塔付円錐形屋根と類似しているとも言えるが、それに比べると小塔の径は大きい。平面規模が一般の日輪兵舎と同じであれば平面規模の大きい本部食堂のような複雑な構造とする必要はなく、小塔付円錐形屋根と同様の構造で、大きめの二重部分の屋根が構成できたのかもしれない。しかし、図面はなく、規模や構造は明らかではない。

⑨会議室

会議室は本部と本部食堂の間に位置した〔図3-4〕。会議室だけを写した写真はないが、本部大食堂の北側に位置することから、〔写真3-36〕の左側に写っている建築がそれだと考えられる。

会議室に関する説明が昭和一五年六月発行の『新満州』〔文献70〕に詳しく掲載されている。同誌に「本部食堂前にこの程日輪兵舎建の会議室が御目見得した」と記されており、完成したのはその頃である。「坪数は一般建物と同じ二八坪」と書かれており、直径三六尺（六間）の円形平面で、円錐形屋根、杉皮葺の建築である。外壁は他に比べてやや高さが高く、仕上げ材は不明だが色調が明るい。内部はベニヤ板が張られていた。これは、室内を明るくするためであった。床は板張りで、細長い机と椅子が丸く並べられた会議室ではあるが、応接室や職員の休憩所としての使用も予定されていた。

『新満州』第四巻第六号〔文献70〕には、今までの日輪兵舎と異なる点として、「河和田分所の日輪兵舎建」であるとしている。この河和田分所の日輪兵舎については、次節で扱うのでここでは詳しい説明を省く。

⑩その他

〔図3-4〕からは、会議室以外にも日輪兵舎が確認できる。第二歩哨の近くには「霊安室」があったが、詳細は不明である。また、位置は不明であるが、もともとラッパ鼓隊の入っていた日輪兵舎[*17]があり、その後、うさぎがそこで飼われることとなった。試作段階の藁葺屋根の日輪兵舎も、宿舎から倉庫に変化しており、状況に応じて日輪兵舎の用途変更が行われていた。

*17 この日輪兵舎が訓練所内のどれであるかは不明である。

五 ［資料］日輪兵舎以外の形式の建築

内原訓練所には、日輪兵舎以外の形式の建築も存在した〔図3－4〕。それらのなかには、特徴的な形態を持つものも見られることから、内原訓練所の実態をより明らかにするため、「望楼」「歩哨小屋」「弥栄神社」「栄養課とその関連施設」「病院」「一気寮〔灸療所〕」について見ておきたい。

①望楼

望楼は、本部と警備司令部の間に位置する、訓練所内監視のための施設である〔図3－4〕。最上部にある五層目には、〔写真3－52〕に見られるように大太鼓が設置されており、起床・朝晩の礼拝・部隊の集合・消灯・非常時を知らせるためにこの大太鼓が鳴らされ、内原訓練所における時間管理の重要な役割を果たしていた。また、「展望舎」とも呼ばれていた。

望楼は、木造、方形平面五階建てで、宝形屋根の建築である。一層から四層までは、ピラミッドのように平面規模が徐々に小さくなり、五層は、四層よりもやや平面規模が大きい。四方には五層目の床下まで、それぞれの階の軒の四隅を繋ぐように、斜めに丸太が内転びに立てられ、構造的な支柱となっている。〔写真3－53〕の四層目には、支柱と本体の隅の柱を繋いで、斜めに材がつけられており、さらなる補強を行ったようである。内原訓練所内で最も高層の建築である。

一層目には出入口が設けられ、その上のすべての層には四面に窓が設けられている。外壁は、一層目から四層目までは、下見板張りに押縁があてられている。五層のみ竪板張りである。〔写真3－30〕では、五層目は腰より上は開放であるが、〔写真3－52・53〕では両脇に壁を設け、中央部が窓の構えとなっていて、改築されたことがわかる。

〔写真3-52〕望楼

〔写真3-53〕望楼

②歩哨小屋

〔図３－４〕に示すように、内原訓練所には五つの門が設置されており、第一歩哨から第五歩哨まであった。歩哨は〔写真３－54〕のように、銃を抱えて訓練所への出入りを管理した。〔写真３－55〜57〕のような歩哨のための小屋を「歩哨小屋」と称することにする。

　正門の歩哨小屋は、方形平面、宝形屋根尖塔付、トタン葺、壁面は竪板張りの大壁造の建物である。四方転びの柱四本で屋根が支えられてい

〔写真3-54〕歩哨

〔写真3-55〕正門・歩哨小屋

る〔写真3−55・56〕。

裏門[*18]の歩哨小屋は、六角形平面、六角形屋根の尖塔付、トタン葺、壁は竪羽目張りの建築である。内転びのある六本の柱で屋根が支えられている〔写真3−57〕。

他の三か所の歩哨小屋については写真がなく形態は不明であるが、場所によって平面形は異なるものの、ほぼ同じ形式であったと推定される。

③弥栄神社

内原訓練所には、建設当初から敷地南部に「神苑予定地」が設けられていた。当初は東側が「東練兵場」、西側が「西練兵場」であった。この予定地に弥栄神社が建設された。昭和一五年の春に着工し、同年の終わり頃には御神体を迎えるまでになった。そして周囲は「弥栄広場」と呼ばれるようになった。

弥栄神社の鳥居は、明治二五（一八九二）年頃伐採の宮内省帝室林野局の桧を用い、屋根は木曽桧を用いるなど、材料にこだわっていたようである。建設は、外壁の土壁などは

〔写真3-56〕正門・歩哨小屋

〔写真3-57〕裏門・歩哨小屋

〔写真3-58〕弥栄神社

訓練生の手によるが、屋根を葺いたのは、名古屋からわざわざ呼び寄せた「屋根造りの専門家」[19]であった。そうしてつくられた弥栄神社は〔写真3－58〕のような神明造であり、反りやむくりのない切妻造の平入である。また、祭神として「天照皇大神宮、御歴代の天皇—開拓神、経済神—開拓者英霊、開拓功労者霊」を奉祀した。

④栄養課とその関連施設

義勇軍では、「保健衛生」が特に重視されていたようである。

義勇軍は、内地訓練を終えて満州へと赴くと、自炊するのはもちろんであるが、自ら十分な栄養をとらなくてはならず、栄養に関して知識を持つ専門家が必要となった。それが栄養補導員である。この栄養補導員は各中隊から募集された。[20]そして、二か月にわたり、専門的な調理や栄養に関する訓練を受けて渡満した。その訓練を指導したのは栄養指導本部であり、そこでは栄養の研究や実験が行われていた。これらの研究や実験のための施設が敷地の東部、栄養課のあたりにある「佃煮製造部」〔写真3－60〕や「豆萠塩煎餅焼芋製造所」[21]〔写真3－61〕、「饅頭部」をはじめとした建築であり、内部ではパ

*18 写真が掲載されていた『写真集　満蒙開拓青少年義勇軍』〔文献116〕には「裏門の警備」として紹介されていた。実際どの門であったのかについては明らかでない。

*19 「弥栄神社造営成る」〔文献79〕には、屋根を葺いたのは「屋根造りの専門家」と書かれており、これが大工であるのか屋根屋であるのかはわからない。

*20 募集人数は、はじめ一中隊二人であったが、後に一〇人に変更された。

〔写真3-59〕栄養指導本部

〔写真3-60〕佃煮製造部

〔写真3-61〕豆萠塩煎餅焼芋製造所

〔写真3-62〕パンづくり

〔写真3-63〕煎餅づくり

〔写真3-64〕前栄養指導本部

〔写真3-65〕柔道場

ンづくり〔写真3－62〕や煎餅づくり〔写真3－63〕などが行われていた。内原訓練所での炊事は訓練生が行っていたので、素人である。彼らに対し、栄養指導本部が自炊指導や献立づくり、配給を行っていた。

栄養指導本部は〔写真3－59〕のような陸屋根の建築であり、周りには切妻造の建築が並んでいた。なお、当初の栄養指導本部〔写真3－64〕は内原訓練所内東部にあって切妻屋根のポーチのついた形式であったが、この建築は、昭和一四年春に改造されて〔写真3－65〕の柔道場に生まれ変わった。

⑤病院

「保健衛生」に関しては、病院が重要な役割を果たしていた。病院施設は〔図3－4〕に示すように内原訓練所内東部に位置する。柔道場となった当初の栄養指導本部の南である。はじめは〔図3－1〕に示されるような小さな施設であり、内科・外科・眼科の専門医が各一人ずつと、出張医として歯科医が来ていた。このときすでに病院二棟が建設中であり、その後、歯科医も専属となり、赤外線を利用した歯科治療器などを

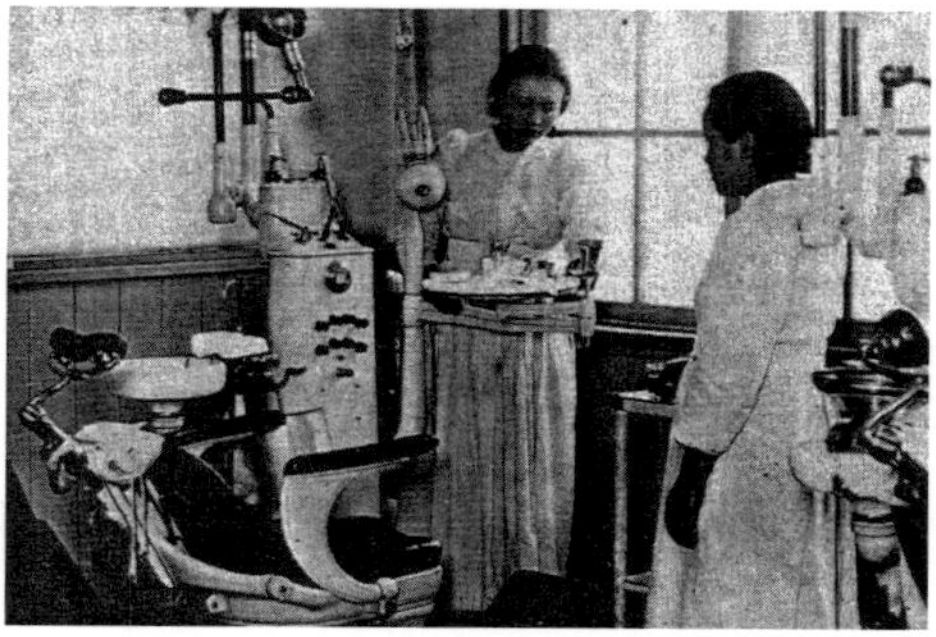
〔写真3-66〕歯科

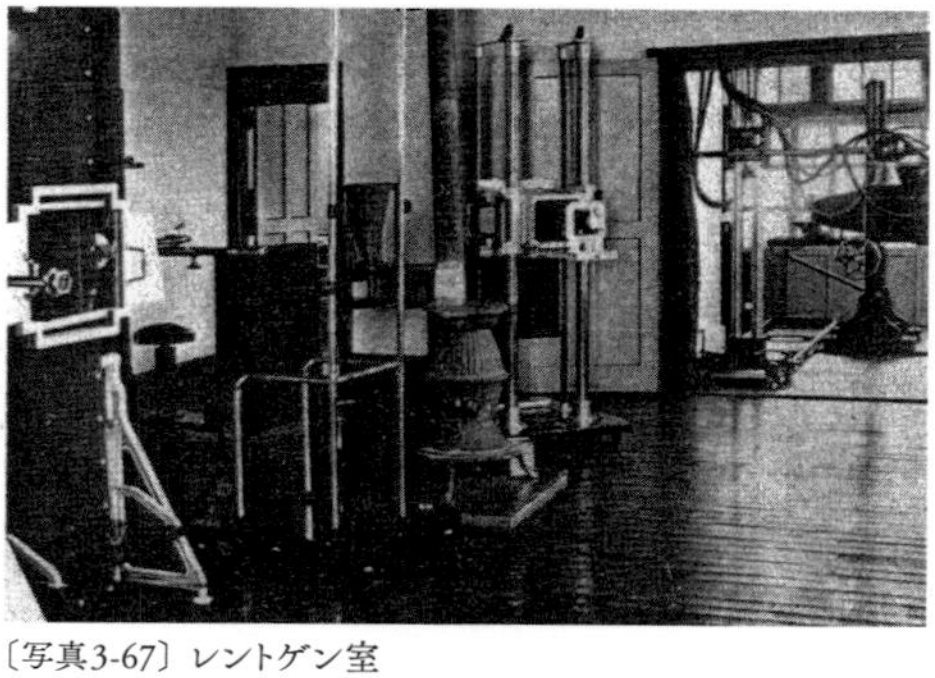
〔写真3-67〕レントゲン室

＊21 饅頭とは、小麦粉に少量の砂糖と重曹を加え、餡も何も入れずに蒸し上げたもの。

〔写真3-68〕病院（昭和15年頃）

〔写真3-69〕病院

取り入れ〔写真3－66〕、レントゲン科〔写真3－67〕が新設され、徐々に充実していき、大きな施設となった。医者だけでなく、薬剤師や看護師もおり、二〇〇床近くのベッドを備えていたようである。

病院の建築に関して詳しくわからないが、昭和一五年夏に〔写真3－68・69〕のような切妻造、平入の建築が新設された。正面の玄関部分は四角い張り出し部があった。

⑥一気寮（灸療所）

病院とは異なるが、「保健衛生」に関しては灸療所も必要な施設であった。灸は、本来は三、四年修行しないと免許を取得できないが、内原訓練所では三か月で補導員を養成し、各中隊へ派遣していた。そのための建築が一気寮であり、内原訓練所西部の本部食堂近くに位置していた〔図3－4〕。

昭和一四年三月の『新満州』第三巻第四号に「新築された一気寮」と掲載されており〔文献37〕、その頃に建設されたようである。一気寮の建物は木造、長方形平面で、切妻造の平入、杉皮葺、下見板張りの大壁造の建築であ

〔写真3-70〕一気寮

〔写真3-71〕鍼灸

る〔写真3－70〕。内部には、〔写真3－71〕のように灸を据える設備が整えられていた。

この他にも、敷地北部の畜産部には、「畜舎」をはじめとした建築が建ち並び、そのすぐ南側には蒸気窯を構えた二〇〇〇人分の食事をつくることができる「共同炊事場」、三〇〇人が一度に収容できる「三百人宿舎」や、〔図3－4〕には見えないが、後に「六百人宿舎」も建設されたようである。この「六百人宿舎」については、『新満州』に、「河和田分所にもできた家と同一で二階建ての兵舎である。この家は太材は一切使はず古賀先生御自慢の細材の宿舎である」〔文献70〕と書かれていることから、古賀弘人が考案した建築であった。

また、特技訓練の行われた「木工場」「縫工場」「鍛工部」などの建物や、訓練の一環で行われた武道のための「柔道場」や「剣道場」、また、さまざまなものを蓄えていたと思われる複数の「倉庫」や職員のための「寮」などが、日輪兵舎以外の形式でつくられていた。

第三節　河和田分所とその日輪兵舎

一　河和田分所

河和田分所は、茨城県東茨城郡河和田村（現・水戸市河和田町）の、もとは国有林であったところにつくられた。内原訓練所が、義勇軍の訓練以外にも、ほかの団体の訓練に利用されており、そのために施設規模の拡大が求められたのである。しかし、新たな用地を取得するには立地上制約があったため、内原訓練所を拡大することは難しく、ほかに適地を探すこととなった。そこで候補に挙がったのが、昭和一〇（一九三五）年に日本国民高等学校が移転する際、移転先の候補となったこの河和田村の地である。ここは、内原訓練所からは南東に約四キロメートルであり、また、常盤線の内原駅の隣の赤塚駅が近く、便がよかったことから、決定されるに至った。河和田分所の開設決定は昭和一四年一月のことであり、経費一五万円が投じられることとなった。

分所開設のため、昭和一四年二月の終わりから測量が行われた。そして、日輪兵舎の建設が始められ、一月に決定された七中隊のうち、開所した三月一〇日には三中隊分の日輪兵舎が完成していた。昭和一四年度には予定されていた七中隊分すべての日輪兵舎約六〇棟が完成し、その後、昭和一五年一二月一五日頃に起工して、さらに八中隊分の日輪兵舎が追加された。その完成は昭和一六年二〜三月頃であった。*22 最終的には十七中隊分がつくられたようである。

河和田分所の面積は約二六・六ヘクタールであり、別に義勇軍農場が約六一・四ヘクタールあった。河和田分所開設後、内原訓練所は教練指導、河和田分所は農事実習が主として行われることとなった。終戦後は、内原訓練所と同時期に閉鎖された。

二 河和田分所の施設配置

河和田分所はその敷地内に、〔写真3－72・73〕に見られるように、内原訓練所と同様、数多くの日輪兵舎が建設された。終戦直後の調査によると、日輪兵舎および同タイプの建築一三八棟、普通建築一二棟、格納舎三棟の計一五三棟が建設されたとされている〔文献148〕。終戦直後の河和田分所の配置図は手に入れることができなかったが、昭和一六年時点の配置図〔図3－15〕を得ることができた。もともと雑木林であったこの地に人為的につくられたので、日輪

*22 日輪兵舎の数については、一中隊＝五小隊であり、一小隊に一つの日輪兵舎が充てられていた。また、便所と炊事場は一中隊に一つ、浴場は二中隊に一つである。

〔写真3-72〕河和田分所 航空写真(昭和16(1941)年)

〔写真3-73〕河和田分所 航空写真(年代不明)

兵舎の間隔が内原訓練所に比べると広いが、その間には多くの木が生えていた〔写真3－72〕。完全な整地よりも、日輪兵舎の建設が優先されたのであろう。〔図3－13〕を、内原訓練所同様、用途や形態によって分類し、〔図3－14〕を作成した。

本節では、〔図3－13・14〕と、同じ昭和一六年時点の航空写真〔写真3－72〕、時代不明の航空写真〔写真3－73〕、そのほか得られた写真や記録をもとに、河和田分所の様子を見ていきたい。

三　河和田分所の日輪兵舎

①宿舎

河和田分所に建てられた宿舎としての日輪兵舎は、内原訓練所で建てられていたものからさらなる改良が加えられたものであった。「新設！　義勇軍内地訓練所の完璧をはかる」〔文献39〕には、内原との違いが六点挙げられており、まずそれを引用する。

イ　入口の戸であるがハンドルが金具でないこと。
ロ　中央の大黒柱がないこと。
ハ　柱がコンクリートの上に立っているので耐久力があること。
ニ　下段の天井と二層の天井が高いこと。

ホ　宿舎の上の廻りが通風ができるようになっていること。

へ　窓が二つできていること。

これを順に詳しく見ていきたい。前述の記事に掲載された〔写真3－74・75〕を参照する。

イに関しては、〔写真3－74〕の出入口の戸に金具のハンドルは写っていない。材料を写真から読み取ることができない。ちなみに、内原訓練所の出入口の戸のハンドルも、金属であったことを示す記録は見出していない。戦争が拡大していた時期なので、内原訓練所より後に建てられた河和田分所に、金属を使うことを避けたのではなかろうか。

ロに関しては、内部写真がないため、

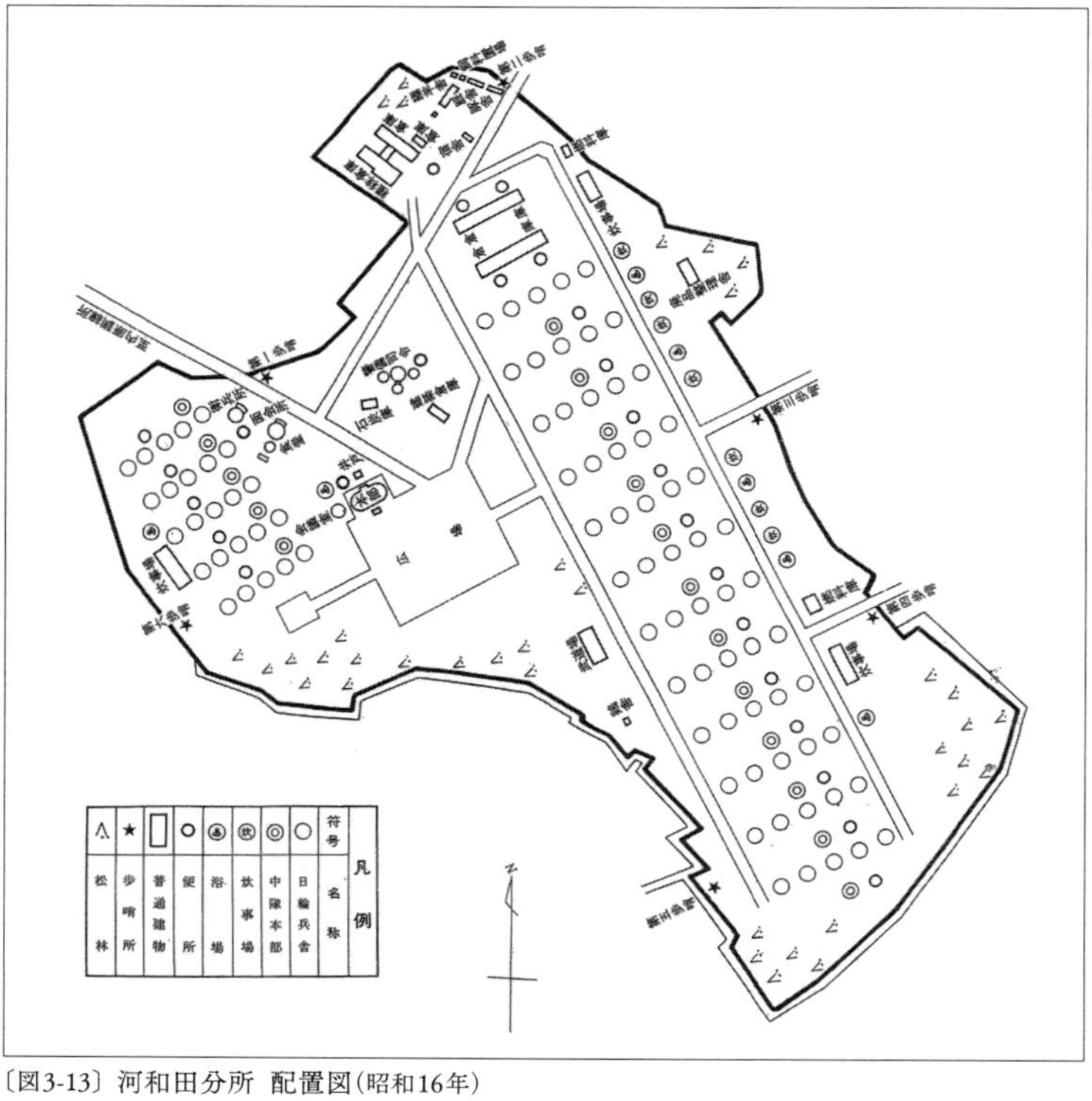

〔図3-13〕河和田分所 配置図（昭和16年）

大黒柱、すなわち心柱がないことは確認できない。ただし、「日輪兵舎の造り方」[*23]に詳しく日輪兵舎のつくり方が説明されている。その記事には心柱が記されていない。この記事に示された形式は河和田分所の日輪兵舎と同様だったのであろう。大黒柱のない日輪兵舎の構造については第四章に述べる。

ハに関しても、ロ同様、具体的には不明である。また、前述の「日輪兵舎の造り方」にも、コンクリートを用いることは書かれていない。一方、内原訓練所は掘立柱であり、コンクリートの

*23 『新満州』〔文献42〕と『開拓』〔文献87〕に、どちらも「日輪兵舎の造り方」と題して掲載されている。これらに関しては、第四章第一節で詳しく述べる。

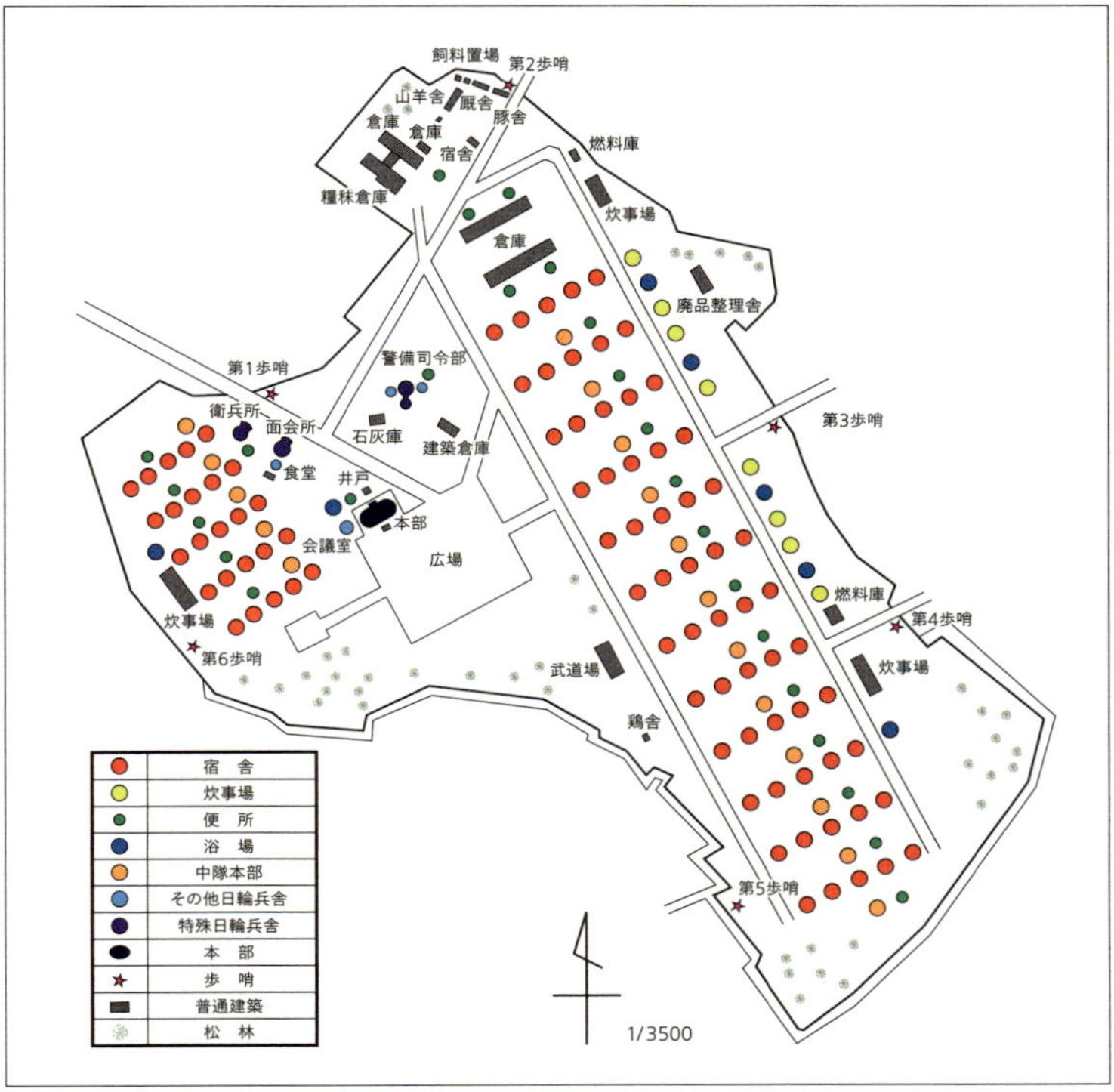

〔図3-14〕河和田分所 配置図（昭和16年）

基礎は使っていない。コンクリート基礎があれば、日輪兵舎の耐久性や安全性は高まると考えられたのであろう。

ニに関しては、へにあるとおり、窓が二層になったために、一層の内原訓練所よりも、河和田分所の日輪兵舎の高さが高くなっているとみてよい。「河和田分所の日輪兵舎は内原のそれよりも遥かに高く大きく立派にできている〔文献39〕」という記述がある。上層の天井が高いことは確かであろうし、それに伴って下層の天井も高かったのであろう。

ホに関しては、内原訓練所の屋根が一重であったのに対し、河和田分所の屋根は二重であり、上

〔写真3-74〕河和田分所 宿舎

〔写真3-75〕河和田分所 宿舎

層と下層の間にわずかな段差がある。内原訓練所にも二重屋根の日輪兵舎があったが、河和田分所のそれは上層の壁の立ち上がりが見えない。頂部の小塔は内原訓練所の日輪兵舎にもあった。二重屋根は通風のためになされた工夫であろうか。

イ・ロ・ハについては写真から確認できないが、ニ・ホ・ヘについては『新満州』〔文献39〕に記すとおりであった。このような改良を経て、河和田分所には、〔写真3－75〕のように、〔写真3－74〕と同じ形式の日輪兵舎が何棟も建ち並ぶことになった。

河和田分所の日輪兵舎は屋根が二重であった。一方、内原訓練所に建てられた二重の屋根の日輪兵舎は、本部食堂と畜産部の日輪兵舎である。いずれも平面規模が大きいために、通常規模の日輪兵舎では構造的に無理があり、柱を二重に巡らす複雑な構造となり、それに伴い屋根が二重になった。とすれば、河和田分所の日輪兵舎も高さだけでなく、平面規模も大きいことが推測される。前述のように、河和田分所の日輪兵舎は、内原訓練所よりも「遥かに高く大きく立派にできている」と書かれているので、こうした推測も可能かもしれない。

②宿舎の関連施設

宿舎に付随する日輪兵舎としては、便所・炊事場・浴場・中隊本部があり、〔図3－14〕や〔写真3－72・73〕から、これらが日輪兵舎であったことが判明する。宿舎は、内原訓練所と河和田分所で形式や構造が異なっていた。宿舎とその関連施設は同時期に建設されたと思われるので、河和田分所の宿舎の関連施設も、宿舎と同様、内原訓練所とは異なる形式や構造であった可能性があるが、これらに関する詳細な記録は見出せていない。

河和田分所には一七中隊分の宿舎が建てられており、便所は二五棟あった。一五中隊分の一七棟とその他の施設に付随する八棟であり、内原訓練所での設置基準と一致する。[*24] 炊事場は八棟しかないので基準より少ないが、〔図3－13〕には、宿舎の周囲に通常の建築形式の炊事場三棟が見られ、これらが不足分を補うものだったと推定される。浴場は七棟あり、基準よりやや少ない。中隊本部は一七棟で、中隊の数に合致している。

③特殊日輪兵舎

〔図3－14〕によれば、平面が円形でない特殊日輪兵舎と思われるのが「警備司令部」「面会所」「衛兵所」の三施設である。しかしそれらの写真や記述などの記録は見つかっていないため実態はわからない。

〔図3－14〕によれば、警備司令部は二つの円形が廊下によって繋がれたような形態であり、面会所と衛兵所は円形と扇形が組み合わさった形態である。前者は、内原訓練所に似た形態のものがないが、本部の増築部分が類似した形態なのかもしれない。後者は、購買部の一部や郵便所に同様の平面のものが見られたので、それらと似た扇形に庇を付加した形態であったろう。

④その他の日輪兵舎

〔図3－14〕によれば、その他の日輪兵舎は「会議室」「食堂」などの四施設である。会議室は、〔写真3－76〕の左側に見られる日輪兵舎で、円形平面、円錐形屋根、杉皮葺の建築である。内原訓練所の会議室〔写真3－36〕と似た形態である。そのほかの施設に関する写真や記録は見つかっていない。

〔写真3-76〕分所本部と会議室

〔写真3-77〕分所本部

〔写真3-78〕分所本部、建設中

四 ［資料］日輪兵舎以外の形式の建物

①分所本部

河和田分所の本部（以下、分所本部とする）は敷地内の広場の前に位置した〔図3-14〕。本部という名称から、内原訓練所の本部と連携し、訓練所の運営を担った施設であろう。この建築も、古賀弘人が設計した。*25

『新満州』〔文献40〕第三巻第七号によると、分所本部の全体の規模は「幅六間長さ二十間」（一一×三六メートル）と記されている。「角丸方形」の平面の建築の中央に方形平面で宝形屋根の張り出し部がついた構成である〔写真3-77・78〕。中央部以外は一階建てで、柱は一本もなく、ドームのような構造であるとされる。実際、〔写真3-78〕に見られるように、足下に斜め材が並んでおり、アーチ状に組んだ骨組に細い木材を組むことによって、壁から屋根が一体の曲面が構成されている。

窓はドーマーウィンドウ風*26で、左右それぞれ五個ずつ、正面に二個、側面に一個、背面に二個設けられていた〔写真3-76・77〕。

*24 便所と炊事場は各中隊に一つ、浴場は二中隊に一つ。

*25 〔文献40〕には「設計は古賀先生御自慢のもの」との記述がある。

*26 ドーマーウィンドウとは、「西洋住宅において屋根裏部屋に採光するために屋根面に設けられた窓で、切妻の小屋根と垂直の開口部を持つもの」である。分所本部の窓は、屋根裏に設けられたわけではないが、屋根面についていることから、本書では、「ドーマーウィンドウ風」として表現する。

中央部は、木造、方形平面で、宝形屋根、杉皮葺、板張りの大壁造、二階建てである。『新満州』第三巻第七号には〔文献40〕「和風造り」と表現されていることから、一般的な日本建築と同様、柱が立ち、小屋組を組んで、屋根が支えられる構造と思われる。広場側の正面にポーチが設けられて、地面から階段を二段上がって戸口に至る。窓は一・二階ともに、正・側面の三方に連続して設けられている。正面側の屋根の下には庇が設けられている。一階が事務室、二階は所長室であった。

分所本部は、ドーム型でドーマーウィンドウ風の窓のついた洋風な建物に、方形平面で宝形屋根の和風な中央部をつけた、他に類のない形態の建築であった。日輪兵舎を連結させた内原訓練所の本部とは形式は異なる。しかし、両脇は一階建であって、中央部のみ二階建ての左右対称の構成は内原訓練所の本部と同じである。また、屋根の形態は異なるが、どちらも両脇に大棟の水平線があって、中央部では高く一点に集約するスカイラインは共通している。

設計者である古賀は、アイディアマンで、人と違うことを好んだため、分所本部を考えるにあたり、新たな形態を探求したのであろう。その結果、同じ本部としての用途のために、類似させつつも、二つの異なる構造や形態をあわせて、河和田分所独自の建築をつくり上げたのであろう。

②歩哨小屋ほか

河和田分所には第一歩哨から第六歩哨までの小屋が設置されていた〔図3－14〕。

正門の第一歩哨小屋は、多角形平面、宝形屋根、杉皮葺の建築である。〔写真3－79〕では、平面は五角形か六角形か不明であるが、内転びの柱で屋根を支え、柱間は下見板張りで、内原訓練所の歩哨小屋と類似した形態であった。

このほかにも、敷地北部には、

〔写真3-79〕河和田分所　正門・歩哨小屋

「山羊舎」や「豚舎」といった畜産関係の建築が立ち並び、そのすぐ南側には「倉庫」、そして東部・北部・西部に設けられた三か所の「炊事場」があった。また「武道場」なども存在した。内原訓練所でもこれらと同じ用途の建築は、通常の建築であることから、用途に応じて日輪兵舎と普通建築が使い分けられたのであろう。

第四節　幹部訓練所とその日輪兵舎

一　幹部訓練所

義勇軍が発足し、訓練や移住地の建設などを円滑に行っていくには、よい指導者が必要とされた。そこで、拓務省は満州移住協会に委託し、全国の有識者・技術者・指導者らから開拓者幹部となる者を募集した。彼らは義勇軍と同様、訓練所に入って宿舎で共同生活を行い、学科・武道・農業実習などを学び、また、畜産・木工・鍛工などのそれぞれの専門分野を生かした訓練を受けた。そして、人によって期間は異なったが、数か月の訓練の後、義勇軍の指導員となったのである。

幹部の訓練は、まず内原訓練所内の日輪兵舎一棟を「移民指導員訓練所」として、昭和一三年から始められた。しかし施設規模が小さいので、義勇軍の訓練生が増え指導員の需要が高まることに対応するために、昭和一四年一月に、別の場所に新しく開設されたのが幹部訓練所である。国の予算に「指導員養成費」が計上されたことから、新たな施設をつくるに至ったようである。

幹部訓練所は、茨城県東茨城郡鯉淵村中台（現・水戸市・笠間市）につくられた。ここは内原訓練所から南西に約二キロメートルであり、もともとは私有地であった。鯉淵村の村長を務めていた河合正吉が、中台に約一六・九ヘクタールの山林を持っており、幹部訓練所の用地確保に協力したことから、この土地を中心に用地買収が行われ、幹部訓練所の設置に至った。この場所は内原訓練所に近く、また内原駅と同じ常盤線の友部駅にも近いことから、交通の便もよかった。

二　開設準備と建設から戦後へ

幹部訓練所は、昭和一三年の暮れまでに約五一・六ヘクタールを取得して建設が始められた。建設予定地は、ほとんどが雑木林と松林であり、義勇軍が毎日一〇中隊ずつ来て、「一人一日三坪」という目標のもと、建設と開墾が進められたようである。幹部訓練所の面積は、最終的に農場の約九〇ヘクタール[*27]を含む、約一〇七・七ヘクタールにまで達した。

終戦を迎えた昭和二〇年に閉鎖され、その後「全国農業会高等農事講習所」となった後、昭和二六年の名称変更で「鯉淵学園」となり、現在は「鯉淵学園農業栄養専門学校」となっている。

なお、幹部訓練所には「満蒙開拓指導員養成所」も併設されることになる。これは、昭和一六年に作成された「満州開拓第二期五箇年計画実行目標」によって、日本と満州において早急な「指導員ノ質的向上ト量的確保ヲ図ルタメ」の養成施設の整備が求められたためである。現地では「専門学校程度ノ養成所」、日本では「専門学校程度ノ養成塾」が目標であった。[*28] 日本に設置されたのが「満蒙開拓指導員養成所[*29]」である。

「満蒙開拓指導員養成所」は、幹部訓練所の隣接地約一一・九ヘクタールを買収し、幹部訓練所の建築の一部を利用して昭和一七年一二月一日に開設された。後に、面積は約二四・八ヘクタールにまで増やされたようである。また、昭和一七年に一期生として一七八人、その後昭和一九年に二期生、昭和二〇年に三期生が入所したが、三年制であったことから、終戦のために卒業生を送り出すことはなく、昭和二〇年九月二五日に閉鎖された。

＊27『満州開拓と青少年義勇軍』〔文献１４８〕には「八五町九反七畝」（約八五・三ヘクタール）、『内原町史—通史編』〔文献１４４〕には「八九町九反七畝」（約九〇ヘクタール）と記述の差異あり。どちらかが書き間違えていると思われるので、ここでは約九〇ヘクタールと記す。

＊28「指導員ノ質的向上ト量的確保ヲ図ルタメ」「専門学校程度ノ養成所」「専門学校程度ノ養成塾」はいずれも、『満州開拓と青少年義勇軍』〔文献１４８〕所載の「満州第二期五箇年計画実行目標」から引用。

＊29 指導員養成所は、敷地の確保はされたが、建設が間に合わなかったため、主として幹部訓練所の施設を利用したようである。『写真集　満蒙開拓青少年義勇軍』〔文献１１６〕参照。

三 幹部訓練所の建設計画

幹部訓練所を紹介した『新建築』〔文献62〕には「内原に対し此の方は建築的に計画されたものであり全体計画及び個々の建築等総てに建築家のなした役割は大きい」と記されており、幹部訓練所は専門的な知識を持った建築家によって計画が進められた。

その建築家とは、早稲田大学卒業で、当時は大日本航空株式会社営繕課、後に梓設計を創設した清田文永である。清田文永は『新建築』〔文献62〕や「満州開拓幹部訓練所の建築に就て」〔文献58〕の中で、自ら設計した幹部訓練所の大講堂と本部の設計趣旨とともに、訓練所計画について述べている。計画の趣旨について、「全体計画は大体

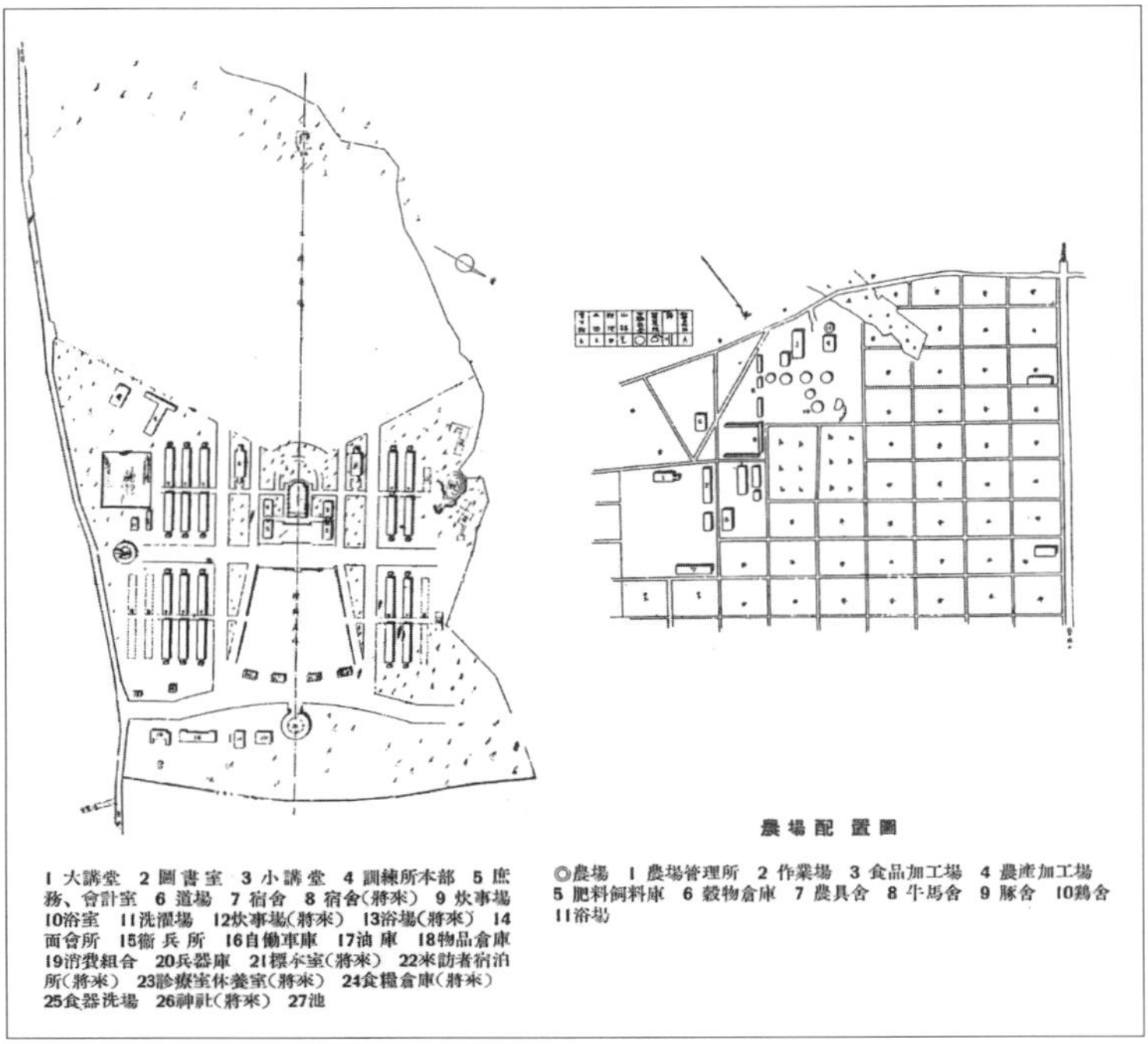

〔図3-15〕幹部訓練所 配置図(昭和15年6月)

は講堂を中心として、両側に厰舎を配置し後に大訓練所がある。自給自足を主眼として一つの体を形成し配置図で見る如く色々の目的に用ひられる建物がありその他農場関係の一体がある。講堂は両側、事務室のブロックとつながり造型的には全体の構成の主点をなして居り広漠たる中に三角の簡単、明確な形を示している」〔文献62〕と記しており、この記事に掲載された図〔図3-15〕を見ると、大講堂を中心として、ほぼ左右対称に建築や道が配置されていることがわかる。

幹部訓練所には日輪兵舎がわずかしか建てられていない

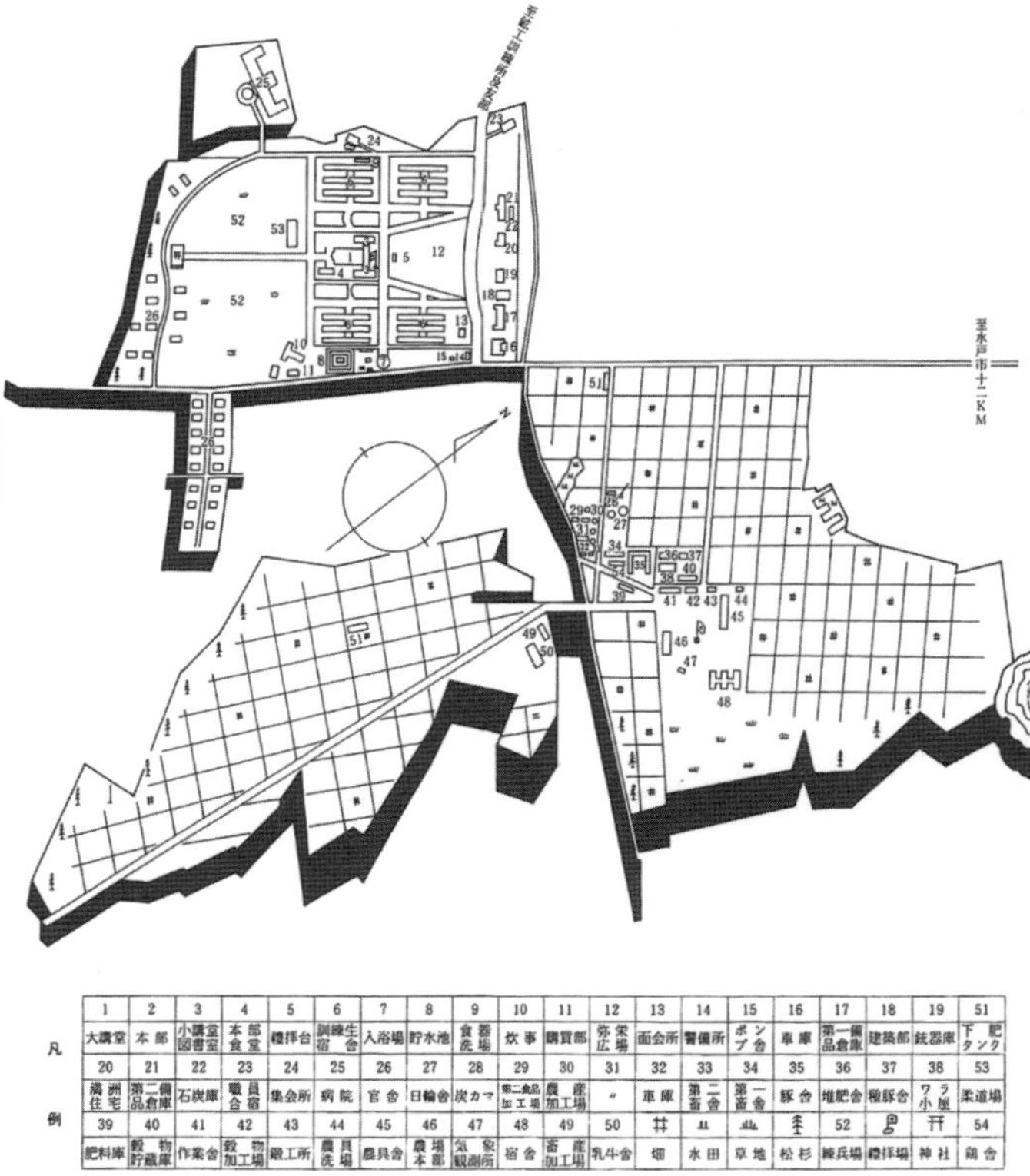

凡例																			
1	2	3	4	5	6	7	8	9	10	11	12	13	14	15	16	17	18	19	51
大講堂	本部	小講堂図書室	本部食堂	禮拝台	訓練生宿舎	入浴場	貯水池	食器洗場	炊事	購買部	弥栄広場	面会所	警備所	ポンプ舎	車庫	第一備品倉庫	建築部	銃器庫	下肥タンク
20	21	22	23	24	25	26	27	28	29	30	31	32	33	34	35	36	37	38	53
満洲住宅	第二備品倉庫	石炭庫	職員合宿	集会所	病院	官舎	日輪舎	炭カマ	第二食品加工場	農産加工場	〃	車庫	第二畜舎	第一畜舎	豚舎	堆肥舎	種豚舎	ワラ小屋	柔道場
39	40	41	42	43	44	45	46	47	48	49	50					52			54
肥料庫	穀物貯蔵庫	作業舎	穀物加工場	鍛工所	農具洗場	農具舎	農場本部	気象観測所	宿舎	畜産加工場	乳牛舎	畑	水田	草地	松杉	練兵場	禮拝場	神社	鶏舎

〔図3-16〕幹部訓練所 配置図（昭和19年10月）

が、これは建築家によって訓練所計画が進められたことによるものと思われる。

幹部訓練所の敷地計画については、昭和一五（一九四〇）年六月発行の『新建築』〔文献62〕に掲載された配置図〔図3－15〕と、『満州開拓と青少年義勇軍』〔文献148〕に掲載された昭和一九年一〇月時点の配置図〔図3－16〕がある。

『新満州』〔文献73〕には、現時点では約三九・七ヘクタールの耕地があるが、約二九・八ヘクタールの耕地が新たに訓練所の敷地となったので、従来の農場を第一農場、新農場を第二農場と呼ぶようになり、第一・第二農場を繋ぐ道路を新設中であると書かれている。敷地内の北東側に第一農場があり、南東側に第二農場があることがわかる。また、『満州開拓と青少年義勇軍』〔文献148〕によると、西側の敷地内には、昭和一九年の時点で六五棟の建築が建てられていたようで、そのうち日輪兵舎は「大浴場」の一棟のみであった。また、農場には四六棟の建築が建てられていたようで、〔図3－15・16〕をみると六棟の日輪兵舎が確認できる。幹部訓練所に建てられた建築は、日輪兵舎七棟と通常の建築一〇四棟の計一一一棟であった。

四　幹部訓練所の日輪兵舎

①大浴場

幹部訓練所の農場を除いた敷地内に、唯一建てられた日輪兵舎が大浴場であった。大浴場は、敷地内東部に位置した〔図3－15〕。大浴場の設計と監督は渡辺亀一郎が行った。昭和一三（一九三八）年一〇月一〇日に着工し、年内には完成したようである。工費は二〇〇〇円であった。大浴場は、直径約四八尺（八間）[*30]の円形平面、木造、二重の円錐形屋根、杉皮葺、下見板張りの真壁造の建築である〔写真3－80・81〕。正面口には切妻造のポーチが取り付いてガラス戸が取り付けられている。

〔写真3-80〕大浴場

外柱が外周に沿って立ち、内部に内柱が円形に配置されて立つ。心柱はない。一重目の屋根は、外柱と内柱によって支えられている〔写真3－81〕。二重目の屋根は内柱によって支えられているが、心束やそれを支える梁などが確認できない。おそ

〔写真3-81〕大浴場　内観

＊30『新満州』〔文献49〕第三巻第一二号に、建坪五一坪であると書かれていることから、半径は約七・三二メートルであり、直径は約四八尺となる。

らくは河和田分所の宿舎と同様の構造ではなかろうか。二重目の屋根の上に大きめの小塔がついており、結果的には三層の屋根が重なる形態となる。小塔は二重目の頂部に束が立って屋根を支えているが、その束がどこに立っているのかは不明である。これにより通風が図られていたのであろう。一重目と二重目の壁面に窓が均等に配置されている。

　内部は、外柱と内柱の間の壁に沿って脱衣所があり、着替えを置くための棚が設置された。中央部が浴場となっている。これも内原訓練所の浴室と同様であった。しかし、内原訓練所にあった間仕切りはない。内部中央部はコンクリートたたきで、丸い浴槽が置かれている〔写真3－81〕。この浴槽に関しては「二つに仕切られていて片方に七十五人合計百五十人が一緒に入浴出来ます。つまり三百人の幹部が一時間で入浴出来る様になって居ります」〔文献49〕との記録があり、幹部訓練生の行動を考慮した上で設計されていたと考えられる。円形の浴槽は内原訓練所の方形とは異なっている。洗い場には勾配がついていた。

　この大浴場の特徴はお湯の沸かし方で、それはボイラーを用いる点であったという。ボイラーを使用するには二等機関士の資格が必要であったが、資格がなくても使用できるように、ボイラーを改良して用いていた。内原訓練所の浴場には焚口があって薪で風呂を焚いていたために、幹部訓練所のボイラーは珍しかったのであろう。

　内原訓練所の初期型の宿舎の建設費は一棟二八〇〇円ほどであるのに対し、大浴場は二〇〇〇〇円が費やされている。相応にボイラーなどの設備が整えられ、外壁の板も規則正しく並べられるなど、施工精度の高さが感じられる。

　この大浴場と本部食堂の構造には共通点が見られ、三重に見える屋根は、河和田分所の宿舎の屋根と類似し、構造も同じではないかと推測される。本部食堂も河和田分所の宿舎

〔写真3-82〕農場の日輪兵舎

も、それぞれが建てられる以前の日輪兵舎の形式や技術を応用して作られたものである。大浴場もその建設以前に建てられた日輪兵舎の構造などを最大限応用し、改善も加えて建てられたのであろう。日輪兵舎で最大規模であるが、経験を踏まえて建設可能となった建築であった。

②農場の日輪兵舎

幹部訓練所の農場にあった日輪兵舎は、第一農場の南部に位置した〔図3-15〕。〔写真3-82〕には、この日輪兵舎のうちの三棟が写っている。用途は不明で資材の倉庫であろうか。この三棟は、右側一棟と左側二棟とで屋根形態が異なり、高さも右側が高い。右側の日輪兵舎は円形平面、二重円錐形屋根、小塔付、杉皮葺であり、左側二棟は、円形平面、円錐形屋根、小塔付、杉皮葺である。窓の配置はともに河和田分所の宿舎と類似している。

五 〔資料〕日輪兵舎以外の形式の建築

先に述べたように、幹部訓練所内のほとんどの建築は日輪兵舎ではないが、建築家の建てた「大講堂」、それと繋がる「本部」、古賀弘人の建てた「模範家屋」を取り上げて見ておきたい。

①大講堂と本部

大講堂と本部は、幹部訓練所敷地の中心部に位置した〔図3-15〕。

大講堂は幹部訓練所の全体計画の中心となる建築であった。短辺が約一〇間の方形の平面で、木造、「天地根元造」風の屋根、*31 木摺壁・漆喰壁、棟高五〇尺の建物である〔写真3-83〕。

設計は幹部訓練所の全体計画にも加わった清田文永が手がけ、*32 構造計算は日本発送電株式会社建築課の高岡清が行った。*33 二人は共に『建築雑誌』〔文献58・59〕にこの設計について寄稿している。屋根が天地根元造風となった理由として、清田は「屋根材としての茅が不足し、大部分を小麦藁で補ふ事から、その急勾配たる事が求められた。此処に正三角形筒を選ぶ事となり、構造架構の方法も定り」〔文献58〕と述べており、材料の問題を考慮した結果の形態であった。高岡も「最小の材料を以て構成することは最も望むべき事」〔文献59〕と述べている。藁を葺くために、福島県からわざわざ職人を呼び寄せた。構造は〔写真3－84・85〕のような木材によってトラスが組まれており、「三鉸式木構造アーチ」と呼ばれるものであった。

　また、設計を行うにあたり、前提条件として「1.主体構造は木造。被覆材料として簡単に大量に入手出来る物は、板、瓦、杉皮、茅、藁、漆喰等。2.施工者は半農の大工左官等。3.雑用は未経験の訓練生」〔文献58〕が与えられ、さらに、「講堂にのみ鉄筋コンクリー《ママ》の白壁の或は近代的と称される形式を要求しないであろう」〔文献62〕と考えたようで、その結果、木造のトラス構造が採用されたのであろう。

　訓練所本部・図書室・庶務会計室などが大講堂の両脇に左右対称に並び立つ。それらの建築は、廊下を通じて大講堂の両側面と繋がっていた。それらは切妻造で、木造の建築であった。

　大講堂は、与条件と建築家としての工夫に基づいて設計され建設された建築で、幹部訓練所においては圧倒的な存在感を示す建築であった。しかし、米軍機の空襲の目標となることを恐れ、昭和二〇年に、所長であった加藤完治の命令によって取り壊された。

〔写真3-83〕大講堂および本部

〔写真3-84〕大講堂 構造体

〔写真3-85〕大講堂 内観

〔写真3-86〕模範家屋

〔写真3-87〕名士の宿舎

②模範家屋

模範家屋〔写真3-86〕は古賀弘人がつくった建築である。義勇軍が将来開拓地で入居する開拓民の個人住宅を、幹部訓練所に一棟建てて模範としよう、との思いから建てられた。八畳の部屋が二部屋と、六畳の部屋が二部屋の計四部屋と六坪の炊事場、そして風呂場と便所のある平屋一戸建てで、寒い満州の土地向けに玄関の扉は二重扉となっていた。つまり、これは開拓地に今後建てられる予定の個人住宅の試作であり、日輪兵舎

*31 天地根元造とは、柱や壁がなく、切妻造の屋根を地上に置いたかたちの建物で、神社建築の最も原始的なかたちと考えられていた形式である。「満蒙開拓幹部訓練所」〔文献62〕には大講堂の屋根について、天地根元造の様な形を持つと書かれている。

*32 昭和一四年に発足した国策会社で、電源開発に関して独裁的な権利を与えられていたが、電気事業の再編成令により、昭和二六年に解散している。

*33『満州開拓と青少年義勇軍』〔文献148〕には、大講堂の設計は今和次郎だと書かれているが、後述の寄稿があることから、設計は清田文永だと考える。『草屋根』〔文献92〕によると、今は幹部訓練所にて建築技術を指導したと述べている。

と同様、まずは内地に試しに建ててみたもののようである。

幹部訓練所敷地内西部には、このほかに「名士の宿舎」〔写真3－87〕と称された入母屋造の藁葺屋根の一軒家や、間口四間、奥行九間の木造、切妻造の「畜産家工場」〔写真3－88〕、階下に一五頭収容でき、産室まで設置されている木造、マンサード屋根の「乳牛舎」〔写真3－89〕、さらに白壁塗りの「分所本部食堂」〔写真3－90〕など、多くの建築が建てられていた。

〔写真3-88〕畜産家工場

〔写真3-89〕乳牛舎

〔写真3-90〕分所本部食堂

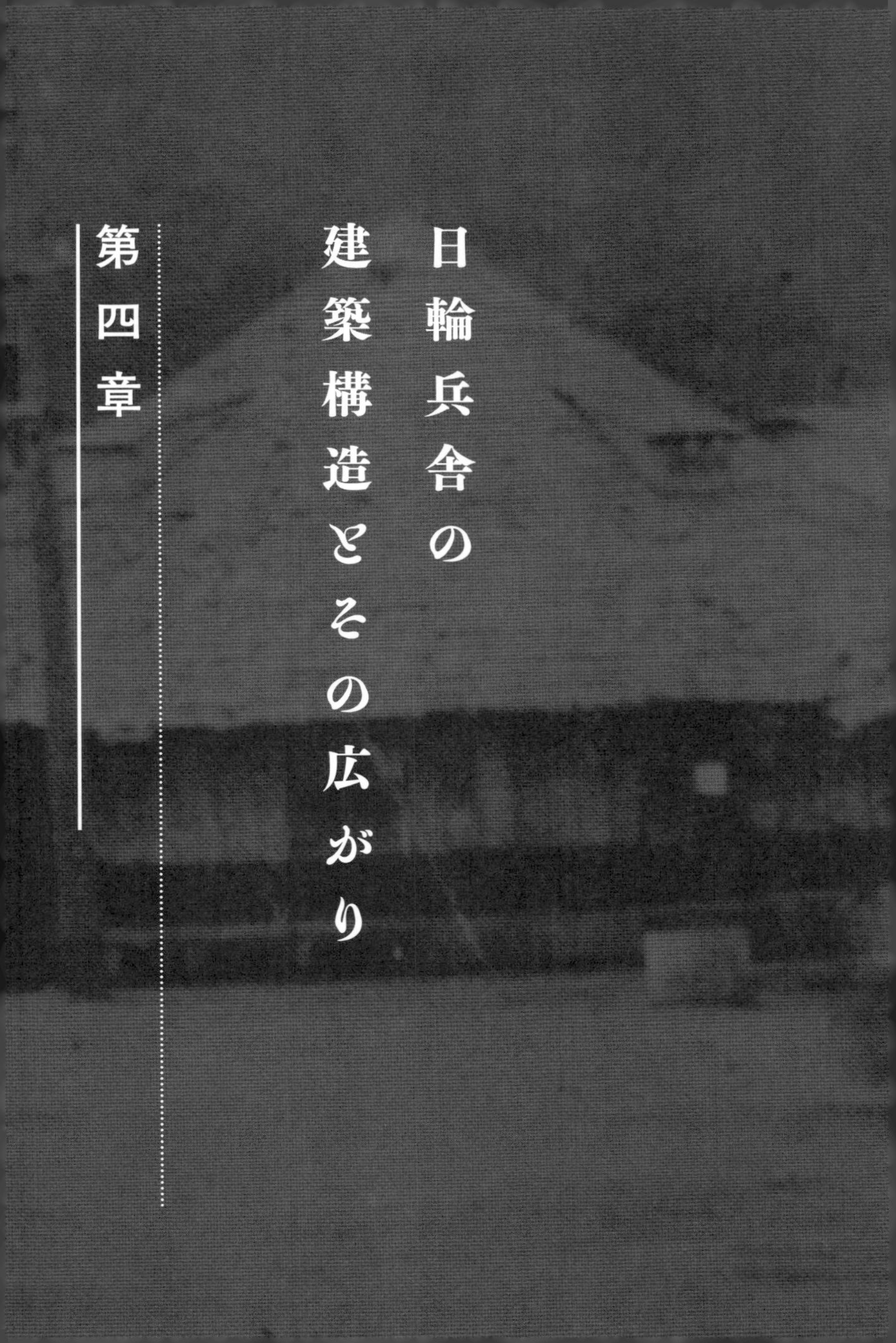

第四章

日輪兵舎の建築構造とその広がり

第一節　日輪兵舎の造り方

日輪兵舎の詳細な建設方法は、昭和一四（一九三九）年と一六年の二度にわたって「日輪兵舎の造り方」〔文献42・87〕（以下、「造り方」と記す）と題して公表されている。日輪兵舎は内原訓練所や河和田分所などで多数建てられた後、満州でも、また日本国内の訓練所以外でも建設された。内原訓練所で訓練を受けた生徒の経験だけではなく、この「造り方」を参考にして、各地で建設されたのであろう。日輪兵舎の普及に大きな役割を果たしたと考えられる。

ここでは「造り方」に記載された建築構造や技法について見ていきたい。『新満州』〔文献42〕に掲載されたものを〈一四年版〉、『開拓』〔文献87〕に掲載されたものを〈一六年版〉として、それぞれの記事を要約して引用する。なお以下の記述で「※」は記事に書かれた注意点や助言を示し、「◉」は関連事項の記載内容を示す。

一〈二四年版〉の建て方

◉工作順序

1……大きさの決定

・収容人数を一人一尺と換算してその数値を直径とする（三〇人収容であれば三〇尺、三五人収容であれば三五尺となる）。

・建設する敷地に決定した直径の円を描き、〔図4－1〕のように七尺内側に同心円を描く。二つの円の間が床を張る部分となる。

2……柱の建て方

・外側の円周上に、円周率の値である三・一四一六尺ごとに柱を立てる（外柱と称する）。ただし、表入口はその二倍の間隔を開ける。

・柱は掘立柱で、地下約二尺ほどまで埋め、地下部分と地上一尺くらいまでは防腐剤を塗る。

◉柱の数は表入口にあたる一本を除き、さらに〔図4－1〕に示すように内側の円周上に大梁を受ける柱（内柱と称する）四本を加えて、（収容人員数－1＋4）本となる。

3……地貫

「造り方」では貫と呼んでいるが、柱を挟む部材である。

・市販の大貫を一昼夜、水に漬ける。

・内地貫は、地上五寸くらいのところへ、外に向かって柱面に押しつけ、三寸釘で各柱ごとに打ちつける。
・また外地貫を内へ向かって柱面に押しつけながら、内部同様三寸釘で打ちつける。
※このとき柱が外へ開きがちになるので、あらかじめ各柱の上部を縄か針金で連結しておく。
※外地貫と内地貫の継手は必ず同一の柱の位置にこないようにする。このように地貫を千鳥に継ぐことは、建物の強度のために大変重要であるので、必ず行う。
◉この継ぎ方を専門家は「千鳥に継ぐ」と称している。ヂグザグに継ぐとも言われる。

4……挟桁

・挟桁は柱上部を挟んで繋ぐ部材である。地貫とほぼ同じ性質なので、地貫と同じ材料を、同じ要領で地上七尺のところに打ちつける。
◉地貫と挟桁はまっすぐな材を使って一つの円をつくるため施工が難しいが、柱ごとに切って多角形に繋ぐと、強度を失うだけでなく、日輪兵舎でなくなってしまう。力学的には、内

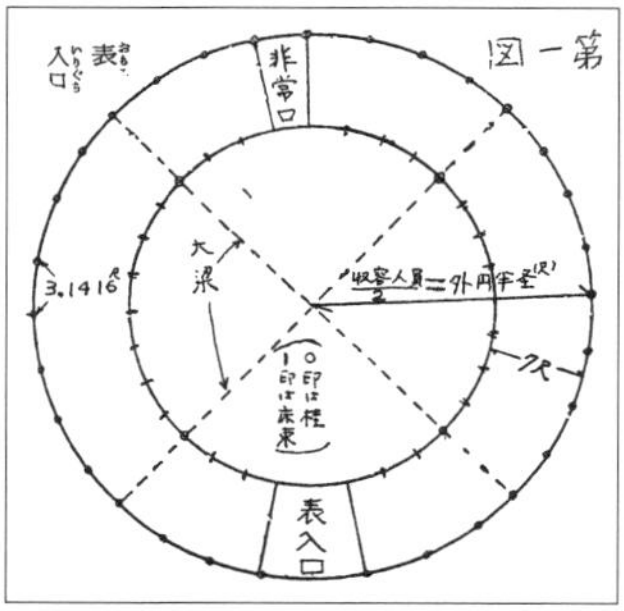

〔図4-1〕〈14年版〉平面図

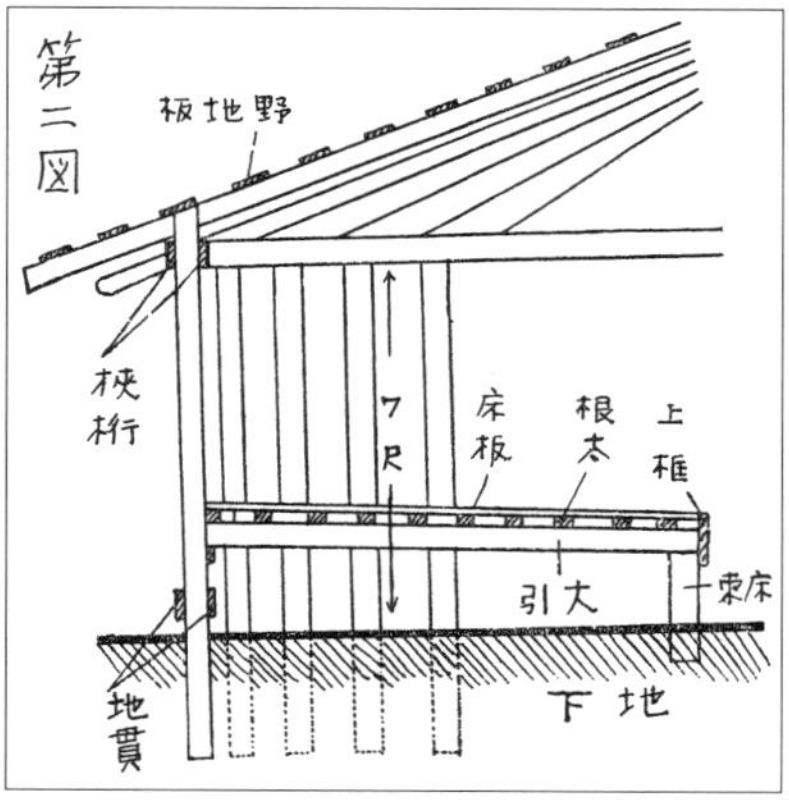

〔図4-2〕〈14年版〉断面図

側の地貫と挟桁は外圧に対して応圧力を起こし、外側の地貫と挟桁はその反対に応張力を起こしており、これが日輪兵舎の強い要因である。

5……内部の腰壁

・幅六寸、厚さ三分の松材を、挟桁や地貫の取りつけの要領で内側から柱に押しつけて一寸釘で打ちつける。

・この時点で柱はしっかり固定されるため、各柱を繋いでおいた針金などは取り除く。

※板の長さによっては板の端が柱に届かない場合がある。そのときは、適宜間柱を入れて、板の継手を無理にそろえない方がよい。このことを、「千鳥」と同じような意味だが、「亂《らん》に継ぐ」と呼んでいた。

6……十文字梁と真束

・直交する二本の直径と外側の円周の交点の位置の四本の柱に大梁を十文字に組む（十文字梁と称する）。大梁は柱を挟んで留める。

・真束頂部には、あらかじめ地上で垂木掛を支える八角形の頬杖を、〔図4－3〕のように組んでおく。大梁の交点の上に

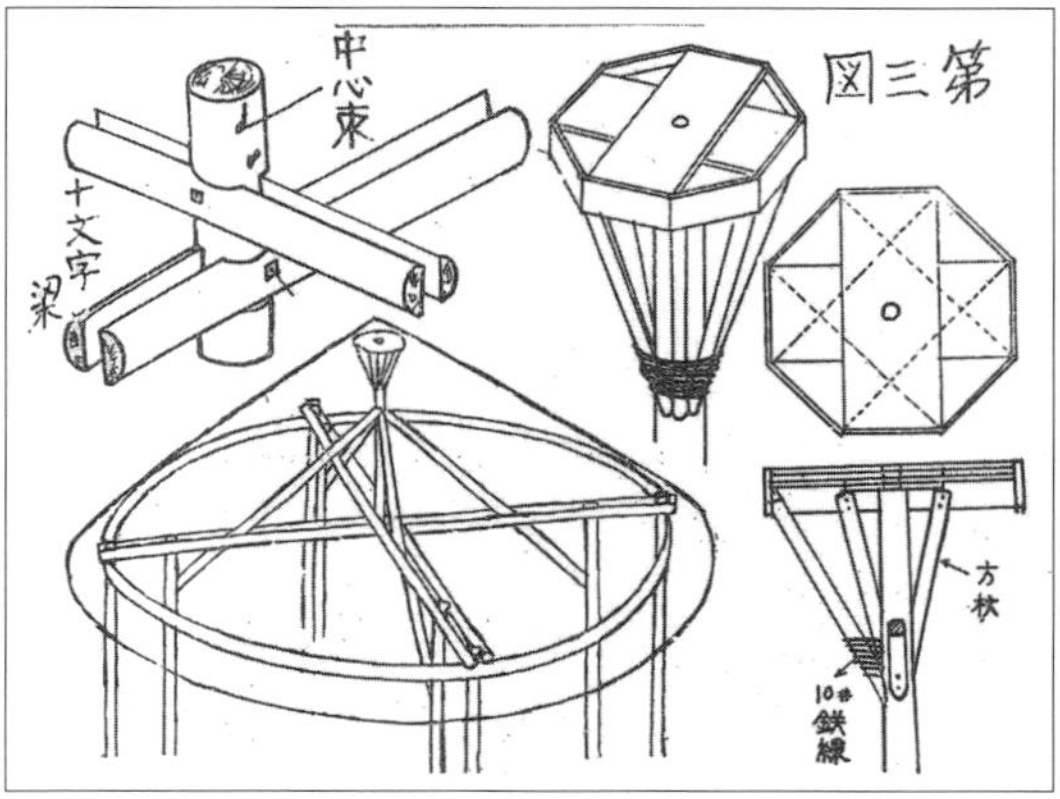

〔図4-3〕〈14年版〉詳細図

真束を立て、この真束を支えるために四方に頬杖を取りつける。
※真束を心柱に代えて、十文字梁を略しても差し支えない。
7……屋根
・真束頂部の垂木掛から挟桁に向かって垂木を架け渡し、その上に厚さ四分の野地板を張る。
・野地板の上に杉皮を葺足六寸で三枚重ねにして、それを二つ割の真竹で六寸ごとに押さえる。
※日輪兵舎はそれぞれの土地で入手しやすい材料でつくるのが本来なので、藁葺にしてもよい。
8……床張り
・内側の円周上に〔図4－1〕のような配置で束を立てる。
・外柱に大引受けとして大貫を打ち回し、大引を放射状に架け渡す。
・大引の上に根太を並べる。
・根太の上に、放射状に床板を張る。
・上り框は挟桁の要領で、束より内側から外に向かって大貫を打ちつける。
※床板は三角形の半端なものが出るので、適宜板を入れ、二寸釘で打ちつける。
9……窓と出入口
・枠を次の寸法につくる。

表入口枠（一つ）：幅五尺九寸、高さ六尺二寸
非常口（裏口）（一つ）：幅二尺九寸、高さ六尺二寸
窓枠（外柱四本に一つ）：幅二尺九寸、高さ三尺
※窓は、ガラス入りの建具を素人の手でつくるのは無理なので、紙張りか布張りにすれば容易である。
※表入り口の扉は二枚で、内開きとする。

◉材料速算表

〈一四年版〉には、記述を表にしてまとめた材料速算表〔表4-1〕が掲載されている。

名称	数	材	寸法	備考
柱（本）	収容人数＋3	松または杉	末口2寸5分、 長さ10尺	
垂木（本）	収容人数	杉丸太	末口2寸5分	
大貫 （挟桁・ 地貫・ 大引受け） （枚）	収容人数×2		長さ12尺	
腰板（坪）	収容人員×0.5	杉板 松板	幅6寸、4分板 幅6寸、6分板	杉板もしくは松板どちらか
野地板（坪）	((収容人員)^2／2)× 3.1416×1.4	松板	6分板	
杉皮（坪）	((収容人員)^2／2)× 3.1416×1.4			
床板（坪）	収容人員×0.6	松板	6分板	
大引	収容人員−1	松または杉	3寸角	
根太		松	1寸5分角、 12尺物	
大梁（本）	4	杉丸太	長さ収容人員尺	
釘（貫匁）	約6			1,000匁＝1貫＝3.75kg

〔表4-1〕〈14年版〉材料速算表

二　〈一六年版〉の建て方

〈一六年版〉のはじめに、「内原訓練所に於て全国中堅農家を主体とする一万五千名の農業増産報国推進隊が食糧増産に必要なる訓練を行つて夫々帰郷し村人に働きかけた現れとして、最近内原訓練所建築課へ日輪兵舎の造り方に関する問ひ合せが山積している状態なので、今回本紙を通じてお知らせ致します〔文献87〕」と書かれており、世論の高まりに応えて掲載したようである。日輪兵舎は満蒙開拓だけではなく国内での様々な用途に利用されたのであろう。

◉工作順序

1……地割

・中心を決定し、直径六間（三六尺）の円を描く。

・〔図4－4〕のように円周上に表入口と非常口（裏口）を各四尺取り（図4－4と異なるが元の記事のとおり）、残りの部分は約三尺ごとに柱を配置し、足下に沓石（礎石）を置く。

※窓の部分は一定の幅（約二尺九寸）になるようにする。

・床を張るために、外周より八尺内側の円周上に、約五尺間隔で内柱の沓石約二〇個を置く。

※沓石は正確に水平にする必要はなく、大体でよい。

2……柱と地貫

・柱を立て、内側と外側から三寸釘で地貫を打ちつける。
◉地貫は土台に相当するものである。
※内外の地貫を同一の柱で継がないようにする。
※柱は十文字梁を載せる部分も含めてすべて、三寸角を用いる。

3……水平面の決定

・各柱を垂直に立て、仮に大貫で各柱を連結する。麻の細糸で円の中心を通して向かい合う柱どうしを二、三か所結ぶ、あるいは各柱を全部結ぶ。
※一方から見て全部の糸が一直線になるよう修正することで、水平面を完成させる。
・水平面のとれた位置に印をつけ、これを標準として各部分の高さを決定する。
・地貫から約八尺上部で大貫に挟桁を三寸釘で打ちつける。
※地貫と同じことを注意する。
※柱が内外に開かないようにする。

4……真束を立てる

・あらかじめ配置しておいた四本の柱に、末口三寸以上の胴割材[*1]の大梁を十文字に渡す。
・大梁の交点上に真束を立てる。
・真束を四方から頬杖で支える。

＊1　材木の心で二つ割りにしてから、角材に挽いていった材。大径は丸太が多い。

5……屋根

・垂木を真束頂部から挟桁に向かって架け渡す。

・各柱と垂木は鎹《かすがい》で止め、五寸または四寸の釘を打ち込み、一二番線で縛る。

・その上に厚さ四分の野地板を張り、杉皮を葺足五寸で重ね張る。

・その上を押竹で五寸ごとに押さえる。

※竹は杉皮が重なるように押さえる。

6……下見板張りの羽目板

・厚さ四分の板で外部に窓の部分だけ残して張る。

7……床張り

・床は地貫から一尺五寸の高さとする。

・内柱・外柱の地貫から一尺五寸の位置に大貫を打ち回し、外柱数と同じ数の大引を放射状に架ける。

・その上に約一寸ごとに根太を並べ、六分板で床張りをする。

8……窓

・表入口は正面約一間のポーチを出し、これに通常は板戸をつける。

・非常口はポーチなしで、そのまま板戸をつける。

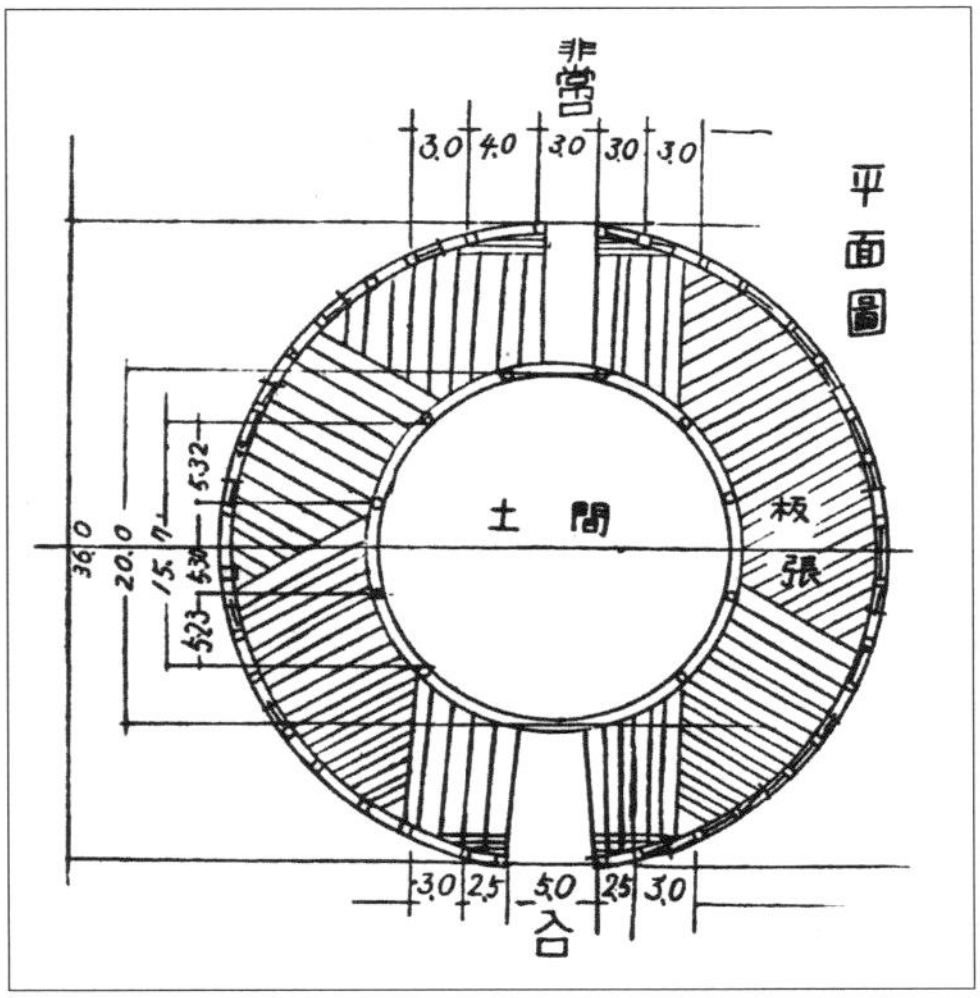

〔図4-4〕〈16年版〉1階平面図

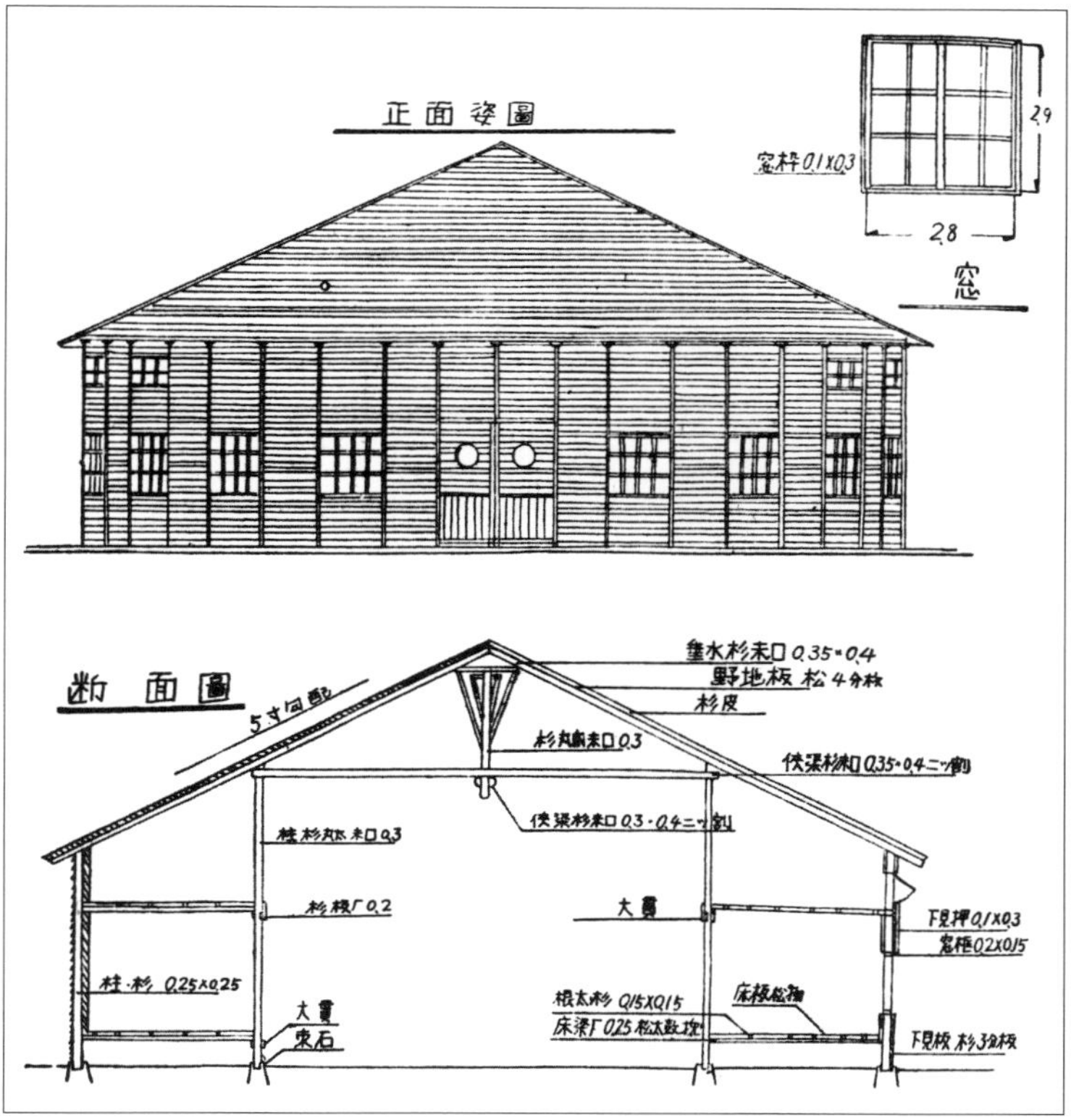

〔図4-5〕〈16年版〉立面図・断面図

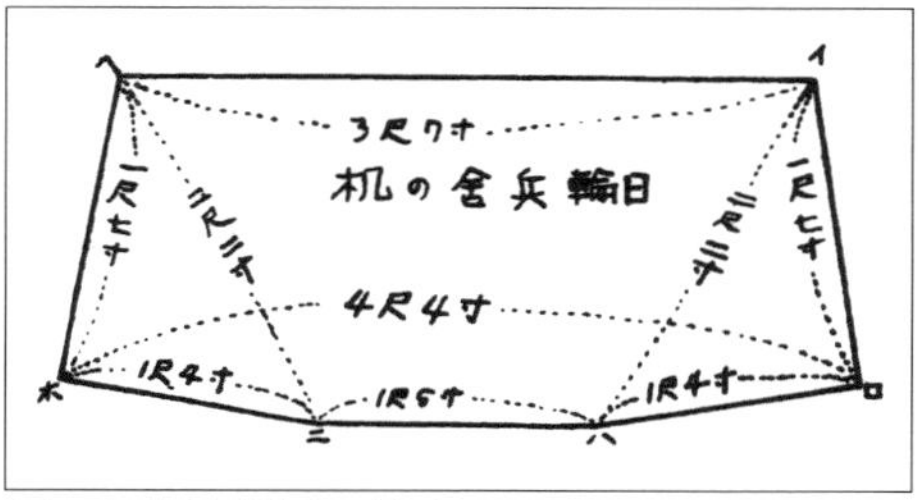

〔図4-6〕〈16年版〉机の図面

・窓のガラス戸は、幅一尺四寸五分、高さ三尺のものを観音開きに取りつける。
※窓は直接柱に取りつけず、幅二尺九寸、高さ三尺の枠をつくり、これに取りつける方がつくりやすい。
※表入口は二重戸にした方が寒さを防ぐことができる。

◉追記

※建物の直径を変更する場合は、一応専門家に相談の上ですべきこと。
※雪国や風雨の強い地域は、積雪量、風速などを研究の上、適切な補強を行うこと。
※大工一人を加えると、訓練生三〇人で二日半で建てられる。
※窓の数は外柱の円周の柱間数の半数である。
※屋根の頂部は、トタンの陣笠または陶器で覆う。
※机は〔図4－6〕のようなものを用いると便利である。

◉材料速算表

〈一六年版〉でも記述を表にまとめた材料速算表〔表4－2〕を掲載している。

名称	数	材	寸法	備考
兵舎の直径（尺）	収容人員×1尺			
柱（本）	収容人員＋1	杉 杉丸太	2寸5分角 末口3寸	外柱 内柱
靴石（個）	柱と同数	コンクリート製	尺5寸、底8寸、高さ1尺、穴3寸、深さ3寸	
垂木（本）	外柱×2	杉または松丸太	末口2寸5分、長さ24尺	
大貫（挟桁・地貫・大引受け）（本）	収容人員×2.5			
腰板・下見板（坪）	収容人員×0.7	杉	4分板	
床板・棚等（坪）	収容人員×0.7	松	並板	
松並板（坪）	地坪×1.5	松	杉皮	
杉皮（坪）	地坪×1.5	杉	杉皮	
大引	収容人員＋1	杉	2寸5分角または3寸角	
根太	収容人員×3	杉または松	1寸5分角、長さ6尺	
大梁（本）	4		末口3寸胴割	
釘（匁）	1,500 700 1,500 1,300 1,200		4寸 3寸 2寸5分 2寸または1寸5分 1寸8分	直径36尺の場合
皮通（匁）	3,500			
鎹（個）	柱数×2			
針金（匁）	510	12番線		

〔表4-2〕〈16年版〉材料速算表

●宿舎建築費内訳（一棟分）

建築費の内訳〔表4―3〕についても、表を掲載している。

品目	規格		数量	金額（銭）
	寸法	長さ		
杉柱	2寸5分角	12尺	32丁	24.96
	3.3寸角	12尺	4丁	6.00
杉皮			280束	98.00
押竹	1束40〜50束		6束	9.00
野地板			43坪	64.50
杉丸太	末口1.5寸	24尺	38本	57.00
大貫		12尺	80丁	28.00
小根太	1.6寸角	12尺	120丁	36.00
大司	2.5寸太鼓		73丁	56.94
沓石			48個	16.80
杉4分板			45坪	157.50
杉並6分板			35坪	87.50
杉並4分板			55坪	121.00
敷居鴨居	1寸×3寸	6尺	28丁	9.80
小幅板	1寸×3寸	12尺	18丁	12.60
押縁	正4分×2寸	12尺	47丁	11.75
ガラス戸	1尺5寸×2尺9寸		41枚	24.60
ガラス			246枚	24.60
入口鴨居	1.2寸×3.5寸	12尺	2丁	2.00
ハサミ梁	末口2寸上2つ割	18尺	4丁	4.00
眞束用杉丸太	末口2寸	8.5尺	1本	0.50
松4寸敷居		6尺	2丁	1.00
入口戸	5尺8寸×3尺		4本	20.00
補強丸太	末口2寸上	18尺	4本	4.00
入口戸ガラス			48枚	11.52
レール	2分9	6尺	4本	1.84
戸車			8個	3.04
釘	大小取交込み		16貫	24.00
				計918.45

〔表4-3〕〈16年版〉建築費内訳（1棟分）

三　〈一四年版〉と〈一六年版〉の比較

〈一四年版〉〈一六年版〉の二種の「造り方」による日輪兵舎の構造や仕様には多少の差異がある。〔図4－1〕と〔図4－4〕に見られるように、柱や床板、寸法などが異なっており、つくり方の順序も異なっている。二つの記事を書いた担当者が異なっていたのかもしれない。

①二つの「造り方」

平面の大きさは〈一四年版〉では決まっておらず、収容人員に合わせて円の直径を決めるとされているが、〈一六年版〉では三六尺とされており、「標準型」と同じである。〈一四年版〉では建設する状況に合わせて大きさを変えることのできるように記したが、〈一六年版〉では、統一した方がわかりやすいと考え、内原訓練所でも建てられていた三六尺を示したと思われる。

〈一四年版〉では掘立柱であるが〔図4－2〕、〈一六年版〉ではコンクリート製の礎石を用いており〔図4－5〕、恒久性に配慮したものかもしれない。

構造の面では、外柱を貫や挟桁で固定し、小屋組の真束は挟梁の十文字梁によって支えられていることは共通する。しかし、十文字梁を受ける柱が、〈一四年版〉では外柱と内柱であるが、〈一六年版〉では内柱のみであることに違いが見られる〔図4－3・5〕。これは、内柱が垂木まで達していないか、達しているかに関係があると思われ、前者であれば大梁が外柱に達しても問題ないが、後者では、内柱が大梁が外柱に達するのに邪魔になるからと考えられる。もっとも十文字梁は挟梁であって、柱の側面に釘で打ち付けるものであるから内柱が垂木まで達していても邪魔にはならないかもしれない。とすると、むしろ十文字梁の長さをあまり長くしないために、〈一六年版〉では内柱の間にだけ十文字梁を架けたのかもしれない。

十文字梁の交点に真束が取りつけられ〔図4-3左上〕、その真束に、頬杖のある八角形の垂木掛〔図4-3〕がついていることは共通する。真束は、十文字梁で挟んだ頬杖で四方から補強されるのも共通する。

屋根は垂木の上に野地板を載せ、杉皮を葺き、竹で押さえて葺かれている。しかし、垂木の数が〈一四年版〉では外柱と同数であるのに対し、〈一六年版〉では、外柱の二倍である点が異なっている。〈一六年版〉の方が構造的に強いと見ることもできるが、小径木や小さな板材など、あり合わせの材料で建てることを目指したのかもしれない。

	〈14年版〉	〈16年版〉
平面形	直径(収容人数)尺の円形	直径36尺の円形
十文字梁を支える柱	外柱と内柱	内柱
柱材	末口2寸5分の丸柱	3寸角の角柱
外柱　本数	(収容人数−1)本	36本
内柱　高さ	十文字梁の高さ	垂木にあたる高さ
本数	4本	約20本
垂木の本数	外柱と同じ	外柱の2倍
基礎	掘立式	コンクリート製沓石
床　段数	1段	2段
幅	7尺	8尺
床勾配	窓＞内	1段目：水平、2段目：窓＜内
柱間	等間隔(3.1416尺ごと)で正面口のみ抜く	等間隔でない(正面口：5尺、裏口：3尺、窓の部分：2.9尺)

〔表4-4〕〈14年版〉と〈16年版〉の相違点

床は、出入口と繋がる通路を除いて、壁に沿って設置される。〈一四年版〉では床は一層、〈一六年版〉では二層である〔図4－1〕〔図4－4〕。〈一四年版〉では、収容人数がそのまま円の直径の数値になり、一段の床に入る人数に合致するのであるが、〈一六年版〉では二層であるために、収容人数がそのまま円の直径の数値にならない。〈一六年版〉の円の直径が六間と設定されたこととも関わる。床の幅も異なり、〈一四年版〉では七尺、〈一六年版〉では八尺である。このことは〔表3－1〕（115頁参照）でも床の幅が様々であったことから、固定的ではなかったと思われる。

また、床の層数は挟桁の高さと内柱の本数と関係する。桁高さについては、床が二層ならば、内部の高さを高くする必要があるから、〈一四年版〉では地上から挟桁までの高さが七尺であるのに対し〈一六年版〉では地貫から挟桁までの八尺となっている。内柱については〈一四年版〉では床が一層であるから、十文字梁を受ける四本のみでよいが、〈一六年版〉では二層目の床を受けるために多数の柱が必要となり、二〇本ほどを立てるとしている。

床の勾配については、〈一四年版〉〔図4－2〕では、窓側が高く内側が低く勾配をつけているが、〈一六年版〉〔図4－5〕では、一層目はほぼ水平に描かれ、内柱・外柱とも一尺五寸の位置に大貫を通している。ただ、二層目は〔図4－5〕では〈一四年版〉とは逆に窓側が低く、内側が高くなっている。このことについて「造り方」では説明されていないので詳細はわからないが、もしこの図のとおりであるとすると、寝る時の頭の向きは〈一四年版〉と〈一六年版〉では逆になると思われる。

外柱は、〈一四年版〉では三・一四一六尺ごとに、表入口の一本を除いて三五本並べられる。一方、〈一六年版〉では、三六本並べられるが、このとき、正面口（「表入口」）は幅五尺、裏口（「非常口」）は幅三尺であり、窓の部分の幅は約二尺九寸と細かく定められている。つまり、〈一四年版〉では、出入口にあたる一本を取り除いて、出入口を設けているが、〈一六年版〉では柱数を変えることなく、柱間寸法を変えることによって出入口を設けている。〈一六年版〉は整備されたともいえるが、建設には手間がかかることになる。

②十文字梁の小屋構造

〈一四年版〉と〈一六年版〉を比較すると、以上のようないくつかの相違点が明らかになった。〈一四年版〉と〈一六年版〉が掲載された時期は一年八か月の隔たりがある。内原訓練所の日輪兵舎でも明らかになったように、日輪兵舎は常に変化を続けており、このような差が生じたのであろう。

しかし、十文字梁を用いる点は共通しており、屋根は、外柱・十文字梁・真束からなる構造体によって支えられている。心柱の有無については、〈一四年版〉の中に「真束を柱にして十文字梁を略しても差支へありません。只使用する時真中に柱があるため不便を感ずる事がありますがそれは忍んで頂かねばなりません」〔文献42〕と書かれている。心柱は立ててもよいが、使用の際に不都合があることから、それをなくすための十文字梁という構造を生み出すに至ったと思われる。そこで、〈一四年版〉〈一六年版〉に示された十文字梁を持つ日輪兵舎の形式を、内原訓練所の「唐傘型」に対し、「十文字梁型」と呼ぶことにする。

幹部訓練所では日輪兵舎の宿舎は建設されておらず、内地訓練所内で最後に建設された日輪兵舎の宿舎は河和田分所のものである。そして、この河和田分所の日輪兵舎には心柱がないとの記録があり〔文献39〕、十文字梁を用いてつくられていたと考えられる。

多くの人に読まれることが想定される雑誌に掲載された十文字梁の日輪兵舎の方が、建設の容易さ、材料、コスト、使いやすさなど、何らかの点で普及させるにふさわしいものと考えられたのであろう。

四 〈一八年版〉の建て方

第二章四節三項（90頁）で述べた「防空目的の日輪兵舎」に紹介されたつくり方について、掲載された『東亜連盟』〔文献100〕の記事に従って見ておきたい。以下に要約するように、相当に専門的な技術が必要となっている。

①防空目的の日輪兵舎

防空目的の日輪兵舎は、直径一二〇尺であり、一棟に五〇〇人収容することができる。しかし、規模の異なる日輪兵舎であっても、同じ工程でつくることができ、応用が可能である。

◉準備するもの

一、設計書　二、工事予定進行対照表　三、仕様書　四、工事日誌
五、材料明細書　六、工事人員計画　七、工事予定表

◉施工者が工事未経験者であるため、仕様書は説明のためのものとなる。

◉工作順序

1……中心位置の決定及び、地上製図

・中心位置を決め、直径三寸、長さ三尺の杉丸太を、地上部分の長さが五寸になるまで垂直に打ち込む。

・打ち込んだ杉丸太の頭に、五寸釘を、頭一寸を残して垂直に打ち込む。

・釘の頭に二四番鉄線を巻きつけ、平面半径の長さ分だけ鉄線を延ばし、その先端に五寸釘を巻きつけて、円を描く。

2……型枠製図及び、型枠づくり

◉日輪兵舎の外壁は、木造は別として土や石積、煉瓦積で構築するのが迅速かつ安全な工作法である。そのためには原寸図に合わせた型枠が必要である。

・1の針金端にある五寸釘を鉛筆に取り替える。

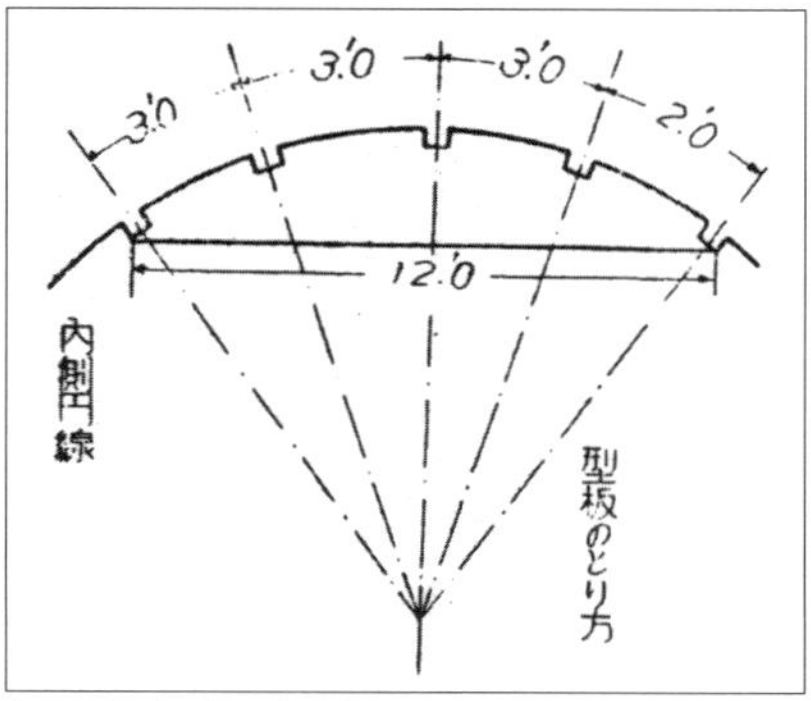

〔図4-7〕〈18年版〉型板のとり方

・一寸厚の板（可能であれば、長さ一二尺のもの）一枚を、円周上に板幅いっぱいとなるように置き、取り替えた鉛筆で板に円周を描く。これにより、一二尺の弧の櫛形の板を取ることができる。
・でき上がった櫛形を定規として、九〇枚の板に同形の円弧を描く。直径一二〇尺の円弧をつくるために型枠三〇個をつくる。
・型枠を〔図4－7〕のように切り欠き、その位置に一寸二分角、長さ六尺の杉材を柱として、上中下の三段に、二寸五分釘で櫛形の型枠を打ちつければ、かまぼこ型の枠ができ上がる。
・かまぼこ型の枠に、厚さ二分、幅一寸二分、長さ一三尺の木摺を[*2]、八分釘で五寸間隔に打ちつけて定規面とすることで、型枠は完成である。
※枠の狂いを防ぐため、四隅に一寸二分角、長さ約二尺の燧梁《ひうち》を打ちつけておくことで、補強され枠の変形はなくなる。
3……遣方及び、水盛法
◉型枠をつくる一方で、建物の水盛を行う。
・遣方の方法は、建物が円であるため通常の方法と異なり、杭を三角形に設ける。すなわち一点は日輪兵舎の中心として、その他二点で正三角形となるように杭を打ち、中心の

＊2 塗壁の下地に打ちつける通常幅三センチメートル程度の木。

杭の頭と同位に水平を取り出し、墨付けで記したところに水貫[*3]を打ち、水糸を杭の頭に結び、水貫に接して、その水平の延長から各円周上の水平をとる。

※この場合、三角遣方はできるだけ正確さが求められるので、できるかぎり正三角形を大きくとった方がよい。

4……枠建て

・水盛により、地ならしを行う。

・地面に、もう一度円線を明示して、その上に先のかまぼこ型の型枠を垂直に連結して建てる。これは、内壁面の定規となるので、なるべく丈夫に取りつける。

・この作業に際して、末口一寸五分、長さ九尺の杉丸太六〇丁と、連結用の一寸×三寸×一尺の杉板が三〇枚、三寸の釘が九〇本あればよい。

5……柱建て

・柱建てのため、沓石を型枠から七寸内側に置き、沓石の間隔は三尺として、壁周に一二五個配置する。

・柱を平行に三尺間隔で並べ、その頂部切り欠き部に挟貫を同じく三尺間隔で打ちつける。一二尺（柱四本分）をまとめて一連としたものを、先の沓石の上に立て、垂直をとって、その狂いを防ぐために型枠から一寸二分角材で打ち留める。このとき、それぞれの柱の垂直が狂わないように、仮に筋交い[*4]を打ちつけておけば、作業は楽になる。

・柱が立ったら、それを固定するため、頂部切り欠き部の裏側に別の狭貫を打つ。

6……腰壁粗石積み及び、土建て

・腰壁の粗石積みをするには、その間の充塡材となる藁寸莎《わらすさ》*5入り粘土、または漆喰の準備が必要となる。これを「土建て」というが、その製法は、前日、粘りのある土を砕いて五寸くらい積み、その上に五寸くらいに切った藁を平均二寸くらいに積む。この作業をくりかえして高さ四尺くらいまで積み、中央に水を入れておく。そうすると、翌日、土は適度に水分を吸い、藁と馴染んで、二、三回フォークで上から落とすと、すぐ使用できるくらいになる。

・以上の材料を用い、積むべき石面を研究して型枠に沿って石を互い違いに組み、その間に寸莎入りの土を埋め、作業を進めていく。

※石をなるべく型枠面と直角に長平に使うように注意する。この石積みは、最高四尺まで位を限度とし、その上は石垣の押さえとして、満式の弁留子法を用いる。

7……弁留子法

※弁留子の下の石積は、少し透した方がよい。

・幅三尺、高さ七寸、長さ一二尺の箱に、粉砕した土を入れる。

・その土が泥になる程度に水を入れ、藁を約三寸丸くらい入れて、その泥をまぶしつけ、

*3 水平を示す貫で、遣方に配される木材。
*4 地震や風で倒れたりしないように、柱と柱との間に斜めに入れる材。
*5 壁土に混ぜて、ひび割れを防ぐつなぎとする材料。

それを弁髪の様式と同様に、壁幅を求めて組んでいく。
・組み終わったら、その間に乾いた土を入れ、ちょうど麦稈真田《ばっかんさなだ》[*6]を積み重ねて上へと登るような仕組みで壁面を構成していく。高さは二尺までとし、その上は採光窓となる。
◉弁留子とは中国の弁髪の組み方と同様な組み方で、建築では髪毛が藁となり、油が泥へ変わると思えばよい。乾燥さえなければ、数十年の寿命がある。

8……採光布

※採光には、ガラス窓を避け、建物全面的に白布の大きい幅のものを一巻きしてその代用とする。
・白布は巻きつける時、無駄な皺が寄らないように、布幅五尺ごとに縦桟（厚さ二分、幅一寸二分、長さ布幅いっぱい）を入れる。この縦桟が柱頂部の挟貫と窓下端の下貫とに支えられて、丈夫な窓枠を構成する。
※採光布は全長三六三尺必要だが、二四尺物一一本を繋いだ方が、扱いやすい。また縦桟の数は五三九本である。
・以上で外壁の作業は終了するので、型枠を取り去って、心柱と内柱の作業に入る。

9……心柱及び内柱

◉心柱と内柱の工程は専門技術家である大工が行う方が安全であるが、順序として説明する。
・心柱は、作業上、最初は掘立式で立てる。建て込み位置が定まったら、周囲の四本を基礎コンクリートで永久に固定する。

・柱は、〔図4－8〕のように、根本は一本で、周囲に四本の添柱をインチボルト四本で締めつけ、上端は梁受けの八角束を中心井桁に取りつけ、垂木受け心柱も根元同様、インチボルトで締めつける。垂木受けの八角束もあらかじめ心柱に取りつけておいた方がよい。

・次に内柱を立てる。あらかじめ、明示された心線上に踏石を六尺間隔で据えつけ、外柱*7の建てつけと同様に、内柱頂部切り欠き部挟貫を打ちつける柱二本ずつ、心柱及び外柱から梁を渡し、順に立てていく。

・建てつけが終わったら、外柱と同様に、切り欠きの裏から狭貫を打つ。

・同時に、採光窓下端の貫及び垂木受の貫も打つ。

10……心束・母屋掛・垂木掛

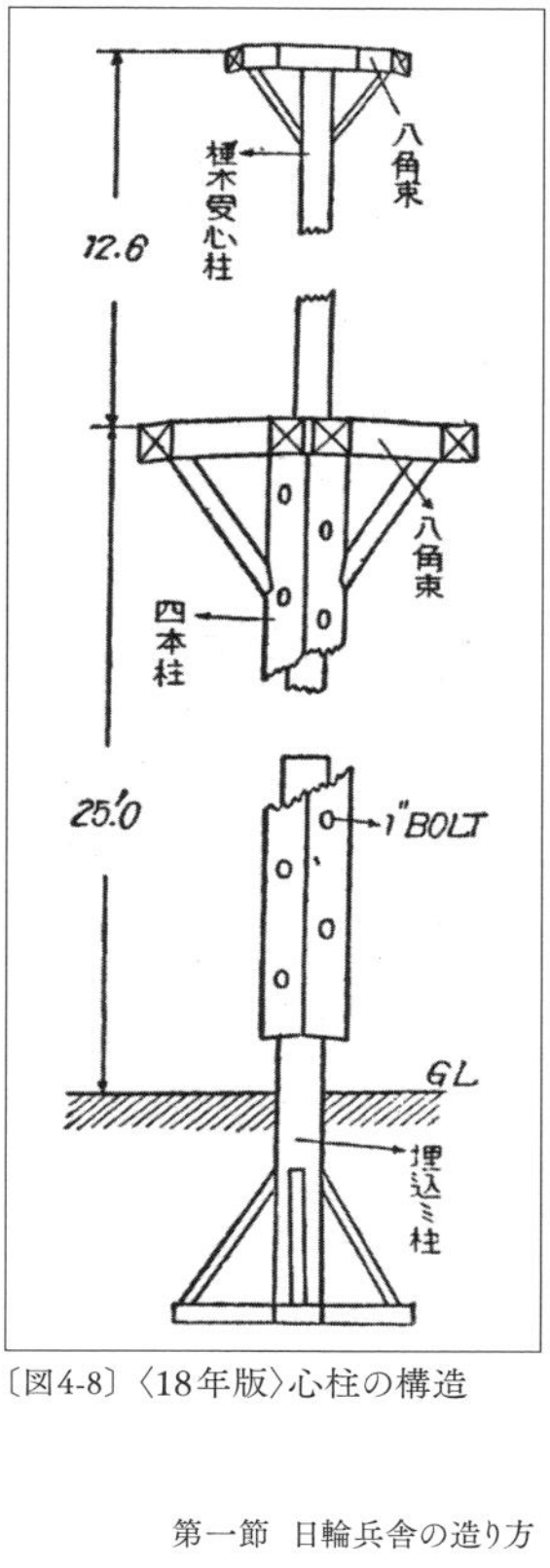

〔図4-8〕〈18年版〉心柱の構造

*6　麦わらを平たくつぶし、真田紐《さなだひも》のように編んだもの。

*7　外柱とは、日輪兵舎の外周に沿って建つ柱のことを指す。外壁を構成する。

◉この三種は、通常の方法と変わらないので説明は省略するが、垂木は丸太を主として使用するため、場合によっては曲がりがある。この場合は、曲がりを横にねかせて、野地面が水平になるように使うとよい。

11……野地板及び、防水コルカー

・防水コルカーは、野地面にコルカーを張りつけ、その上にアスファルト乳剤[*8]をスプレーで吹きつけ、凹部には砂を埋めて再塗装すれば完全に防水層ができる。

※野地板は軒下端から上へと打ち上げていくが、野地面が円錐形であるため、うまく納めていかなくてはならない。

12……内造作

・腰積の粗石面は石灰モルタル[*9]を壁面の凹部に充填し、硬化してから左官に仕上げを依頼し、表側は盛土を完全にして、川石を伏せセメントにて目漆喰をする。

・床は板床、コンクリート叩き、土間のいずれかを、使用目的によって決定する。

※日輪兵舎は避難目的で建設するものであり、戦争のための大事な資材を使うので、有効に平常時使用できるようにするべきである。

②円型壕

古賀は、空襲の際は従来の防空壕に避難すればよいが、それが不足した場合として、円型壕という日輪兵舎を応用した小型の建築を建てて補えばよいとしている。そしてそのつくり方も同記事に示されている。以下はその内容である。

平面の規模は自由であるが、標準としては、内径九尺で、一七人を収容するのが最もつくりやすいとする。

◉工作順序

・遣方及び地馴らし、水盛、型枠の取り方とも前記の日輪兵舎と同様である。ただし、規模が小さいので、材料も小さいものを使用する。
・九尺の型枠ができたら、型建ての後、弁留子をつくる。
※弁留子は、将来土で覆うと、永久に日光が当たらず、湿度によって腐敗するおそれがあるので、地中から上がってくる水分を遮断するため、弁留子を組む最下層にルーフィングを敷く。
※弁留子の組み上げは四尺、幅は八寸くらいでよい。したがって、材料としては藁二〇把(径二寸)あればよい。
・心柱は掘立式とし、周壁上端から一尺三寸五分高くする。足元は厳重に固めて、頂部には垂木掛けを取りつける。

＊8　塗膜防水、簡易塗装などに使用される、アスファルトを水中に散布させたもの。
＊9　消石灰と砂を水で練り合わせたもの。

・垂木掛けの後、野地板を打ち、防水ルーフィングコンパウンドを施工する。
・屋根ができたら、十分乾燥させる。
※上に土をかけるのは、弁留子の乾きをみてからがよい。
※将来、弁留子にも水分が浸らないように土をかける前にルーフィングを巻いておいた方がよい。
◉人員四人で、弁留子二日、屋根一日、入口一日の、四日で完成できる。

③〈一八年版〉の特色

〈一八年版〉は規模が大きいこと、都市の被災者を収容することを目的としていることもあって、相当に正確に、かつ専門的な技術を用いて、頑丈につくることを意図して書かれている。腰から下の石積みの壁や防水処理などが丁寧に記述されているのもそれゆえであろう。

第二節　満州の日輪兵舎

実際に満州で何棟の日輪兵舎が建てられたかは明らかにできていないが、先に述べた古賀の携わった日輪兵舎である「奉天省第一軍管区靖安軍司令部」「饒河訓練所」「勃利訓練所」

以外にも、「第七次入植地」に建てられたという記録が昭和一三年の『拓け満蒙』〔文献25・31〕に見えている。内原訓練所建設より前に建てられた前二者の建築の実態は第二章で述べたので、本節では、内原訓練所建設より後に建てられた「第七次入植地」と「勃利訓練所」の日輪兵舎についてて見ておきたい。

一　第七次入植地

満州事変以降、関東軍が中心になって満州への移民計画が練られていたが、一〇〇万戸を移住させるという案に膨らみ、昭和一一年には広田弘毅内閣の国策として「二十カ年百万戸送出計画」が定められた。昭和一二年に発足する満蒙開拓青少年義勇軍よりも前から動き出していた「二十カ年百万戸送出計画」の第七次集団移民は、昭和一二年六月一四日から七月一六日に日本国内を出港し、現地訓練所で訓練を受けた後、それぞれの入植地へと入った。第七次入植地は、濱江省に一四村、吉林省に四村、三江省に二村、牡丹江省と龍江省に各一村の計二二村であった。

多くの場合、入植地には満州に元から住んでいた人々がすでに開墾した土地が充てられるが、無住地帯に入る場合もあり、第七次入植には二、三の移民団が無住地帯に入った。

集団移民は、基本的に、まず満州拓殖公社の設営班が現地に入り、必要となる共同宿舎や農具・日用品の準備をして待機する。続いて先遣隊が入植し、入植するやいなや設営班から作業を受け継いで行い、その後、本格的な入植がはじまるというかたちがとられていた。

しかし、無住地帯に入った場合、そのような形式をとることができないため、本格的な宿舎の建設前に、仮の拠点が建てられた。その仮の拠点として採用されたのが日輪兵舎である。一般的な方針として以上のように記されているため〔文献25・28〕、いくつかの入植地に日輪兵舎が建てられたかもしれないが、記録が残るのは一か所、濱江省綏棱県の、第三次集団移民の入植地の奥に入植した香川村である。写真は見出せていないが、「直径三十尺の圓筒型土壁の宿舎にて十日程にて完成できる〔文献25〕」と記されている。「標準型」は直径三六尺であり、直径三〇尺は試作段階の藁屋根の日輪兵舎である。また、壁が土壁であったとのことから、土製日輪兵舎であったかもしれない。入植地には昭和一三年四月下旬までに入ったようであるので、同年三月に内原訓練所が開設されてすぐである。時期も考慮すると、内原訓練所ができる前から試作段階の日輪兵舎の形態が採用されて、建てられたのではなかろうか。

二　勃利訓練所

勃利訓練所は、義勇軍の現地訓練所、すなわち義勇隊の大訓練所の一つである。現在の黒竜江省七台河市勃利県であり、勃利の町から東約三〇キロメートルに位置した。ここには、昭和一四年三月の入所を嚆矢として、二〇〇〇人を超える義勇隊が入所した。前述のとおり、通常、集団移民は、前もって先遣隊が入って、本隊の入植に必要となる建築などの準備を行う。しかし、義勇隊はそれとは異なり先遣隊がおらず、入植地に入るとすぐ建設作業等の実地作業に従事し、これが同時に訓練となった。勃利訓練所においてはじめに行われた建設作業でつくられたのが日輪兵舎であった。すぐに建てることのできる日輪兵舎を建設して仮の宿舎とし、それを拠点に、本建築の建設や軍事訓練、農作業などの訓練を行ったのである。

建築家・佐藤武夫がこの勃利訓練所に訪れたようで、そのときの記録が『無双窓』〔文献54〕に載っている。日輪兵舎に関する記述はないが、〔写真4－1〕が添えられており、写真を見る限り少なくとも二棟の日輪兵舎が建てられていた。写真左側の日輪兵舎の屋根は垂木がむきだしであることから、佐藤が訪れた時点では建設中だったのか、すでに本格的な建築が建てられて、日輪兵舎は宿舎としては使用されていなかったのか、いずれかであろう。

勃利訓練所日輪兵舎は、木造、円形平面、円錐形屋根、南京下見張りの大壁造の建築である。窓は突き上げ窓であり、ガラスではなく外壁と同じ木材を用いている。また、外壁の下部には土が盛ってある。

窓は内原訓練所の試作段階の藁屋根の日輪兵舎〔写真3－4〕（110頁参照）と類似している。また、腰から下の土壁も、外壁の周囲を土で固めたとされる藁屋根の日輪兵舎と共通の形式である。

満州に建設された日輪兵舎については、第七次入植地に建設された日輪兵舎の詳細な形態がわからないため、第二章第二節で述べたように、古賀の携わった鐃河訓練所の土製日輪兵

〔写真4-1〕勃利訓練所日輪兵舎

舎の存在しかわかっていなかったが、国内に建設された木造の日輪兵舎と同様の形式のものが、満州にも建てられていたことが明らかになった。この日輪兵舎は、内原訓練所の試作段階の日輪兵舎と類似しており、かつての内原訓練所の先遣隊であった訓練生が渡満して、内原での経験をふまえて建設したのであろう。

三　鐃河訓練所の周辺

鐃河訓練所に日輪兵舎が建設されたことは第二章第二節のとおりで、その建設に携わった隊員が、その後また日輪兵舎の建設に携わったという記録が、『「桜樹」たちは……』〔文献140〕にある。それによると、鐃河から約一〇数キロメートル西方にある、満州の現地人と朝鮮人の割合が半々の三義屯の部落で、日輪兵舎を建設したという。写真は見出していないが、「昨年の経験が役立ち、間もなく十人くらい住める兵舎ができた」〔文献140〕と書かれていることから、鐃河訓練所の建設経験者の手で鐃河訓練所と似た土製の日輪兵舎が建設されたのではないだろうか。時期は鐃河訓練所の一年後であるから、昭和一四年と思われる。

第三節　日本各地の日輪兵舎

次に、日本各地に建設された日輪兵舎のうち、得られた記録により実態を掴むことのできた事例のうち、試作段階も含め、内地訓練所以外の実例について見てゆきたい。事例の一覧は〔表4－5〕に示す。

一　日輪兵舎普及の背景

昭和四年、ニューヨークの株価暴落による世界恐慌の影響により、日本も打撃を受け、昭和五年から日本経済は昭和恐慌へと陥った。それにより、金融恐慌・農村不況・過剰人口・失業者増大といった数々の問題を抱え、各地の農村も大きな打撃を受けた。[*10]深刻な農村不況に対して、政府は昭和七年に農山漁村経済更生計画を打ち出した。この計画は、経済更生指定町村に補助金を与えるなどにより、各農村が自力で更生を行うことを求

＊10　昭和七（一九三二）年十月に出された、「農山漁村経済更生計画ニ関スル件」の農林省訓令。

棟数	建設者・施工者	古賀弘人との関係	図版	現存	その他
2棟			〔写真4-2〕〜〔写真4-5〕	×	
3棟か			〔写真4-6〕	×	
	富士郡の小学生が建設		〔写真4-7〕	×	
複数棟			〔写真4-8〕〜〔写真4-12〕	×	
3棟	柏倉門伝村青年団の労働奉仕により建設		〔写真4-13〕、〔絵4-1〕	×	・満州移住協会と大日本青年団の補助を受けて建設 ・昭和14(1939)年4月から、経営は国民高等学校
	戸来村駐屯の義勇軍が建設		〔写真4-14〕	×	
	西本願寺派関係学校生徒が建設			×	・西本願寺の明年の皇紀2600年を記念する興亜計画のひとつとして建設
				×	・町会議員・松本翠氏の寄付により建設
	青年学校生徒、男女青年団員、小学校上級生徒などが建設			×	
3棟			〔写真4-15〕、〔写真4-16〕	×	
3棟		古賀弘人の急派を請うた		×	・職人部隊を収容できる宿舎がないため、日輪兵舎を採用。費用は県の職業課から出た ・古賀弘人は日輪兵舎以外に、興亜型の曲能トラス1棟も建設
				×	・興亜教育の先進校として移住協会から感謝状を受け取ったのがこの校であるが、「この三校は全国小学教育界に先んじて興亜拓殖教育部を設けるとか、校舎の一部を開拓道場にするとか、日輪兵舎を設ける等として、絶えず国策に準した児童教育に専念し」(文献68)とあり、少なくとも1校には日輪兵舎は存在したが、3校とも日輪兵舎があったかは不明
1棟	青年学校の生徒が建設		〔写真4-27〕〜〔写真4-33〕〔図4-11〕	○	
3棟	古賀弘人率いる郷土青年義勇軍20余名の応援により建設	3月に加藤完治から依頼を受け、設計から施工まで担当	〔写真4-17〕〜〔写真4-19〕、〔絵4-2〕、〔絵4-3〕	×	
				×	
3棟				×	・厚生省経営

建設地(地名)	所在地	建設日もしくは、初掲載日	名称	建設当時の施設目的、建設目的	日輪兵舎の用途
八ヶ岳修練農場	長野県諏訪郡原村原山	昭和13(1938)年8月初掲載	日輪宿舎→日輪兵舎	拓殖訓練	宿舎→家畜小屋・農具置場
御牧ヶ原修練農場八ヶ岳分場	長野県諏訪郡原村	昭和13(1938)年9月に建設中	日輪兵舎	拓殖訓練	宿舎
(富士郡)	静岡県富士郡(現・富士市)	昭和14(1939)年3月初掲載	日輪兵舎	拓殖訓練	宿舎
橿原神宮	奈良県橿原市久米町畝傍山	昭和14(1939)年4月初掲載	八紘舎	紀元2600年の記念事業における、勤労奉仕に来る人のための宿舎として建設	宿舎
白鷹修練道場	山形県柏倉門伝村(現・山形市)	昭和14(1939)年5月鍬入式	日輪兵舎、日輪舎	拓殖訓練	宿舎・炊事場
(戸来村)	青森県三戸郡戸来村(現・神郷村)	昭和14(1939)年7月初掲載	日輪兵舎	拓殖訓練	宿舎
満蒙開拓青年訓練所	京都府洛西沓掛	昭和14(1939)年9月23日竣工式	日輪宿舎	拓殖訓練	宿舎
湯江農林道場	長崎県高来郡多比良町(現・国見町)	昭和14(1939)年12月初掲載	日輪宿舎日の丸宿舎	拓殖訓練	宿舎
青年修練道場	栃木県下都賀郡壬生町	昭和15(1940)年新春から宿泊訓練開始予定	日輪式	拓殖訓練	宿舎
東京府拓務訓練所七生道場	東京府南多摩郡七生村(現・日野市)	昭和15(1940)年3月初掲載	日輪兵舎	拓殖訓練	宿舎
(静岡市)	静岡県静岡市	昭和15(1940)年3月初掲載	日輪兵舎	昭和15(1940)年1月に発生した静岡市の大火の復興を手伝っている、各地の職人部隊の宿舎として建設	宿舎
呉市東高等小学校	広島県呉市	昭和15(1940)年5月初掲載	日輪兵舎	拓殖訓練	宿舎
東筑摩郡波田尋常高等小学校	長野県東筑摩郡(現・松本市)				
防府市西浦尋常高等小学校	山口県防府市				
滝尾日輪舎	石川県鹿島郡中能登町	昭和15(1940)年7月12日落成式	日輪舎	拓殖訓練	宿舎
桔梗ヶ原女子拓務訓練所	長野県東筑摩郡広丘村高出(現・塩尻市)	昭和15(1940)年4月上旬起工式、7月下旬竣工式	日輪兵舎	拓殖訓練	炊事場・浴場・畜舎
戸来農民学園	青森県三戸郡	昭和15(1940)年夏	日輪兵舎	拓殖訓練	宿舎
津田山修練道場	神奈川県川崎市	昭和15(1940)年12月初掲載	日輪兵舎	青少年の体育検定試験所	宿舎

〔表4-5〕日本各地に建てられた日輪兵舎(次ページに続く)

棟数	建設者・施工者	古賀弘人との関係	図版	現存	その他
	学校出入りの宮脇という大工が設計、生徒が建設			×	
				×	
10棟（予定）			〔写真4-20〕、〔写真4-21〕	×	・「関西の内原訓練所」というべき小訓練所
				×	
1棟				×	
10棟（予定）				×	・満州移住協会が建設 ・「内原訓練所の兄弟」というべき小訓練所
1棟			〔写真4-22〕	×	
1棟				×	・代議士・加藤弘造氏の寄付により日輪兵舎建設
1棟	湿気集落の人々が建設			×	・50年ほど使用された
4棟			〔図4-10〕	×	
1棟	有屋部落の人々が建設		〔写真4-34〕～〔写真4-54〕〔図4-12〕	○	
				×	
2棟			〔写真4-23〕、〔写真4-24〕	×	・途中、青年学校を経て「三徳塾」になった
1棟	宮大工・小見田直一が設計、安曇農業高等学校の生徒が建設		〔写真4-56〕～〔写真4-67〕〔図4-13〕	○	
1棟	高瀬村の青年団の手伝いにより建設		〔写真4-69〕～〔写真4-84〕〔図4-14〕	○	
2棟			〔写真4-25〕	×	
				×	
				×	
			〔写真4-26〕	×	

建設地（地名）	所在地	建設日もしくは、初掲載日	名称	建設当時の施設目的、建設目的	日輪兵舎の用途
和歌山県高等小学校修練道場	和歌山県	昭和15（1940）年完成	日輪道場	拓殖訓練	宿舎
上伊那農業学校	長野県上伊那郡南箕輪村	昭和15（1940）年完成	日輪舎	拓殖訓練	宿舎
大阪市立興亜拓殖訓練道場	大阪府北河内交野町字私市（現・交野市）	昭和16（1941）年3月10日修祓式	日輪兵舎	拓殖訓練	宿舎
蕨ヶ岡修練道場	山形県蕨岡村（現・遊佐町）	昭和16（1941）年4月開設	日輪兵舎	拓殖訓練	宿舎
大分高等小学校修練道場	大分県大分市	昭和16（1941）年4月初掲載	日輪兵舎	拓殖訓練	宿舎
（西條）	広島県賀茂郡西條町（現・東広島市）	昭和16（1941）年12月7日地鎮祭	日輪兵舎	拓殖訓練	宿舎
有隣高等小学校	岡山県岡山市東区	昭和16（1941）年8月地鎮祭、12月落成式	八紘舎	拓殖訓練	宿舎→中学校の雨天体操場・講堂
島田町第四国民学校	静岡県志太郡島田町（現・島田市）	昭和18（1943）年2月初掲載（少なくとも昭和16（1941）年以前）	日輪兵舎	拓殖訓練	宿舎
湿気集落公民館	茨城県水戸市内原	昭和18（1943）年3月頃	日輪兵舎	公民館	公民館
四ヶ村立磐梨青年学校	岡山県赤磐郡（現・赤磐市）	昭和18（1943）年4月完成	日輪舎	拓殖訓練	宿舎→中学校の教室
神室修練農場	山形県最上郡金山町有屋	昭和18（1943）年10月10日完成	日輪舎	拓殖訓練	宿舎
国立農事試験所	埼玉県北足立郡鴻巣町（現・鴻巣市）	昭和18（1943）年11月初掲載	日輪兵舎	満蒙開拓青少年義勇軍の所外訓練	宿舎
三徳塾	岡山県岡山市東区竹原	昭和20（1945）年以前	日輪舎	拓殖訓練か	塾で使用（藁細工の実習など）
南安曇農業高等学校	長野県安雲市堀金倉田	昭和17（1942）年12月起工式、昭和20（1945）年5月22日落成式	日輪舎	拓殖訓練	宿舎
西山農場	山形県飽海郡遊佐町管里字管野	昭和21（1946）年5月建	日輪兵舎→日輪講堂	拓殖訓練	宿舎、寄り合いの場
（塩谷町）	栃木県塩谷郡塩谷町玉生	昭和20年代後半以前	日輪舎	拓殖訓練	宿舎→戦後は小学校の教室
松任農学校徳田専修科	石川県松任市（現・白山市）	不明	日輪舎	拓殖訓練	宿舎
（笠間村）	石川県石川郡笠間村（現・白山市）	不明	日輪舎	拓殖訓練	宿舎
更級農業拓殖学校	長野県長野市	不明	日輪兵舎	拓殖訓練	宿舎

＊参照した記述から、興亜教育や修練道場、花嫁訓練などと書かれたものはすべて拓植訓練と示した。
拓植訓練とは第四章第三節で述べたように、興亜教育に基づいて行われる合宿訓練である。
＊史料から得られた情報をもとに、できるかぎり建設された月日を優先して時代順に並べたが、
雑誌に掲載された月しかわからないものなども多く、順番は厳密ではない。

めており、各地の農村では農山漁村経済更生運動[*11]が広まった。また、この運動の中堅となる人材を育てるため、各地に農民道場なども設置された。

農山漁村経済更生計画の一つとして、満州移民の構想が浮かび上がった。昭和七年に「満州国」が建国され、四年間にわたって試験移民の入植が行われた後、昭和一一年から国策の移民政策が始まり、昭和一二年「二十カ年百万戸送出計画」の実施要項が出された。この満州移民は、昭和一三年から、地縁関係に基づいて行われ、各地では分村計画[*12]や分郷計画[*13]が進められた。

一方、義勇軍は、昭和一三年の先遣隊募集の段階では募集人数を上回るほどであったが、その後、応募者が大幅に減少した。そこで政府により、送出を促進するため、満州移民と同様、地縁関係に基づいて各地からの送出を求め、各地では郷土小隊[*14]や郷土中隊[*15]が編成された。この郷土部隊は予備訓練として拓殖訓練を受けた後、内原訓練所へと入所した。拓殖訓練とは、興亜教育に基づき高等小学校や青年学校の生徒を対象として、一定期間、一定の場所にて集団で合宿訓練を行うものであり、義勇軍の精神を理解させ、身体を鍛錬し、士気を高めることが目的とされていた。訓練の内容としては、日常生活の規律訓練である生活訓練や、教学訓練・武道訓練・農事訓練、そのほか必要な訓練があり、多くは夏期や冬期の休暇を利用して行われていたが、義勇軍出願の時期が近づくと、休暇でなくても行われたようである。また拓殖訓練の行われる前には、指導者を対象とした拓殖講習会が行われるなど、徹底したものであった。

二　日本各地に建てられた日輪兵舎の概要

①目的と用途

確認できた約四〇例の国内の日輪兵舎の多くは、修練道場や拓殖道場といった道場や、青年学校や小学校などの学校に建てられた。その建設の目的は、そのほとんどが拓殖訓練の際の宿舎である。当時、各地の道場や学校では、義勇軍予備訓練や花嫁訓練をはじめとした拓殖訓練が興亜教育に基づいて数十人という規模で行われていた。拓殖訓練の多くは義勇軍の送出に関係し、訓練の多くは内原訓練所の訓練様式を真似た。したがって、訓練のための施設も日輪兵舎が採用されたのであろう。つまり、日本に建てられた日輪兵舎の多くは、内原訓練所での訓練を真似るために建てられたといえよう。同様の訓練が全国で行われたために、日本各地に日輪兵舎が建てられたのである。

拓殖訓練のために、一〇棟という多くの日輪兵舎を建設する予定であったのが、大阪市立興亜拓殖訓練道場と広島県西條の道場であり、これらはともに「関西の内原訓練所」「内原

＊11　「農山漁村経済更生計画」に伴う、農山漁村経済における計画的かつ組織的な整備を推し進めた政府主導の国民運動。
＊12　一つの町村で、一つの開拓団をつくること。
＊13　分村計画を実行できるほどの人数が一つの町村では集まらず、近隣の町村と合わせて、一つの開拓団をつくること。
＊14　一つの郡や都道府県で、一つの小隊をつくること。
＊15　一つの郡や都道府県で、一つの中隊をつくること。

訓練所の兄弟」と呼ばれていた。茨城にあった内原訓練所と同様の施設を、関西と九州にも建設することを意図したのであろう。

このほかに、昭和一五年の静岡市の大火の復興に来た職人のための宿舎や、橿原神宮での紀元二千六百年記念行事の勤労奉仕に来る人のための宿舎として建てられた日輪兵舎が存在する。これらはいずれも数百人規模の宿舎が必要とされたので、短期間で容易に建設でき大人数収容できる、という日輪兵舎の特徴を生かしていることが共通する。

戦後になり、訓練所の宿舎としての役割を果たした後は、小中学校などの教室の代用とされたり、地域の寄り合いの場など、使用目的を変えて使われつづけたものもあった。

②所在地

かつて存在した日輪兵舎の分布を〔図4-9〕に示す。

日輪兵舎は日本各地に存在したが、とりわけ、義勇軍の

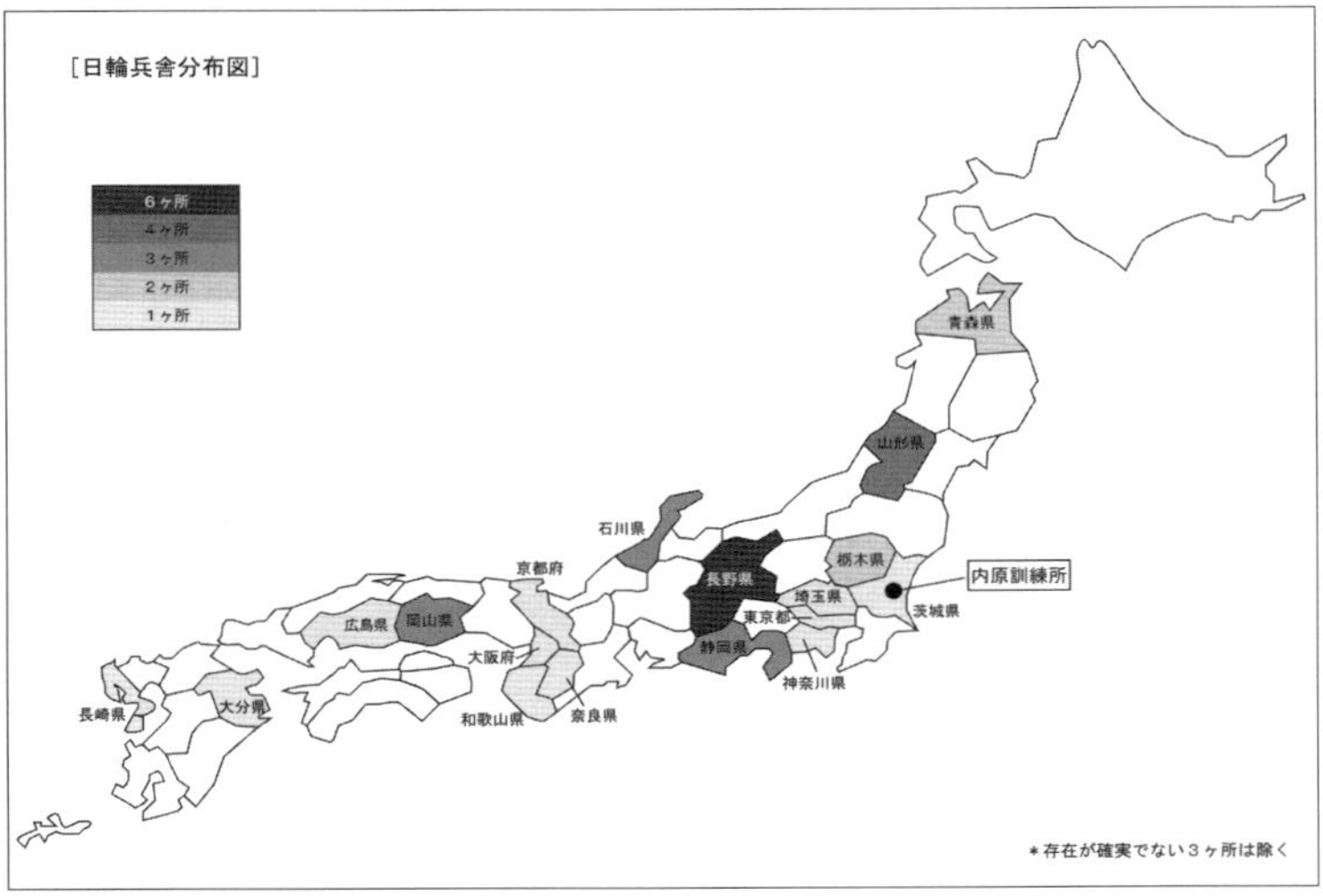

〔図4-9〕日輪兵舎分布図

送出数の上位一位が長野、二位が山形、三位が石川であり、このことが日輪兵舎の建設状況にも反映されている。

なお、日輪兵舎の分布について、松山薫氏の概説的な〔文献166・175・177〕研究がある。

三　〔資料〕国内の日輪兵舎の実態

全国約四〇か所の日輪兵舎のうち、写真や史料の見出せた一四か所の日輪兵舎の建築の実態を見ていきたい。建設開始時期あるいは、雑誌などの記事の初出が早い順に記述する。

①八ヶ岳修練農場日輪兵舎

八ヶ岳修練農場は、長野県諏訪郡原村にあった。これについては、昭和一三年八月発行の「日独学生の勤労交歓」〔文献15〕に初めて掲載されている。

この日輪兵舎は、木造、円形平面、

〔写真4-2〕八ヶ岳修練農場日輪兵舎

〔写真4-3〕八ヶ岳修練農場日輪兵舎

〔写真4-4〕八ヶ岳修練農場日輪兵舎 内部

〔写真4-5〕八ヶ岳修練農場日輪兵舎 内部

唐傘型円錐形屋根の建築である〔写真4－2～5〕。外柱・心柱ともに丸柱で、白樺が使用されていた。屋根は藁葺のようである。内部は床が一層あり、頭を外壁に向けて寝ている。窓は高い位置に一列あり、壁の内側には一部に棚が設置され、荷物を置くのに使用された。

当初は二棟とも宿舎として利用されていたが、後に畜舎と農具置場へと変更された。

「標準型」では、外柱は角柱が使用されていたが、八ヶ岳修練農場日輪兵舎は丸柱で、これは、白樺材を使用したことによると思われる。一般に杉や松が使われていたのに対して、その土地固有の材料である白樺の丸柱を外柱と心柱に使用したのである。

②御牧ヶ原修練農場八ヶ岳分場日輪兵舎

御牧ヶ原修練農場八ヶ岳分場日輪兵舎は、長野県諏訪郡原村にあって、前述の八ヶ岳修練農場に隣接していた。これについては、昭和一三年九月発行の「高原に鍬揮ふ土の道場」〔文献26〕に建設中だとの記述があることから、八ヶ岳修練農場に続いて建設されたようである。

この日輪兵舎は、木造、円形平面、円錐形二重屋根、板葺、下見板張りの大壁造の建築である〔写真4－6〕。

〔写真4-6〕御牧ヶ原修練農場八ヶ岳分場日輪兵舎

窓は上下に二層設けられ、上下で位置はそろっているが、窓の幅、高さともに上下で異なり、下の方が大きい。ガラスの引き戸であり、この窓の配置から見て内部の床は二層になっていたのであろう。写真でうかがえるように規模が大きいのも特徴である。

③富士郡日輪兵舎

富士郡日輪兵舎は、静岡県富士郡（現・富士市）にあった訓練施設で、昭和一四年三月発行の「拓け満蒙地方めぐり」〔文献51〕に、小学生が建てたとの記録がある。

この日輪兵舎は、〔写真4－7〕によれば、木造、円錐形屋根の建築であり、外壁は竪羽目張りか、杉皮が縦に張られているように思われる。義勇軍入所に向け、六〇人の富士小隊を計画していたようなので、六〇人を収容する規模であったと推測される。

④橿原神宮八紘舎

昭和一五年が皇紀二六〇〇年であることから、紀元二六〇〇年を奉祝する国家的な記念事業が進められた。昭和一〇年一〇月には紀元二千六百年祝典準備委員会が設けられ、続いて昭和一一年七月に祝典評議委員会が設けられて、六つの事業が決定された。この事業は官民が協力して行われ、秩父宮殿下を総裁として、総額一三〇〇万円が投じられたようで

〔写真4-7〕富士郡日輪兵舎

ある。

　六つの事業のうちの一つが、「橿原神宮境域並びに畝傍山東北陵参道の拡張整備」である。この事業として、明治二三（一八九〇）年に現在の奈良県橿原市の畝傍山の麓に創設された橿原神宮の神苑整備が計画された。このために、各地から学生・生徒や青年団、民間の会社や工場で結成された建国奉仕隊、満州から参加した協和青年橿原神宮御造苑奉仕隊など、数多くの奉仕隊が来て勤労奉仕を行った〔写真4-8・9〕。そのとき宿舎として使われたのが、日輪兵舎であり、これは「八紘舎」と呼ばれていた〔文献34・36〕〔写真4-10・11〕。昭和一四（一九三九）年四月発行の「聖地の日輪兵舎を視る」〔文献36〕に初めて掲載されている。

　この呼称は「八紘一宇」という言葉に由来するのであろう。この言葉は、『日本書紀』にみえ、「地の果てまでを一つの家のように統一して支配すること」*16を意味していた。太平洋戦争の時期には、軍国主義のスローガンとして用いられた。「八紘」とは、八方位を示し、それが転じて、「ありとあらゆる方向」、「全世界」を示す。それが日輪兵舎の「日輪」とも重なる。

〔写真4-8〕橿原神宮と奉仕隊一行の到着

〔写真4-9〕橿原神宮神苑の勤労奉仕作業の様子

〔写真4-10〕橿原神宮八紘舎

橿原神宮八紘舎については複数の写真が残されており、〔写真4－11〕によれば、少なくとも二種類の形態があった。

〔写真4-11〕橿原神宮八紘舎

〔写真4－11上〕の日輪兵舎は、円形平面、木造、小塔付・円錐形屋根、推定杉皮葺、下見板張りの大壁造の建築である。窓は軒のすぐ下の高い位置についている。

〔写真4－11下〕の日輪兵舎は、円形平面、木造、円錐形屋根、推定杉皮葺、下見板張りの大壁造の建築で、正面にポーチが付いている。窓は「標準型」と同様の高さであり、内部は床は一層で、窓の上に棚が取り付けられている。内壁も外側と同様、下見板張りである〔写真4－12〕。

橿原神宮八紘舎は、一つの敷地内に小塔付円錐形屋根と小塔なしの少なくとも二種類があった。異なる形態の日輪兵舎が複数棟ずつ建てられた例は内地訓練所を除いて他にない。橿原神宮には、一二〇万人もの人が勤労奉仕に来たため、日輪兵舎が数多く建てられたと推測されるが、なぜ一つの形態でなかったのかについては記録がない。*17 短期間で容易に建設でき、大人数収容できる、という日輪兵舎の特徴がよく活かされた例である。

〔写真4-12〕橿原神宮八紘舎 内部

小塔付の日輪兵舎の小塔は、内原

*16『日本国語大辞典』（日本大辞典刊行会、小学館、一九八一）による。

*17「各種の記念事業はすすめられた」〔文献61〕参照。ただし、一二〇万人が一度に来たわけではなく、交代であり、また、遠くから来た者だけが「八紘舎」に泊まっていたようである。

訓練所や河和田分所のものに比べて大きい。なによりも「八紘舎」という呼称が特徴的である。

⑤白鷹修練道場日輪兵舎

白鷹修練道場日輪兵舎は、山形県柏倉門伝村（現・山形市）にあった〔文献90・146〕。同村の青年団が建設したという。白鷹修練道場のはじまりは昭和一四（一九三八）年であり、日輪兵舎は五月に鍬入式が行われたようである。

この日輪兵舎は、木造、円形平面、円錐形屋根、柿か杉皮葺、下見板張りの大壁造の建築である〔写真4－13〕〔絵4－1〕。柱は掘立である。日輪兵舎は三棟建設されており、一棟は宿舎、一棟は炊事場で、もう一棟の用途は不明である。炊事場の方が宿舎に比べて平面規模は小さかったようである。

〔写真4-13〕白鷹修練道場日輪兵舎

〔絵4-1〕白鷹修練道場日輪兵舎

⑥戸来村日輪兵舎

戸来村の日輪兵舎は、青森県三戸

〔写真4-14〕戸来村日輪兵舎

郡戸来村（現・神郷村）にあった。ここに駐屯した義勇軍が建てた。昭和一四年七月発行の「銃後の義勇軍」〔文献41〕に初めて掲載されている。

〔写真4－14〕によると、この日輪兵舎は、円錐形屋根、下見板張りの大壁造であるようだが、ほかは詳しくはわからない。手前には、歩哨小屋と類似した建築が見られる。この日輪兵舎を使用して、六〇人での義勇軍予備訓練が計画されていたようであるので、「標準型」と同じ規模であったと思われる。

⑦東京府拓務訓練所七生道場日輪兵舎

東京都拓務訓練所七生道場の日輪兵舎は、東京府南多摩郡七生村（現・日野市）にあった。これについては、昭和一五年三月発行の「東西の興亜教育を視る」〔文献66〕に初めて掲載されている。

〔写真4-15〕東京府拓務訓練所日輪兵舎

この日輪兵舎は、円形平面、木造、円錐形屋根の建築である〔写真4－15・16〕。正面口には切妻屋根のポーチが付く。内部は〔写真4－16〕によって、真壁であることがわかる。外柱は角柱で、内部には出入口を除いて、窓の上に棚が取り付けられている。床は一層である。三棟中少なくとも二棟は同じ形態である。

〔写真4-16〕東京府拓務訓練所日輪兵舎内部

⑧桔梗ヶ原女子拓務訓練所日輪兵舎

桔梗ヶ原女子拓務訓練所は、長野県東筑摩郡広丘村（現・塩尻市）にあ

〔写真4-17〕桔梗ヶ原女子拓務訓練所日輪兵舎(炊事場・浴場)

〔写真4-18〕畜舎

〔写真4-19〕炊事場内部

った。この訓練所は、日本で最初の官立の女子拓務訓練所[*18]であり、開拓地に送り出される「大陸の花嫁」を訓練するためにつくられた訓練所である。ここでは、少女に対して短期は一か月、長期は一か年の訓練期間で、作法・育児から農作業などの訓練が行われた。この施設は女子の訓練以外にも、青年団などの短期講習に使用することも考えられていたようである。

訓練所は、昭和一五年四月上旬に起工式が挙げられ、加藤完治の依頼を受けた古賀が内原訓練所から郷土青少年義勇軍二〇人ほどを連れてきて、その応援により進められた。そして、同年五月二八日に上棟式、六月二五日に竣工、九月二一日[*19]に開所式が行われた。

訓練所内には、本館・所長官舎・炊事場・浴場・畜舎各一棟と、寮舎四棟の計九棟があった。本館には、講堂・事務室・応接室・寮母室・農具室・加工室などが設けられていた。このうち、炊事場と浴場は〔写真4−17〕の左側に二棟建ち並ぶ日輪兵舎であり、畜舎は〔写真4−18〕のような建築である。この畜舎については、日輪兵舎として紹介している文献と、そうでないものがあるが、ここでは日輪兵舎として扱う。

炊事場と浴場は、円形平面、木造、

〔絵4-2〕桔梗ヶ原女子拓務訓練所日輪兵舎

〔絵4-3〕桔梗ヶ原女子拓務訓練所日輪兵舎

円錐形屋根の建築であり、架構は十文字梁を用いている。窓は高い位置に少数設けられている〔写真4-17・19〕〔絵4-2・3〕。窓が高い位置にわずかに設けられた理由は、女子の訓練所の浴場であるためと推測される。外壁は、「ディシャン作り」でつくったと『新満州』〔文献76〕に記されている。これは、粘土と野草を練ったものである。

外壁の外側下部は、板張りである。高さは内原訓練所などの日輪兵舎よりも高いと思われる。河和田分所の宿舎とは屋根の形式が異なるが、プ

＊18 満州へ開拓のために送り出された青少年たちが定住するためには、伴侶の存在が必要であると考えられ、「大陸の花嫁」となる女性を養成し、送り出されることが求められた。そこで拓務省は、女子興亜教育を実施する訓練所を開設しようという意図のもとに、昭和一五（一九四〇）年の夏、女子開拓講習会を全国単位で実施し、そして同年、この「長野県立桔梗ヶ丘女子拓務訓練所」を開設、その後、全国に一八か所（昭和一九年時点）の女子拓殖訓練所がつくられることとなった。『満蒙開拓青少年義勇軍』〔文献129〕参照。

＊19 「興亜の訓練」〔文献60〕に「去る九月二一日、開所式を挙げられました」とある。「大陸家庭欄」〔文献72〕には、「七月下旬を期し竣工式と開所式を行うこととなった」とあるが、この時点では予定であり、「興亜の訓練」に従う。

ロポーションは類似している。これは、十文字梁形の日輪兵舎であることと関係あろう。内部は、心柱のない十文字に大梁の架かった構造であり、「造り方」と同様である。炊事場と浴場は、窓が高い位置に少数設けられていること、壁はディシャン作りで、外壁は土壁に腰板張りであることに特徴が見られる。

畜舎は円形平面と思われ、アーチ状の柱材に割竹を編みつけた籠のような構造で、ドーム状の形態をつくりあげている。その上に円筒形の構造体が突き出て屋根が架けられている。外壁は全体に竹籠のように隙間が多い。

畜舎の構造はわからないが、少なくとも垂直に立つ外柱は見えない。内柱や心柱があるかどうかも不明である。細い材で編まれた壁体は、古賀が設計を行った河和田分所本部のドーム型と共通しており、柱のない構造かもしれない。動物を飼うために風通しよくしてあったのであろう。

畜舎の中では豚や山羊が飼われていたようであるので、動物の檻や籠から発想を得ているのかと思われる。曲面で編まれた特徴のある外観の建物である。

桔梗ヶ原女子拓務訓練所日輪兵舎は古賀が設計に携わっており、用途に合わせて新たな形態の日輪兵舎を生み出した。

⑨大阪市立興亜拓殖訓練道場日輪兵舎

大阪市立興亜拓殖訓練道場の日輪兵舎は、大阪府北河内郡交野町字私市（現・交野市）にあった。

大阪市立興亜拓殖訓練道場の統理は、内原訓練所と同じ加藤完治であり、かつて内原訓練所で勤務していた職員も多くいたようである。道場長は津田辰谷少将である。この道場の事業概要によると、「大陸移住志望者、学生生徒、青年団員、離失業者、工場労務者、給料生活者、その他適当と認める者」が対象とされ、訓練内容は、日常生活の規律訓練である生活訓練、海外の事情や満州などの人文の講話を聴く教学訓練、武道訓練、農事訓練、そのほか必要な訓練であった。また、一泊二日、四泊五日、あるいは一か月以上など、訓練の対象に応じて期間が定められていた。郷土中隊も入所して訓練を受けたという記録も残っている。この大阪市立興亜拓殖訓練道場については、『開拓』〔文献89〕で「関西の内原」として紹介されており、加藤完治が統理として携わっていること、また、同文献によれば訓練の方式は、「満蒙開拓青少年義勇軍内原訓練所の様式に倣う」と記されており、内原訓練所の関西版として重要な役割を果

〔写真4-20〕大阪市立興亜拓殖訓練道場日輪兵舎

〔写真4-21〕大阪市立興亜拓殖訓練道場日輪兵舎

たしていた。

　訓練所内に日輪兵舎は昭和一五年三月一〇日時点で二棟完成しており、最終的には一〇棟が建設予定であったようである。この日輪兵舎は、円形平面、木造、小塔付円錐形屋根、杉皮葺の建築である。残された写真〔写真4－20〕と〔写真4－21〕では、窓の配置が異なっており、前者の写真は一層で、壁の中程の高さに付いているが、後者は軒のすぐ下に窓が一層見られ、窓が二層に設けられている。また、前者のポーチは片流れの屋根である。

　大阪市立興亜拓殖訓練道場は、内原訓練所にもあった小塔付の日輪兵舎と共通した形式と見ることができるが、小塔がやや大きめで、先に述べた橿原神宮八紘舎の形態と共通している。片流れのポーチはほかに例がない。

　『開拓』の記者が「日輪兵舎とは敷地内の材木で、木がまだ乾きらぬ中に円形に釘付けするものと許り思っていた記者はきれいに鉋のかかったこんな立派な日輪兵舎は全く初めてである。床はコンクリートで固められ、外径は耐久性を保持するため約三尺程小石が積み重ねられて土台となっている。又兵舎の床も二層の部分の床も食卓兼机も内原のそれと比にもならぬ程堂々たるものであった。これは後で聴いた話だがこの道場の一棟分で内原の日輪兵舎が六棟か七棟は出来るとの事である〔文献89〕」と記述しており、内原訓練所に比べ、かなり上質の日輪兵舎であった。

　訓練所の組織が加藤完治や内原訓練所と繋がりが強いようであるので、日輪兵舎にも小塔付であるなど内原訓練所のものと多くの共通点がある。

〔写真4-22〕有隣高等小学校八紘舎

⑩有隣高等小学校八紘舎

　有隣高等小学校八紘舎は、岡山県岡山市東区にあった訓練施設で、昭和一六年一二月に落成した〔文献172〕。

　この八紘舎は、八角形平面、木造、角錐形屋根、小麦藁葺の建築であり、床は土間である。外壁は真壁で、窓から下は板張りである〔写真4－22〕。

　有隣高等小学校八紘舎は、橿原神宮八紘舎と同じ「八紘舎」という名に特徴がある。その名称と八角形であることには関係があるのだろう。

⑪四ヶ村立磐梨青年学校日輪舎

　四ヶ村立磐梨青年学校日輪舎は、岡山県赤磐郡（現・赤磐市）にあった。昭和一八（一九四三）年四月に完成している。

　この日輪舎は、八角形平面、円錐形屋根の建築であり、床は板が張られていた。〔図4－10〕は平成になって「日輪校、木造舎復元図」として描かれた図であり、これが正しいとすると、外壁は有隣高等小学校八紘舎と同様真壁で、窓から下は腰板張りである。しかし屋根が本当に円

〔図4-10〕四ヶ村立磐梨青年学校日輪舎復元図

〔写真4-23〕三徳塾日輪舎

〔写真4-24〕三徳塾日輪舎 基礎

錐形であったのかどうかは、有隣高等小学校八紘舎と対比すると、やや疑問がある。

⑫三徳塾日輪舎

三徳塾日輪舎は、岡山県岡山市東区にあった。昭和二〇年までに建てられていた。

この日輪舎は、直径約九メートルの円形平面、円錐形屋根、藁葺の二棟の建築である。基礎はコンクリートを打ち、その厚さ二〇〇ミリメートル、高さ三〇〇ミリメートルである〔写真4－23・24〕。壁に沿って床板が張られていた〔文献172〕。藁細工の実習に使われたことが知られている。

⑬塩谷町日輪兵舎

塩谷町日輪兵舎は、栃木県塩谷町にあった。『目で見る矢板・さくら・那須烏山の100年』〔文献169〕掲載の写真〔写真4－25〕は昭和二〇年代後半頃撮影とされているので、それまでには建設されていた。

この日輪兵舎は、円形平面、木造、円錐形屋根、杉皮あるいは板葺、外壁は下見板張りの大壁造の建築であり、床板は二層に張られていた。天

〔写真4-25〕塩谷町日輪兵舎

井は張られておらず、冬は寒かったようである。〔写真4－25〕の右の日輪兵舎は、窓が上下二段に設けられ、上下で位置が揃っているが、上段の窓は下段に比べ、高さが小さい。一方、左の日輪兵舎は、窓が上下で揃っていない。

同書には、直径八メートルの円形平面で高さは約四メートルと書かれていることから、「標準型」と比べて平面規模が小さく、〔写真4－25〕によると、窓が二層であることから、高さは高いように思われる。青年学校の訓練に使われ、戦後は中学校の教室として利用された。

⑭更級農業拓殖学校日輪兵舎

更級農業拓殖学校日輪兵舎は、長野県長野市にあった。建てられた時期は不明である。

この日輪兵舎は、木造、円形平面、二重円錐形屋根、板葺の建築である。外壁は、〔写真4－26〕を見ると表面に凹凸がなく平滑で、大壁造の土壁と思われる。〔文献134〕

更級農業拓殖学校日輪兵舎は、屋根形式が内原訓練所本部食堂と似ているが、規模は異なっている。

〔写真4-26〕更級農業拓殖学校日輪兵舎

四　現存する日輪兵舎

このように多数建てられたはずの日輪兵舎のうち、今なお現存することが判明している例は、全国にわずか四棟しかない。しかしこれらによって、これまで文章や写真・図でしか知ることのできなかった日輪兵舎の建築構造や技法を、具体的に、明確に知ることができる。これらの沿革と実測調査から得た知見をもとに、日輪兵舎の建築的特徴を見てゆきたい。

①滝尾日輪舎

滝尾日輪舎は、石川県鹿島郡中能登町にあり、昭和一五年に建設された。

◉沿革

日本が様々な問題を抱え満州への移民政策を打ち出した昭和七〜八年頃、滝尾村（現・中能登町）も、日本の多くの農村と同様に、農村不況や出稼ぎに出た若者が失業するといった問題を抱えていた。そのため、滝尾村は昭和一二年、満州分村計画を打ち出したが、実行の段階に入ると希望者数が足らず、分郷計画への変更を余儀なくされた。滝尾村はその分郷計画の中心となり、昭和一三年には滝尾村出身の七人を含む二七人を、鹿西郷開拓団先遣隊として満州へ送り出した。彼らは訓練所で訓練を受けた後、三江省湯原県（現・黒竜江省内）に入植したようである。その後、本隊も入植し、国民学校や病院などが整備され、名称も第八次香蘭開拓団と変更されて、順調に発展した。この状況は滝尾村にも伝えられ、村では満州開拓への関心が強まった。またこの頃、滝尾村は、義勇軍の郷土分隊の送出を周囲の地域に率先して促進する「鹿西本部」に指定されたようである。

昭和一二年、中国の大連で事業に成功した滝尾村出身の船塚佐一は、滝尾村の発展のために一万円を寄付した。そこでそれを使って、同年にまず滝尾村青年学校の校舎を建設した。その後、滝尾村が「鹿西本部」として指定されたことにより、青年学校や小学校生徒の訓練を行うための日輪舎建設を行った。つまり村が建設したことになる。

日輪舎は、当時の滝尾尋常高等小学校（現・滝尾小学校）の敷地内に、青年学校の生徒によって建てられ、昭和一五年七月一二日に落成式が行われた。生徒につくらせた理由として『中能登百物語』〔文献174〕では、滝尾村の青少年を修練して、義勇軍の送り出しに備えるためであったとされている。建設された日輪舎では、内原訓練所の訓練を参考とした合宿訓練が行われた。

建てられた敷地は滝尾尋常高等小学校の敷地内で、岡野山一号古墳の墳丘上にあたる。現在滝尾日輪舎の前にある古墳の説明板には、「一号古墳は、日輪兵舎敷地造成により一部削られているが、全長約三十メートル・後円部径約十五メートル・前方部幅約十六メートルの前方後円墳である」と書かれており、日輪舎の建設によって、古墳が削られた。

筆者が調査を行った平成二五（二〇一三）年時点では、屋根と窓や扉のサッシュが新しく取

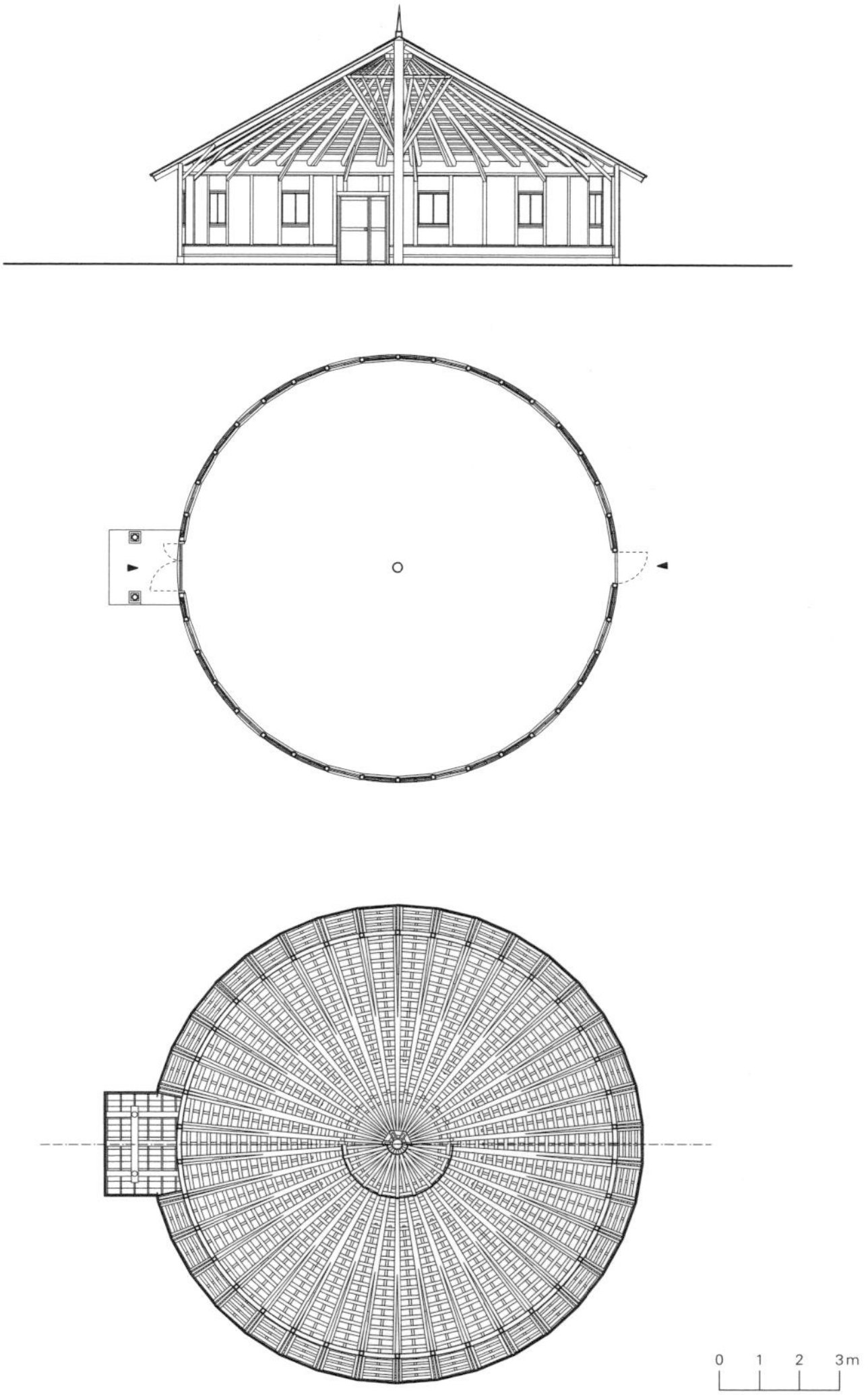

〔図4-11〕滝尾日輪兵舎 断面、平面、見上図

〔写真4-27〕滝尾日輪舎

〔写真4-28〕滝尾日輪舎 内部

り替えられ、一部破損しているところもあるが、滝尾小学校の倉庫として使用されていた。学校は、平成二六（二〇一四）年度で廃校となった。この日輪舎は、平成二五年に中能登町指定文化財に指定されている。

⦿建築の形態

この日輪舎は、木造、直径一一・一メートルの円形平面、尖塔付円錐形屋根、トタン葺、下見板張りの大壁造の建築である。頂部までの高さは約六メートルあり[20]、小屋組は唐傘型である〔写真4－27・28〕〔図4－11〕。

外柱は一〇五ミリメートル角の角柱で、外周に沿って三八本立ち、上部は挟桁で固定されている。柱間は正面口のみ広くとるが、そのほかは等間隔である。内壁は縦板張りで目地に縦桟を打った真壁である〔写真4－29〕。

出入口は二か所あり、前後に向かい合って配置されている。正面口は親子扉で、裏口は片開き戸である。正面口の幅が裏口より広い。ただし扉は近年取り替えられたアルミサッシュ製である。正面口にはポーチがつく。ポーチは、外柱との心々で約一・二メートルの位置に丸柱が二本立ち、切妻造の屋根が架かる〔写真4－27〕。

窓は、左右対称に一二か所に設けられている。すべて同じ高さで、内部コンクリート基礎

＊20　実測調査による。尖塔は含めない。

の上から八三〇ミリメートルの高さに位置し、枠は九二〇×八〇〇ミリメートルで、引き違いのガラス窓である。ただし改修により取り替えられたものである。窓の幅は柱間と一致する。

床はコンクリートたたきで、コンクリートのベタ基礎である〔写真4-28〕。天井は張られておらず、小屋組がみえる〔写真4-30〕。

屋根の架構はいわゆる唐傘型であるがやや複雑である。まず心柱は直径二五〇ミリメートルの丸柱で、その頂部には、六本の頬杖が取り付けられて垂木掛を受ける。心柱から放射状

〔写真4-29〕滝尾日輪舎 内壁

〔写真4-30〕滝尾日輪舎 心柱上部

〔写真4-31〕滝尾日輪舎 軒見上げ

に丸太の垂木が三八本広がる。この垂木は、途中で二つに割かれて、外柱を挟み、また挟桁に支えられて、軒先まで延びている〔写真4−31〕。垂木は等間隔に配されているが、正面口部分で外柱の柱間隔が広く、正面口上部では、垂木は束を挟む。

心柱には垂木掛の頬杖以外に、もう一組長い頬杖がある。心柱の中程からは、一九本の頬杖が放射状に並び、一本おきに垂木を支えている。

さらにこの頬杖に支えられていない垂木は、挟桁の下で外柱に支えられた頬杖によって支えられている。この頬杖も一九本ある。外柱からの頬杖と心柱からの頬杖が交互にすべての垂木を支えることになる〔写真4−32〕。

垂木の上には、小舞が打たれ、その上に角材の縦小舞を打って、その上に野地板を敷き詰めている。丸太の垂木と小舞は建設当初の部材であるが、縦小舞と野地板は近年の修理による取替材と考えられる。野地板の上はトタン葺で、頂部には尖塔が付く〔写真4−27〕。屋根勾配は約六寸である。

心柱は、現在は床のコンクリートで固められている。外柱は高さ二〇〇ミリメートルのコ

〔写真4-32〕滝尾日輪舎　垂木と頬杖

〔写真4-33〕滝尾日輪舎（建設当時）

ンクリート製布基礎の上に建てられており、内側では、その上に腰壁が設けられている。壁は、竹小舞を編んだ土壁であり、その内外に板が張られている。

ちなみに、建設当初の状態は〔写真4－33〕に見られる。床は土間で、壁に沿って床板が一層張られていた。『中能登百物語』〔文献174〕に回想談が記されていて、床板の上には、机が並べられ、合宿時には食事や勉強、就寝などがこの上で行われていた。屋根は、当初は藁葺[*21]であった。

◉特色

滝尾日輪舎は、平面の直径[*22]が六間（三六尺）であることから、「標準型」と同じである。しかし外柱が三八本あり、内原訓練所の宿舎や「造り方」〔文献87〕では約三寸間隔に並べられて三六本であるのとは異なる。

小屋組については、十文字梁が存在せず、心柱と外壁によって屋根が支えられる。これは、内原訓練所の宿舎に見られた構造であるが、心柱に付く頬杖が二重である点で、一重の内原訓練所の宿舎とは異なる〔写真3－6〕〔写真4－30〕。この二重の頬杖が見られたのは、内原訓練所の本部食堂であり、147頁では平面規模が大きいので補強のためにこのような構造を用いたと述べた。しかし滝尾日輪舎は、平面規模は「標準型」と同じ三六尺である。このように二重に頬杖を付けたのは、石川県が豪雪地帯だからであろう。「造り方」には、雪国や風雨の強い地方では、その土地の性質に合わせて補強などをすることが求められる、と書かれている。

滝尾日輪舎は、二重の頬杖にすることによって、積雪荷重に備えたのではないかと推測される。また、外壁の頬杖も内原訓練所のものには見られず、これも同じ理由と考えられる。

外柱の正面口の部分のみ柱間が異なることは、第一節で見た〈一六年版〉と同じ形態である。しかし、〈一六年版〉では正面口の分だけ間隔をずらした柱がそのまま上まで伸びているが、滝尾日輪舎では、等間隔の柱位置に束を設け、それによって垂木が支えられている点で相違が見られる。滝尾日輪舎は昭和一五年に建設されていることから、〈一六年版〉を見たとは考えられない。〈一六年版〉で公表される以前にその情報が流布していたのか、あるいは滝尾村の人たちが自分たちで考案した結果なのであろうか。

また、内原訓練所では、内部の土間に机を置いてそこで食事や勉強が行われているが、滝尾日輪舎は床板の上に机が置かれていて、異なっている〔写真3－18〕〔写真4－33〕。

滝尾日輪舎の建築的特徴は以下のようにまとめられる。

イ　直径三六尺の円形平面で、外柱は三八本

ロ　唐傘型円錐形屋根、トタン葺、尖塔付

＊21『中能登百物語』〔文献174〕には「藁葺」とあり、中井清一郎「滝尾村満州分村と日輪舎の建設」〔文献151〕には「杉皮葺」と書かれている。ただし、文章を書いたのは同じ中井清一郎氏であり、内原訓練所では藁葺から杉皮葺へと変わっていったこと、文章の出版年が前者の方が新しいことから、建設当初は「藁葺」であったと判断した。

＊22 多角形であれば本来は「直径」という表現はしないが、日輪兵舎の基本は円形プランであり、円の直径で表していることから、対角線の心々を繋いだ線を「直径」とみなすこととする。以降すべて同様である。

ハ　下見板張りの大壁
ニ　木造一階建てで、床一段
ホ　正面口のみ柱間が異なる
ヘ　屋根は積雪に備え、頬杖を二重にして構造補強を行っている

②神室修練農場日輪舎

神室修練農場日輪舎は、山形県最上郡金山町にあり、昭和一八（一九四三）年の建設である。

◉沿革
〔文献147　笹原・三上両氏への聞き取り〕
神室修練農場は、金山町の大地主で山林を多く所有していた岸三郎兵衛が、加藤完治の政策や事業計画に賛同し、全面的な協力を約束したことにはじまる。当時、岸三郎兵衛の所有する土地からは、国の物資不足に対して、地元の青年団を動員し、杉材を供給していた。そこでその伐採地を利用し、農学校・農民道場・農事試験所の機能を兼ね備えた修練農場をつくることを計画した。国の役に立つように農林業の家の子を訓練・教育するという目的であり、道場は「長男部」と「次男・三男部」とに分けて構成されていた。「長男部」は三年の全寮制で、新しい農家経営や農作業を学び、農家の後継者としての技術を身につけるとともに、農業に対する誇りや自信を持つための教育を行った。「次男・三男部」は、短期訓練で

精神力と体力を鍛え、満州やあるいは南方に進出して、自分で生活できるだけの力を身につけるとともに、後に世界の指導者となるような人材の育成を目的とした。そのため、訓練所には宿舎をはじめとした建物や、訓練用あるいは研究・作業用の用地が必要となり、昭和一六年、岸三郎兵衛により、水田や畑地・原野などの約二九・八ヘクタールと国債一万円が財産として寄付された。そして文部大臣と農林大臣に設立の許可を申請し、財団法人「岸農山育成会」が設立された。

昭和一七年から修練農場の事業が開始され、道路や神社・事務室などに加え、宿舎の建設も始まった。宿舎は日輪兵舎を採用した。岸三郎兵衛以下、計画に携わった人たちには、神室修練農場日輪舎を全国に誇ることのできる日本一のものにしたいとの思いがあったようで、大工棟梁である大場準三が設計を行うことになり、内原訓練所の日輪兵舎を見学に行った。また、この計画に農業主任として携わった笹原善松は、満州開拓移民の訓練をしていた人物であり、神室修練農場日輪舎建設以前に、山形県内に建てられた白鷹修練道場日輪兵舎の建設にも携わった経験があった。そのため、神室修練農場日輪舎は、白鷹修練道場日輪兵舎を手本としてつくられたようである。円形平面の建築はそれまでに例がなく、携わった棟梁や大工は、設計や材料の調達に苦労したようで、複雑な部分についてはモックアップをつくって検討した。また、円形平面の建築をつくるには無駄が多くなってしまい、材積は二割増となった。材料は近くに生えていた杉を利用した。この杉の伐採や運搬、材の選定は地元の山師や大工に頼んで行われた。建設作業には、山林組合の組合長の呼びかけにより、神室修練農場のある有屋地区二三〇戸のほとんどが参加し協力した。地域の住民が一丸となっての大工事であったのである。昭和一八年一〇月一〇日に第一期建設事業が終わり、落成式が行われた。式典後には日輪舎の中で懇親会が行われた。

昭和一九年から集団作業の訓練が行われた。敷地内には、日輪舎のほかにもともと岸家にあった建物を移転したり、新たに建てたりして、炊事場・食堂・浴場の建物や、倉庫・畜舎、併設された事務室などが用意された。日輪舎は主に、休息や就寝、講義の際に使用され、集団宿泊訓練がいつでも行えるように準備されていたようである。

昭和三〇年の火事により、日輪舎以外は燃えてしまったが、戦後は、農業主任として建設当初から携わっていた笹原善松を中心に、研究農場としてタバコ栽培や栗栽培などが行われた。現在は、財団法人岸農山育成会を引き継いだ特定非営利活動法人カムロファーム倶楽部により管理されており、普段はイベントに使用され、冬場は雪が多く積もるため、倉庫として使用されているとのことである。前述の火事のために、建設当初の頃の写真は一枚も残っていないとのことである。なお、平成二八年に町指定文化財に指定された。

◉建築の形態

この日輪舎は、木造、直径一二・八メートルの二四角形平面、二階建て、小塔と尖塔付の円錐形屋根、トタン葺の建築である〔写真4－34・35〕〔図4－12〕。屋根頂部までの高さは約九メートルで、外壁は押縁付きの下見板張りの大壁造で、内部の架構は十文字梁型である。

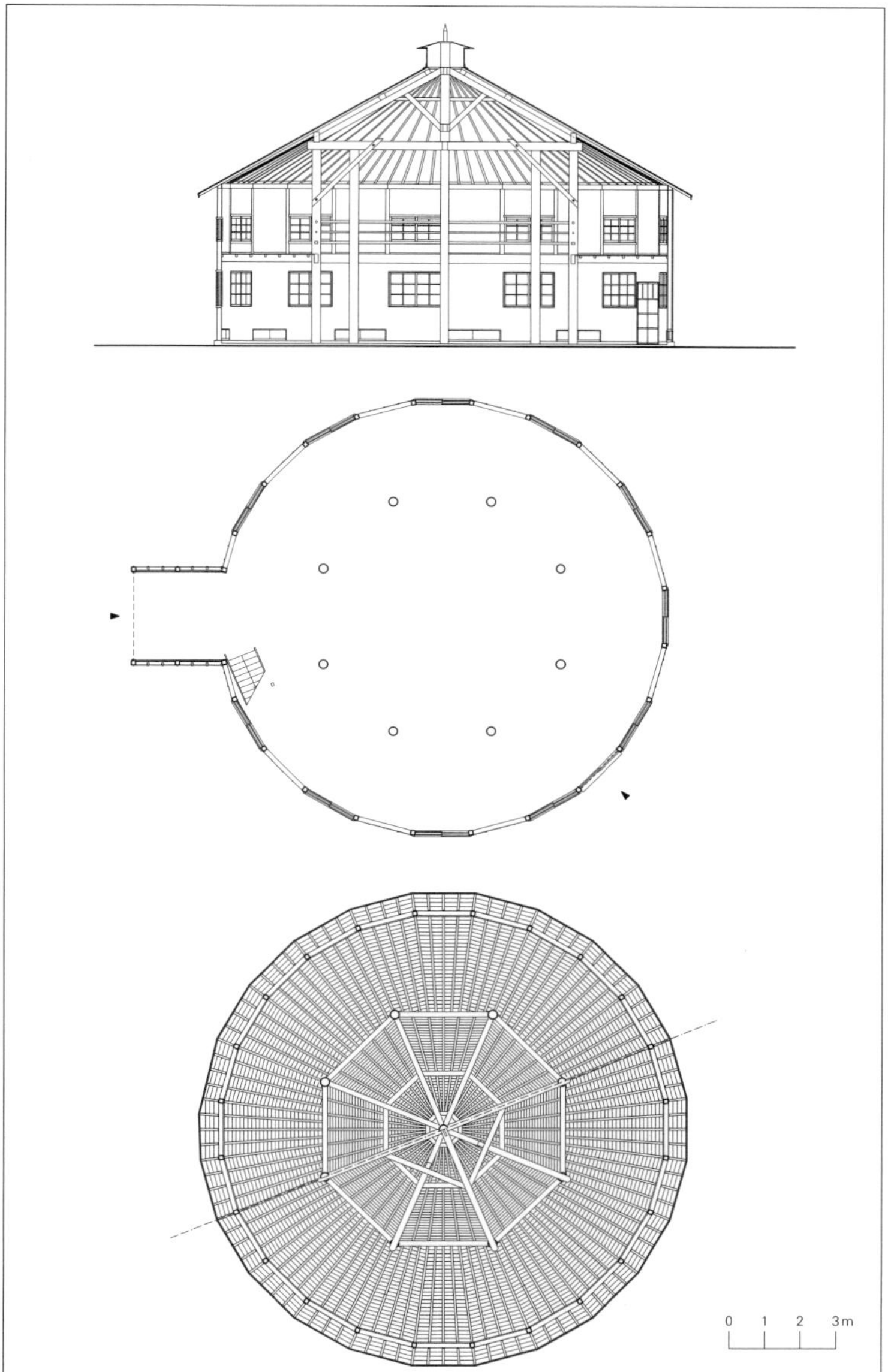

〔図4-12〕神室修練農場日輪舎 断面、平面、見上図

外周に沿って外柱が二四本立ち並び、約二・七メートル内側に内柱八本を立てる。外柱は約一二〇×一三〇ミリメートルの角柱、内柱は直径二四〇〜二六〇ミリメートルの丸柱である〔写真4－36〕。

出入口は二か所あり、正面口に対して裏口は反時計回りに一三五度の位置にある。正面口のみ柱間寸法が広いが、ほかは等間隔で柱が立ち、裏口は柱間に一致させている。正面口にはポーチが付く。ポーチは切妻造で妻壁には漆喰が塗られている〔写真4－34・37〕。ポーチの柱と外柱との間は下見板張りの壁である。正面口の戸は外柱の位置ではなく、ポーチの正面の柱間に設けられた突き上げ戸である。裏口は引き違い戸である〔写真4－38・39〕。

内壁は近年の改修によって新建材で覆われており、竣工当時の状態はわからない。一階は大壁であるのに対し、二階は真壁である〔写真4－39・40〕。

一・二階の窓は、揃えて設けられており、窓幅は柱間と一致する。現存する日輪舎の中で、唯一、建

〔写真4-34〕神室修練農場日輪舎 外観

〔写真4-35〕神室修練農場日輪舎 内部

〔写真4-36〕神室修練農場日輪舎 1階

〔写真4-37〕神室修練農場日輪舎 ポーチ

〔写真4-38〕神室修練農場日輪舎 裏口

〔写真4-39〕神室修練農場日輪舎 1階内部

〔写真4-40〕神室修練農場日輪舎 2階内部

〔写真4-41〕神室修練農場日輪舎 窓の雨戸

〔写真4-42〕神室修練農場日輪舎 窓の庇

〔写真4-43〕神室修練農場日輪舎 2階の窓

〔写真4-44〕神室修練農場日輪舎 下部の換気孔

設当時の木枠の窓が残っている。一階の窓ガラスは縦に三枚で構成されており、下二枚は曇りガラス、いちばん上のみ透明ガラスである。外側には縦板張りの雨戸が取り付けられ、上部には庇が付いている〔写真4－41・42〕。二階は縦にガラス二枚で、下は曇りガラス、上は透明ガラスである〔写真4－43〕。雨戸も庇もない。正面のみポーチの屋根を避けて、ほかの二階の窓より縦が短く、縦一枚のガラスからなる。

一階の下部に開口部が設けられている。これは一階の床下の換気口であろう。窓のない柱間九か所に設けられている。外側には板戸が取り付けられており、庇も付けられている〔写真4－44〕。

内部の架構はかなり複雑である。まず四本の内柱に十文字梁が架けられ、それらは梁の中ほどで水平方向の燧梁によって繋がれている。十文字梁は内柱の上に載せられており、挟み梁ではない〔写真4－45〕。そして、十文字梁の架かっていない残りの内柱四本の頂部から燧梁まで繋梁が架かる〔写真4－46〕。内柱からは挟頬杖が上に延びて、十文字梁・繋梁を挟んでいる。隣り合う内柱同士には桁が載って柱や梁を固定している。

十文字梁の中心には真束が立ち、それが小塔にまで達していると思われる。十文字梁・繋梁先端から真束に扠首《さす》が組まれている。真束の足下近くから八方向に頬杖が設けられて、この扠首を受けている。扠首の上には垂木掛となる桁状の材が載る。

内柱は約二・七メートルの高さに内法貫を通して隣どうしを繋ぐ。外柱とは繋梁で内柱もしくは内柱の内法貫と繋いでいる。外柱頂部は桁で繋いでいる。なお外柱に飛貫や内法貫があるかどうかは壁に覆われて確認できない。

　垂木は小塔の下部にある屋根の上部から、放射状に広がり、軒先まで続く。垂木は垂木掛、内柱上の桁、外柱上の桁で受けている。垂木の上に野地板が並べられ、その上にトタンが葺かれている。小塔もトタン葺きで、頂辺には尖塔がついている〔写真4－34〕。当初からトタン葺であったが、聞き取り調査によると、現在のトタンは葺き替えられたものであるとのことである。

　以上の架構材は要所をボルトで締めて緊結されている。

　一階床はコンクリートのベタ基礎が打たれ、コンクリートたたきである。二階の床板が壁に沿って内柱の位置まで張られている。内柱と外柱の間の繋梁が大引となって、その上に根

〔写真4-45〕神室修練農場日輪舎 架構

〔写真4-46〕神室修練農場日輪舎 架構

〔写真4-47〕神室修練農場日輪舎 2階

〔写真4-48〕神室修練農場日輪舎 見上げ

太が架けられて床板を受けている。一階は根太天井であり、二階は天井が張られておらず、小屋組の構造が見えている〔写真4－47・48〕。

一階の床は、現在コンクリートたたきであるが、かつて一階の外柱と内柱の間には床板があったとのことであり、その痕跡が内柱に残っている〔写真4－49〕。

二階は、中央部分が吹き抜けで、壁に沿って放射状に床板が張られている〔写真4－51・54〕。幅は、一階にかつてあった床板と同様、九尺である。内柱の間には手すりが設けられているが、部材が新しいため建設当初とは異なると思われる。階段は正面口を入って右側に一か所設けられている〔写真4－50・51〕。

一階の窓際上部には、荷物を収容するための棚がつけられていたようである。足下には身の回り品を置き、頭を内側に向けて寝たとのことである。

〔写真4-49〕神室修練農場日輪舎
床板の痕跡

〔写真4-50〕神室修練農場日輪舎
階段

〔写真4-51〕神室修練農場日輪舎
階段

〔写真4-52〕神室修練農場日輪舎
壁の下地

壁は、竹小舞の編まれた土壁であり、その内外に板が張られている〔写真4－52〕。

◉当初形式

建設当初、床は土間であったようで、この基礎工事のことが、『笹原善松体験自叙伝〔文献146〕（前編）』に詳細に書かれている。それによると、昭和四〇年頃まで行われていた「どんつき」と呼ばれる方法で、基礎の地業が行われたとのことである。

「どんづき」とは、建物の基礎の石を固定する作業、いわゆる基礎工事で、版築を意味している。まず、柱の建つ位置に一〇センチメートル位の穴を掘って小石を入れる。その上を、「固い木で作った杵様の物」で突き、小石を入れては突くという作業を繰り返す。それが終わると、最後に、表面が平らな大きな石（礎石）を置いて、突き固める。一か所ずつ、基礎が固まったことを確認すると、次の場所へ移っていく。突くためには、櫓《やぐら》を組む。八方に太い縄の付いた「杵様の物」を櫓の中に入れ、縄を引くとそれが上昇し、手を緩めると勢いよく下降して小石を突く仕組みである。七、八人で縄一本を引く重労働であることから、有屋地区じゅうの人に声を掛け、老若男女二〇〇人近い人を集めたようである。役割分担をし、八〇人くらいが一組となって、酒を飲み、どんづき唄を唱いながら、作業は進められた。「杵様の物」には五色の布がついており、突くたびにそれが風になびく。大勢で、唄と合わせ、お祭りのように行われたとのことである。この方法は現在、ほとんど行われていない。どんづきによって並べられたと思われる礎石は、現在も一部みえている。

内柱の二本は、改修により、足下の腐った部分が根継ぎされている。内柱をつなぐ八角形に並ぶ内法貫には、四か所四角い枘穴〔写真4－53〕が残っているが、これは、戦後タバコ栽培を行っていたときに、木材を渡してタバコを掛けていた名残である。

建設当初の階段については、玄関すぐの両脇にあると『笹原善松体験自叙伝（前編）』〔文献146〕に書かれている。現状の一階の天井を見ると、左右それぞれ一本太い根太がある。現在階段がない左手は、手すりだけが残り、板の隙間を広めにとって床板が張られていることから、太い根太の外側に階段があったことが知られる。現在階段がある右手は、太い根太の外側に新材の根太を設け、広めの床板が張られている〔写真4－54〕。したがって現在の階段は当初のものではなく、向きを変えて付け替えられていることがわかる。

⦿特色

神室修練農場日輪舎の平面は、円の直径が四二尺（七間）であることから、「標準型」よりも六尺（一間）大きい。先に沿革で述べたように、日本一の日輪舎を目指していたとのことから、八〇人収容できるようにこの規模になったようである。外柱は二四本で、「標

〔写真4-54〕神室修練農場日輪舎 2階の床板

〔写真4-53〕神室修練農場日輪舎
内柱貫に残る枘穴

準型」よりも少なく、「造り方」どおりであれば四二本必要であるので、柱間は広い。

屋根構造については、心柱が存在せず、十文字梁を有する小屋組によって屋根が支えられており、「十文字梁型」である。これは、第一節で述べた「造り方」と同じで、十文字梁が、内柱のみによって支えられていることから、〈一六年版〉と同じである。しかし、真束に八角形の頬杖が付けられるのではなく、八本の頬杖が扠首を支えていること、十文字梁を燧梁で繋ぐこと、挟梁や挟桁のないことなど、〈一六年版〉とは大きく異なっている。

二階の床が内柱より外に設けられ、中央部が吹き抜けである。「標準型」であれば、壁に沿って二層の床があったが、神室修練農場日輪舎では、その二層目が、二階へと進化したものであると思われる。内柱は八本すべてが屋根面まで達しているのはこのような二階を設けることとも関わっているであろう。

外柱の正面口の部分のみ柱間が異なることは〈一六年版〉と同じ形態である。一階は大壁であるために見ることができないが、二階には外周を二四等分した位置に柱が立つ。したがって正面口脇の柱は桁まで伸びていないことがわかり、その点で〈一六年版〉と異なっている。

正面口と裏口は向かい合っておらず、「標準型」とは異なっている。この裏口は、かつてトイレなどのほかの建物へ続く渡り廊下が繋がっていたとのことであり、その位置関係によると思われる。

基礎工事が、神室修練農場の建てられた地域に特有の「どんづき」と呼ばれる方法で行われたのも興味深い。

内原訓練所の日輪兵舎を実際に見て、参考にしながらも、さらに工夫を凝らして構造的にも強固で上質の建築をつくり出したと言えよう。

神室修練農場日輪舎の建築的特徴は以下のようにまとめられる。

イ　直径四二尺の二四角形平面で、外柱は二四本
ロ　内柱は八本でいずれも屋根面まで到達する
ハ　架構は十文字梁型だが、燧梁・扠首・繋梁を併用した強固な構造
ニ　円錐形屋根、トタン葺、小塔と尖塔付
ホ　押縁付下見板張りの大壁
ヘ　二階建てで、二層の床の上段が二階となる
ト　正面口のみ柱間が異なり、二か所の出入口は一三五度の関係
チ　ポーチに壁が付く
リ　基礎工事を、土地特有の「どんづき」で行った

③南安曇農業高等学校第二農場日輪舎

南安曇農業高等学校第二農場日輪舎は、長野県安曇野市堀金烏川にあり、昭和二〇年の建設である。〔文献110・133・168〕

⦿沿革

大正七年（一九一八）一二月、長野県会によって長野県立南安曇農学校の設置が決まり、大正九年四月一五日に開校式が行われた。日輪舎の建てられた第二農場は、昭和八年一〇月二六日、地鎮祭や鍬入式を行って、開墾が始まったが、生徒の手による約七万平方メートルの開墾は大仕事であり、完了したのは五年後の昭和一三年一一月であった。日輪舎は宿舎として、この第二農場への建設が決まり、南安曇有明村出身の丸山勝〔写真4－55〕の寄付と同校同窓会会員の協力により、総工費約三万円が投じられた。昭和一七年一二月一五日、地鎮祭が行われ、翌年八月一五日に基礎工事が完了したが、第二次世界大戦の影響で工事が遅れ、約二年後の昭和二〇年五月二二日にようやく落成式が行われた〔写真4－56〕。日輪舎の建設は、同校の校舎建設に携わった小見田組の宮大工小見田直市が指揮し、戦時中で授業のなかった同校生徒が手伝ったようである。

宿舎を建てたのは、日輪舎を建設することによって、精神を鍛える目的があったようである。長野県は義勇

〔写真4-55〕寄付者・丸山勝

〔写真4-56〕南安曇農業高等学校
第二農場日輪舎（建設当時）

軍の送出数が全国一位であり、多くの青少年が内原訓練所に入所した。また、県内には、同校の日輪舎ができる以前に、先に述べた八ヶ岳修練農場など、学校や修練道場にいくつかの日輪兵舎が建設されていた。『南農』〔文献110〕には日輪舎について、「当時修練道場とも呼ばれ、地元の希望者にも開放する目的も持っていた」と書かれている。戦後、昭和二二年の学校要覧には、「宿泊施設としてはまだ充分に利用されてはいないが、将来これが総合農場経営の中心として重大な役割をはたすであろうことは確かである。やがて一般への開放を考慮されているから当地方には珍しい建物でもあり、そのスマートな外観が一種の名物として万人に親しまれる日も遠くないと思う*23」と書かれている。

この日輪舎は、昭和四〇年代までは宿泊や研修施設として利用され、同校の生徒が農業経営を行っている卒業生らと、将来の農業についてなどの話を語り合う場となったようである。その後、老朽化により使用が控えられたが、平成二二年の南安曇農業高等学校の九〇周年事業の一環として改修が行われた。平成二一年には、国の登録有形文化財に登録されている。

◉建築形式

この日輪舎は、直径一二・八メートルの円形平面、木造二階建て、円錐形屋根、トタン葺の建築である。頂部までの高さは約八・四メートルで、風見を付ける〔写真4-56・57〕〔図4-13〕。

*23 『南農』〔文献110〕には「戦後まもなく二二年の学校要覧」に記載されているとして、引用されている。

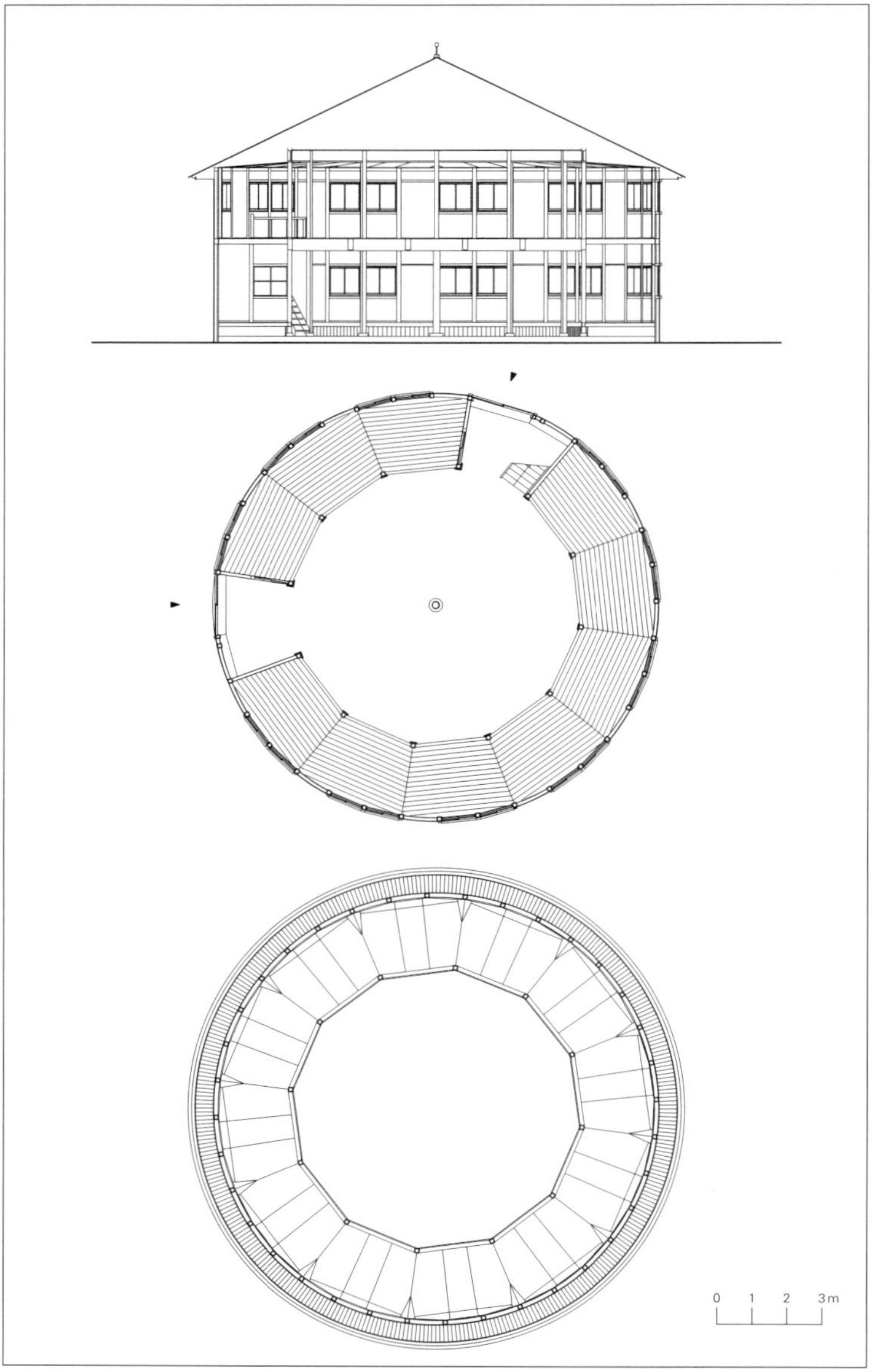

〔図4-13〕南安曇農業高等学校第二農場日輪舎 断面、平面、見上図

〔写真4-57〕南安曇農業高等学校第二農場日輪舎

〔写真4-58〕南安曇農業高等学校第二農場日輪舎 1階内部

〔写真4-59〕南安曇農業高等学校第二農場日輪舎 2階内部

外柱は一二〇ミリメートル角の角柱で、一階は外周に沿って三四本が並び、二階は三六本が等間隔に並ぶ。外柱の二・一メートル内側に内柱が一二本、等間隔で立つ。内柱も一二〇ミリメートル角の角柱である。中央に心柱があり、直径二一〇ミリメートルの丸柱である。ただし心柱は一階のみにある。

壁は外側が下見板張り、内側が漆喰塗土壁である。出入口は二か所あり、正面口に対して裏口は時計回りに一二〇度の位置にある。正面口にはポーチが付く。ポーチの屋根は片流れで、頬杖で支えられている。

〔写真4-60〕南安曇農業高等学校
第二農場日輪舎 2階

窓は、一階に一〇か所あり、一間おきに二間連続して設けられている。二階には一二か所、等間隔に設けられている。窓は、一階・二階とも床板からの高さがほぼ同じところに位置し、内枠は九〇〇×九九五ミリメートルである。ただし、サッシュに取り替えられている。

階段は裏口横に一か所設けられている〔写真4－61～63〕。

一階床は、中央部がコンクリートたたきで、外壁に沿って出入口の区画を除いて床板が四三〇ミリメートルの高さに張られている。内柱から放射状に床板の目地を設ける。出入口横には、外柱と内柱の間に漆喰塗りの間仕切り壁を設ける。二か所の間仕切り壁には小窓が設けられている。その窓は、建設当初のものと思われる、木枠のガラス窓である。

二階は全面板張りの床である。その床が一階の根太天井となっている。二階の床板は、近

〔写真4-61〕南安曇農業高等学校
第二農場日輪舎 階段

〔写真4-62〕南安曇農業高等学校
第二農場日輪舎 階段

〔写真4-63〕南安曇農業高等学校
第二農場日輪舎 2階階段

年の改修工事の際に張り替えられた。それ以前は、内柱の外側は板張り、内側には畳が敷かれていたようである〔写真4－64・65〕。

二階の天井は、外柱から内柱までがベニヤ板張りで、内柱内側は漆喰塗りである〔写真4－59〕。内柱外側の天井は勾配が付いており、一五センチメートルほどの高低差がある。内柱内側の天井は一段上がっており、高さの差は三六センチメートルほどある。これらの天井のため、小屋組は確認できない。

内部の架構で判明する部分は以下のとおりである。

一階の内柱上部は、隣どうしが差鴨居で繫がれている。対向する二本の内柱を一本の大梁

〔写真4-64〕南安曇農業高等学校
第二農場日輪舎　改修前の内部（2階）

〔写真4-65〕南安曇農業高等学校
第二農場日輪舎　改修前の内部（1階）

〔写真4-66〕南安曇農業高等学校
第二農場日輪舎　2階床の見上げ

〔写真4-67〕南安曇農業高等学校
第二農場日輪舎　屋根頂部

で繋ぎ、心柱が大梁の中央を支える。その大梁に直交して、四本の梁が内柱の位置に関係なく等間隔で架けられ、その間に根太が架けられている〔写真4－66〕。大梁は、正面口から時計回りに一五度振った向きである。内柱と外柱の間は放射状に梁が架かり、その間に根太が架けられている。二階では外柱上に桁が載り、内柱はそのまま天井裏まで延びる。心柱は二階にはない。内柱、心柱ともに、コンクリート製の沓石の上に立っている。

屋根は元は板葺であったようである。

出入口は、正面口・裏口ともに同じ幅で、柱は等間隔には並ばないが、扉上には柱と等間隔になるように束が立つ。

現在は、構造補強のために、一階にのみ外柱の内側に添柱を立てている。建設当初にはなかったものである。なお、一階の窓の上には、棚が取り付けられていたとのことであるが、改修の際に撤去された。

⦿特色

平面は、直径が四二尺であることから、「標準型」よりも六尺（一間）大きい。外柱は三六本であり、「標準型」と一致するが、標準型の直径は三六尺なので、標準より柱間は広い。

二階は天井が張られており、架構を見ることができないが、心柱が存在しないから、「唐傘型」ではなく、「造り方」〈一六年版〉に示された、内柱を繋ぐ十文字梁の架構と考えられる。ただし、内柱の内外で天井の高さが異なり、二階天井の外側に勾配がついているので、特殊な架構を示唆しているかもしれない。また天井が張られた例はほかにない特有な形態である。

二階が全面床板張りであるのは、内原訓練所本部のほかに見出しておらず、本部を真似たか、独自に使い勝手上そうしたのかはわからない。床板の幅は七尺で、一般的な幅である。

この日輪舎は、外柱は、二階が三六本であるのに対し、一階は出入口の部分の柱が抜かれており、〈一四年版〉と同じである。しかし、正面口と裏口ともに同じ幅で、ともに柱が抜かれている点では、〈一四年版〉とは異なる。

正面口と裏口が向かい合っておらず、「標準型」とは異なる。元は研修所と渡り廊下で繋がっていたため、その位置関係によると思われる。

ポーチは片流れであり、屋根を支える柱は存在しない。これは、内原訓練所に見られる切妻屋根とは異なる。

以上から、南安曇農業高等学校第二農場日輪舎の建築的特徴は以下のようにまとめられる。

イ　直径四二尺の円形平面で、外柱は三六本、内柱は一二本

ロ　木造二階建てで、一階は周囲のみ床張り、二階は全面床張り

ハ　十文字梁と推定され、心柱は一階のみにある

ニ　二階は天井が張られている

ホ　出入口に当たる柱は抜かれ、出入口は二つとも同じ幅

ヘ　一階内部には一部間仕切りが存在

ト　ポーチの屋根は片流れで、柱はない

④西山農場日輪講堂

西山農場日輪講堂は、山形県飽海郡遊佐町菅里字菅野にあり、昭和二一（一九四六）年の建〔文献145・歌川氏への聞き取り〕設である。

◉沿革

西山農場は、戦後の昭和二一年一〇月中旬、石原莞爾〔写真4-68〕が飽海郡高瀬村（現・遊佐町）の砂丘地である西山に入植したことにはじまる。石原莞爾は、山形県鶴岡生まれで陸軍中将にまでなった人物であり、関東軍作戦の参謀として満州国の建設や満州事変を推進した、東亜連盟*24の指導者であった。石原に師事し、同連盟の幹部であった桐谷誠が、西山の砂丘地一帯の松林約三四七ヘクタールを買い占め、一部を石原に提供したことにより、この地の開拓が開始された。

〔写真4-68〕石原莞爾

*24　石原莞爾を指導者とし、日本を、アジアさらには世界の盟主とし、そのために「東亜文明圏」を結成するという構想を持っていた。

日輪講堂（当初は日輪兵舎と呼ばれた）は、高瀬村の青年団が手伝って、松林であった西山農場の一角を切り開き、建物の解体によって発生した部材を用いてつくられた。昭和二一年五月頃のことである。〔写真4－69・70〕に当時の様子を見ることができる。『永久平和の使徒』〔文献145〕では使用された部材は内原訓練所から運び込まれた、と推定している。内原訓練所は昭和二〇年に閉鎖され、日輪兵舎は解体されて部材が再利用されたと言われており、石原莞爾と加藤完治の人脈からみても、その可能性は高い。その後、この日輪講堂は、東亜連盟をはじめとした全国有志の修練道場として、講義に使用されたり、入植した人たちの交流の場として、農作業後や、部落の祭りの歌や踊りの練習をするのに使用された。また、石原莞爾を訪ねてきた人や、入植してすぐの貧しい人たちが泊まることもあった。その頃、日輪講堂を管理していたのは、歌川

〔写真4-69〕西山農場日輪講堂（当初）

〔写真4-70〕西山農場日輪講堂（当初）

平次郎・庸夫妻であった。

昭和二四年八月一五日に石原が亡くなった後は、西山農場の人たちは新たな土地に移り住み、歌川夫妻も日輪講堂を離れた。それにより管理もおろそかになった。石原莞爾の弟である石原六郎が朽ちることを心配して、元々あった場所から移築することとなった。これに奮闘したのが遠藤甚吉〔写真4-71右〕であり、佐久間卯吉〔写真4-71左〕を棟梁に、昭和二九（一九五四）年の年末、石原家の近くに移築された。移築後は、地域の寄り合いの場として使用された。そして、この頃に、元々呼ばれていた「日輪兵舎」という名称が、「日輪講堂」に変更された。戦後に建てたということもあり、「兵舎」という名はよくないと思ったからだったのではないかということである。*25

その後、石原六郎も亡くなり、土地をめぐる問題などさまざまなことを経て、石原家の敷地の一部が親族から遊佐町に寄付されることとなった。昭和五六年に石原家の住居は取り壊されたが、日輪講堂のみ寄付された土地に移築された。二度目の移築である。移築後の様子は〔写真4-72〕に見ることができる。現在は町が所有しており、歌川夫妻の息子である歌川博男氏が管理を

〔写真4-71〕佐久間卯吉（左）、遠藤甚吉（右）

*25 歌川夫妻の息子である歌川博男氏への聞き取り調査による。

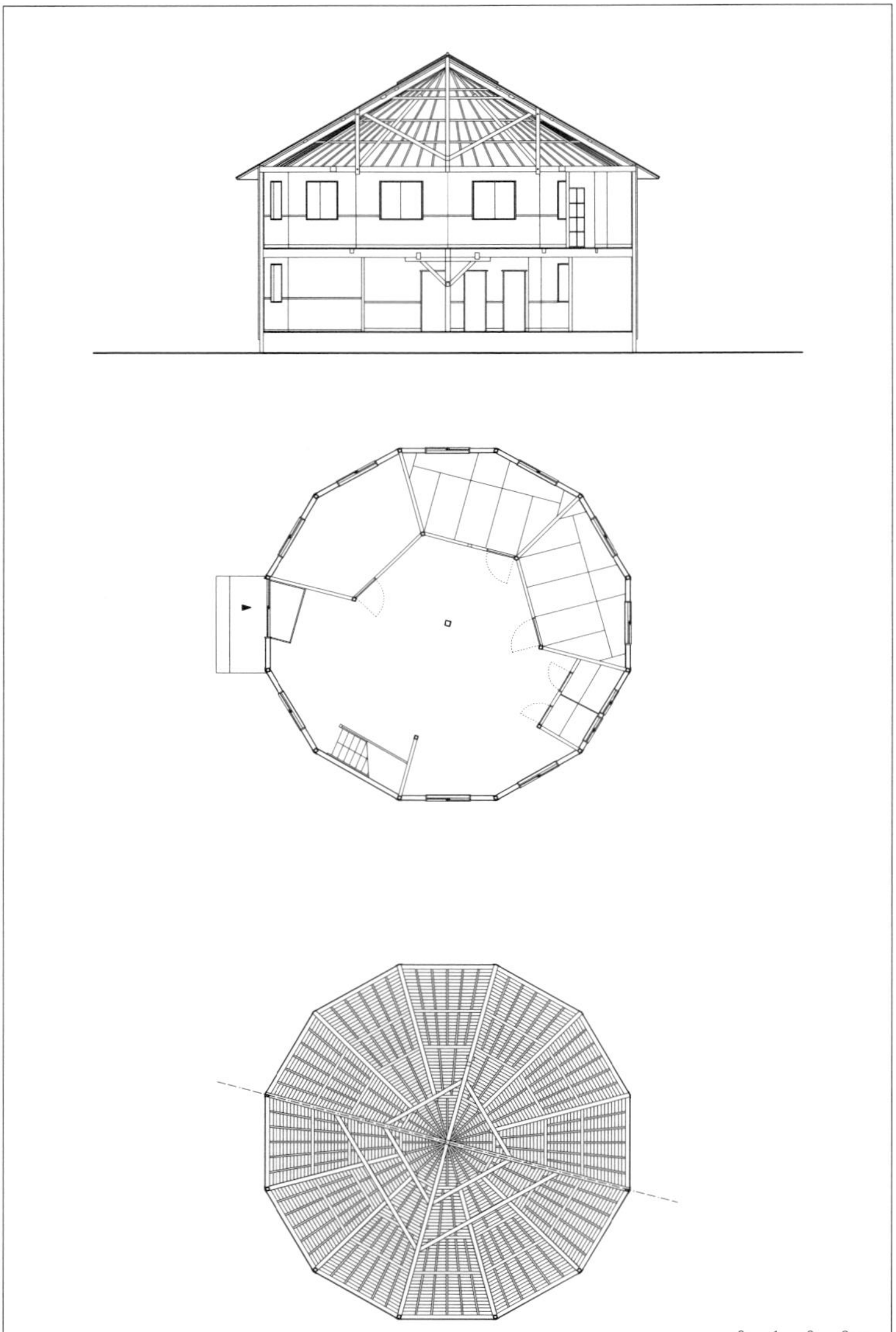

〔図4-14〕西山農場日輪講堂 断面、平面、見上図

手伝っている。二回目の移築後も、地域の寄り合いの場として使用されていたようだが、現在は全く使用されていない。

⦿建築形態

この日輪講堂は、木造、直径一〇・五メートルの一二角形平面二階建て、円錐形屋根、トタン葺の建築である。屋根の頂部までの高さは約八・七メートル、架構は十文字梁型である〔写真4―73〜75〕〔図4―14〕。

外柱は約九五ミリメートル角[*26]の角柱で、外周に沿って等間隔で一二本立ち並ぶ。内柱も九五ミリメートル角の角柱であり、一階のみに六本立っている。心柱は一五〇ミリメートル角の角柱で内柱と同様一階のみにある。

外壁はトタン張りで、内壁は改修により、板張りの大壁となっており、本来の壁の様子はわからない。出入口

〔写真4-72〕西山農場日輪講堂（移築後）

*26 実測調査から起こした図面をもとにしている。すべて大壁であるため、実際に寸法を測ることができなかったので、内柱と壁厚を参考に図面を作成した。正確とは言いがたいがおおよその規模や形態は示せている。

〔写真4-73〕西山農場日輪講堂

〔写真4-74〕西山農場日輪講堂 1階内部

は一か所のみで、ポーチは設けられていない。窓は一階に一一か所、二階に九か所ある。

一階は出入口のみコンクリートたたきで、それ以外は地面から約六〇センチメートルの高さで全体にベニヤ板張りの床となっている〔写真4－74〕。外柱と内柱の柱間は、基本的に二・五メートルであるが、この距離に立つ内柱は出入口の左手の四本のみである。

外柱三本と内柱二本で囲まれる五角形を一区画として、壁で区切って、三区画の部屋が設けられていて、内柱通りに片開き戸を設ける。一室は板張り、二室は畳敷きである〔写真4－76〕。三室の隣の区画にはトイレが二室ある。トイレの角に立つ内柱は、外柱との柱間が一・三メートルである。トイレの次の区画には台所があり、台所と壁を隔てて階段がある〔写真4－77〕。階段との境の内柱は、外柱との柱間が一・八メートルである。

このように、内柱の位置が一定しない理由としては、二度の移築と、それに伴う使用目的の変化が考えられ

〔写真4-75〕西山農場日輪講堂 2階内部

るが、どの時期にどこが改築されたのかは明らかでない。建設当初は、入口を入ると土間で、部屋が設けられていて、そこで寝泊まりできたようである。建設当初から部屋はあったとのことである。

一階の天井は、まず対向する外柱を繫いで十字に大梁を組み、その交点近くに小さな燧を入れ、さらに大梁の間に各二本ずつ放射状に根太を架ける。さらにその間に各二本の大引を載せて天井板（二階の床板でもある）を受けている。現状では大梁の交点を心柱で受けている。また大梁交点下に十字の添木も添えられている。この添木や心柱は、材料が新しいことから、建設当初のものでない。ただし心柱がないとすると構造的には心許なく、当初から立っていた可能性もあるが、現状では確認できない。また大梁には柱の立っていた痕跡（写真4－78）が

〔写真4-76〕西山農場日輪講堂
1階の部屋

〔写真4-77〕西山農場日輪講堂 階段

〔写真4-78〕西山農場日輪講堂
大梁に残る柱の枘

〔写真4-79〕西山農場日輪講堂 2階階段室

残っており、これが西山農場講堂建設当初のものであるのか、内原訓練所などの前身の建物で使用されていた時のものであるのかは明らかでない。

二階は全面板張りで、階段室がある以外は、一室の大部屋である〔写真4-75・79〕。天井は張られておらず架構が露出する。

架構は、一階天井部分の大梁と同じ位置に十文字梁が外柱に載り、外柱から内に約二メートルほどの位置で燧梁を打って固定されている〔写真4-75・80・81〕。十文字梁の架かっていない外柱からは、中心方向に燧梁まで梁が架かっている。十文字梁の中心には真束が立つ〔写真4

〔写真4-80〕西山農場日輪講堂 架構部分

〔写真4-81〕西山農場日輪講堂 架構

－82〕。

真束の頂部から十文字梁と繋いで四方向に合掌が組まれる。合掌と十文字梁は、挟釣束とボルトで固定されている〔写真4－83〕。また、真束下部からは挟釣束上端と同位置に頬杖が延び、合掌に当てられている。つまりキングポストが二組、組まれていることになる。合掌は途中で隣どうしが桁状の材で固定されており、その材まで残りの外柱から合掌と同様の形状の登り梁が延びている。合掌・登り梁上には三通りの母屋桁が載って、垂木を受けている。垂木の上には野地板を張って、トタン葺となっている〔写真4－73・82〕。軒先には軒天井が設けられている。

建設当初の屋根には小塔があった〔写真4－69〕が、現在地に移築されて直後頃の〔写真4－72〕では小塔はなくなっている。移築の際かそれ以前に取り払われたのであろう。また、現在のトタンは青色の塗料が塗られているが、『永久平和の使徒』〔文献145〕には以前は赤かったとの記述があり、また、トタンの目地も〔写真4－

〔写真4-82〕西山農場日輪講堂　架構

72〕と〔写真4－73〕では異なる。トタンは葺きかえられたようである。

窓の位置は現在の部屋割りに対応して付け替えられていると考えられる。建設当初は木枠のガラス窓であった〔写真4－69〕。また、現在は存在しないが、一階の窓の上には庇が付いていたようである。

外壁は、改修によりトタンが張られているが、以前は下見板張りであった〔写真4－69〕。

◉特色

平面は、直径が三六尺であることから、ほぼ内原訓練所の宿舎の「標準型」と同じである。しかし、外柱が一二本で、「標準型」の三六本よりはるかに少なく、柱間が広い。そのため、出入口の柱を抜いたり、柱間を変えたりはしていない。

構造の面では、心柱が存在せず、十文字梁と真束の架構で屋根が支えられている。これは、第一節で述べた「造り方」と同じである。しかし、十文字梁が、外柱のみによって支えられていて、〈一四年版〉〈一六年版〉のいずれとも異なっている。また、頬杖は四方向のみであり、八角形の頬杖がないことも異なっている点である。

内部は、一階・二階とも全面に床が張られ、また、部屋も設けられている。

〔写真4-83〕西山農場日輪講堂　挟鈞束

〔写真4-84〕西山農場日輪講堂　真束上部

建設当初から、部屋はあったとのことであるので、建設当初から使用目的に合わせ、工夫されたのだと思われる。そして、二度にわたる移築のたびに、改変の手が加えられたと推測される。また、建設されたのが戦後であるので、内原訓練所などの古材を再利用したが、使用方法としては訓練だけが目的ではなく、地域の施設として役割を果たすことが考えられたのであろう。「造り方」に示された仮設建築と異なって、形式も構造も恒久的な建築を目指してつくられたものと考えられる。

西山農場日輪講堂の建築的特徴は以下のようにまとめられる

イ　直径三五尺の一二角形平面で、外柱は一二本

ロ　十文字梁型の架構で、十文字梁は外柱で支える

ハ　木造二階建てで、一階・二階とも全面床板張り

ニ　一階天井にも十文字梁がある

ホ　円錐形屋根、トタン葺

ヘ　ポーチなし

ト　一階内部には内壁が存在し、部屋が存在

チ　内原訓練所の部材を再利用しているため、柱の痕跡が残る

結章

これまで、日輪兵舎を考案しその確立に大きく関わった古賀弘人と渡辺亀一郎という人物に注目したうえで、彼らのもとで生まれ、多様な形式や構造に展開していった日輪兵舎の様々な事例について見てきた。昭和一〇年代から二〇（一九四五）年頃までに、国内や満州に、数百棟あるいは一〇〇〇近い数の日輪兵舎が建てられたと推定されるが、今に残るのはわずか四棟しかない。日輪兵舎という、形態の面でも、それが生まれた社会的背景の面でも、きわめて特異な建築の実態とその歴史をまとめつつ、日輪兵舎の特質について考えてみたい。

第一節　日輪兵舎の諸形式

日輪兵舎は、古賀弘人が昭和七年以前に構想した「円形避難家屋」を起源とする。昭和一二（一九三七）年三月頃には茨城県内原にあった友部日本国民高等学校で、続いて同年八月以降に満州饒河訓練所で、いずれも半地下式日輪兵舎が建設された。つまり初期段階は土製日輪兵舎であった。一方、同年七月には日本国民高等学校内原分校に円錐形屋根の木造の日輪兵舎も完成している（第二章参照）。

昭和一二年末頃からは内原訓練所での建設が急速に進められたが、この段階で渡辺亀一郎の参加があって、渡辺による試行錯誤を経て、初期型の後、標準型が生み出された。渡辺は早世したが、その後も古賀の関与によって、様々な形式の日輪兵舎が建てられた。それらを主要な部分に着目して分類すると以下のようになる。

屋根形式

日輪兵舎は、屋根形態により三種類に分類できる。

ア　円錐形屋根
イ　小塔付円錐形屋根
ウ　入母屋造屋根

ア・イでは屋根が一重のものと二重のものがあり、例外的に三重もあった。二重屋根の場合でも、上重の壁面の立ち上がりが明瞭な場合と、壁面の見えない段葺（錣葺《しころ》）のものがある。

前者では上重の壁面には採光や通風のために開口部がある。イの小塔も採光や通風のためのものであろう。またこれら以外に、屋根の流れの一部を切り上げた、民家でハッポウとか煙だしと呼ばれるような形式の採光・通風の開口部があった例もある。特殊な日輪兵舎では、これらの諸形式を組み合わせ、さらに変化させて多様な形態をつくりだしていた。

架構

一方、架構に注目すると三形式に分類できる。

a 唐傘型(心柱の立つ形式)
b 十文字梁型Ⅰ
c 十文字梁型Ⅱ

aは、内部に心柱を立てて、その上部に唐傘の受骨のように頬杖が開いて伸びて垂木掛を支える。垂木掛と外柱の桁を繋いで垂木を配するという構造である。

bは〈一四年版〉の「日輪兵舎の造り方」〔文献42〕に記載された形式で、外柱・内柱を繋いで十字に梁二本を直交させ(十文字梁)、その交点に心柱を立てる形式である。もちろんこの場合も心柱上部には受骨状の頬杖はつけられている。

cは〈一六年版〉の「日輪兵舎の造り方」〔文献87〕に記載された形式で、内柱だけを繋いで十文字梁を架ける形式である。

材質

日輪兵舎は基本的には木造であるが、初期段階である内原訓練所に建設される前の友部日本国民高等学校と満州の鏡河訓練所では土製日輪兵舎であった。土製日輪兵舎はいわば先史時代の竪穴住居にも似て、地面を掘り込んでつくられた。中央には「土柱」と呼ばれる土製の心柱があって、その頂部から垂木が放射状に並べられていた。したがって材料は異なるが、これも「唐傘型」の構造ということができる。材質は初期の形式とその後で大きく変化するが、その考え方には差はなく、ともにきわめて簡素な構造で円錐形の屋根を支える構造体をつくっている。

床

内部の床は基本的には中央部を土間として壁際に床を張り、床が一層のものと二層のものの二種があった。二層の場合は、二層目の床を束だけで支える形式と、内柱を床束と兼用する場合がある。二層目の床を束だけで支える形式はａ（唐傘型）で用いられた。なお、例外的に二層目全体に床を張る現存例もある。

第二節　日輪兵舎の変遷

前節で述べてきた各部の諸形式が組み合わさって多様な日輪兵舎が生まれた。建設時期・用途などの違いも影響したはずである。したがって、総体としての日輪兵舎について、明確な形式分類はできないが、昭和一〇年代の紹介記事を基準として、第一節の各部の形式を組み合わせて見ると、以下のような形式に分類できる〔図5－1〕。

A　土製日輪兵舎
B　試作段階
C　昭和一三年の初期型
D　昭和一三年の標準型
E　昭和一四年版「日輪兵舎の造り方」〔文献42〕記載の形式
F　昭和一六年版「日輪兵舎の造り方」〔文献87〕記載の形式
G　昭和一八年版「防空と日輪兵舎」〔文献100〕記載の形式

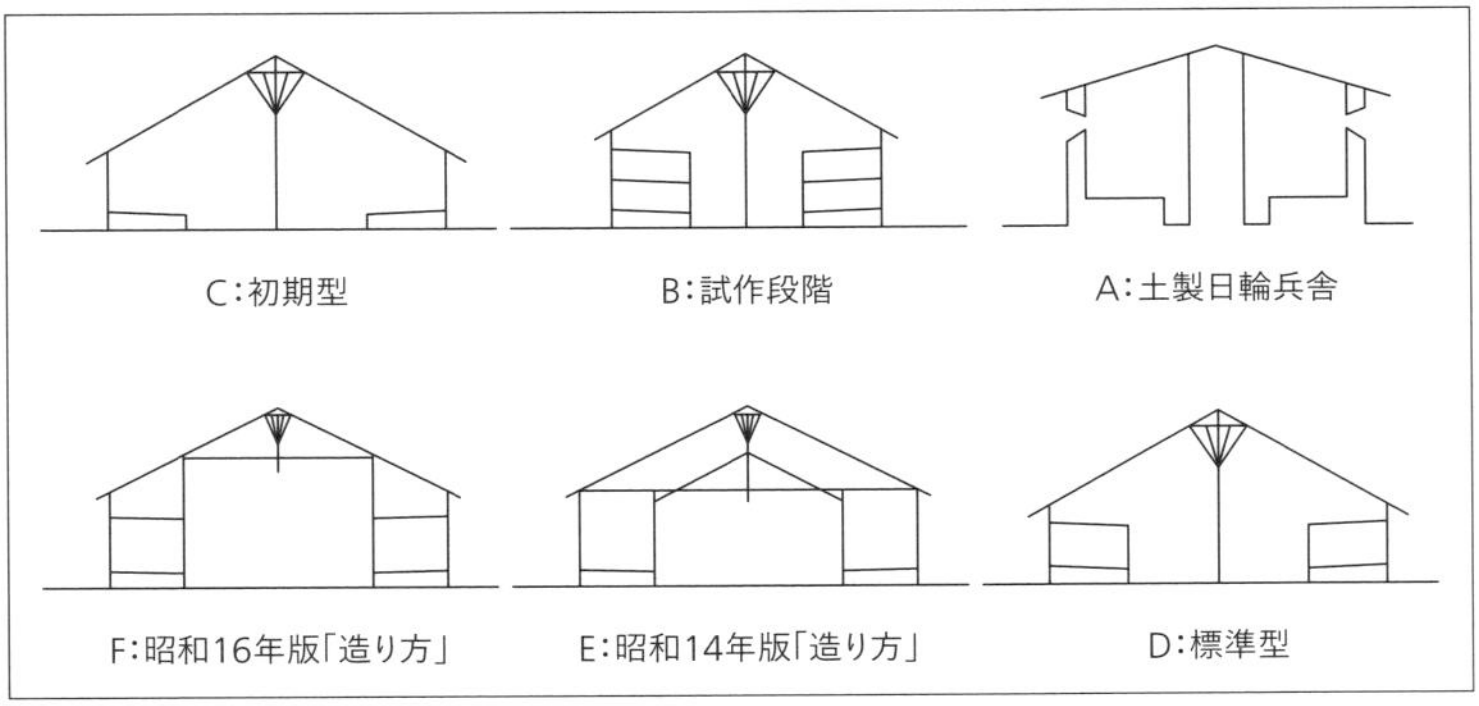

〔図5-1〕日輪兵舎の形式分類模式図

Aは昭和一〇年から一二年に友部日本国民高等学校と満州の饒河訓練所でつくられた、地面を掘り込んでつくる形式である。Bは以下は木造である。

B・C・Dは昭和一二年頃から、内地訓練所に建てられた形式で、外柱と心柱で骨格がつくられ、内部の床はCが一層、Dが二層の形式である。Bは試作のため三層のものも存在したという記録が残る。また、Bは藁葺きから始まり、それ以降は杉皮葺きとなった。E・Fは心柱がなく、十文字梁を架けて真束を受ける形式である。Eは外柱・内柱両方を併用して十文字梁を支え、Fは内柱だけで十文字梁を支える。Gは防空用の大規模な日輪兵舎の形式で、外柱・中柱・心柱で骨格がつくられる。

この分類で示したように、それが公表された時期を基準にして変化がうかがえる。ただしC・Dは〔表3-1〕でも示したように、昭和一五年の雑誌でも紹介されていて、年を追うにつれて単純に変化していったようなものではない。B・C・DとE・Fでは、前者が心柱を地面に立てる唐傘型（前記a）に対し、後者は十文字梁で真束を受ける十文字梁型（前記b・c）という点で、かなり技術的な差がある。義勇軍の少年たちのような素人の技術で建てられる簡便な建築から、多方面で利用でき、それ故にそれなりの専門的な技術を用いて、さほど長い年数を想定していないとしても恒常的な建築として安全で強固な建築を建てる方向へ変化していったのであろう。

現存する四棟の日輪兵舎の構造は、B・C・Dの変形が一棟、Eの変形が一棟、Fの変形が一棟、不明が一棟である。それぞれの建設時期は、B・C・Dの変形に類する滝尾日輪舎

〔図5－2〕が昭和一五年で最も早く、Fの変形の神室修練農場日輪舎〔図5－3〕が昭和一八（一九四三）年、Eの変形の西山農場日輪講堂〔図5－4〕が昭和二一（一九四六）年であることから、上記の形式変化の流れと一致するが、実際に建てられた時期はいずれも各々の形式が紹介された時期よりかなり後であって、多様な形式が併存していたことを示している。

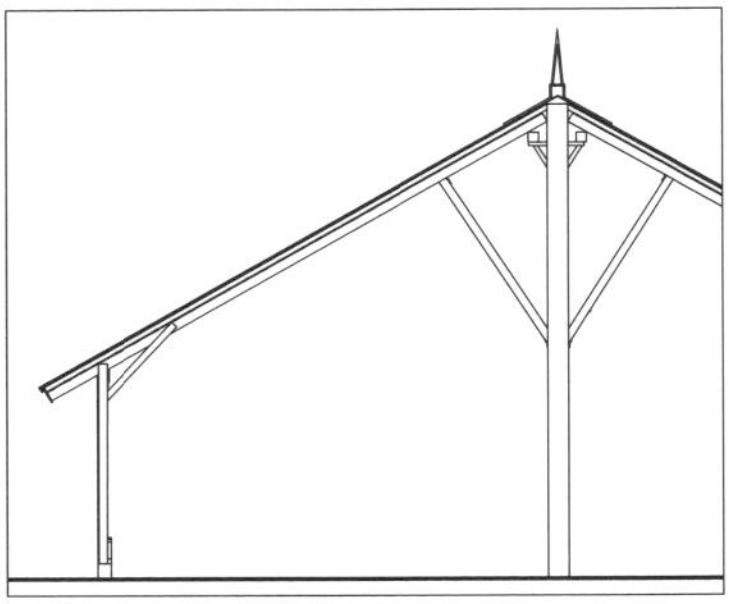

〔図5-2〕滝尾日輪舎

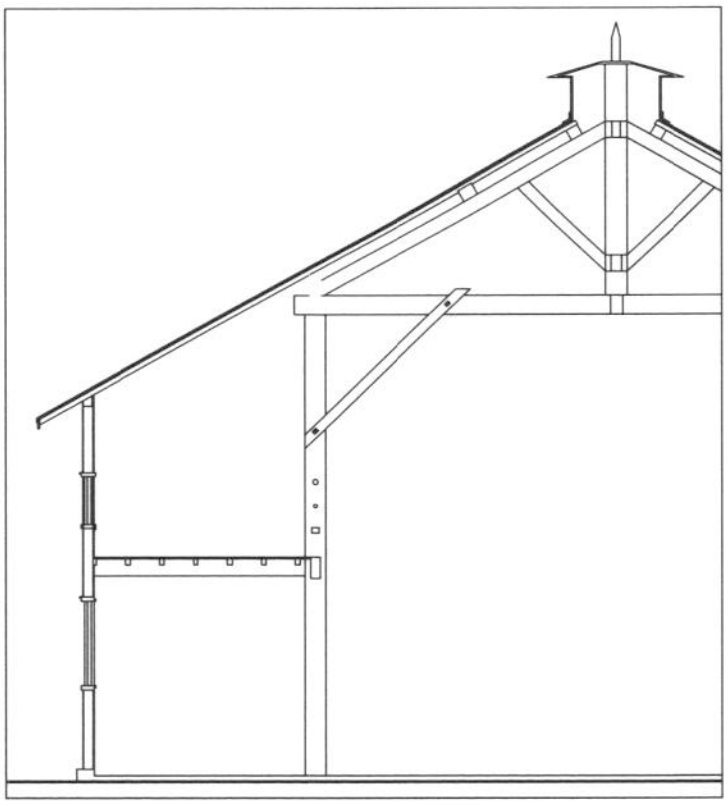

〔図5-3〕神室修練農場日輪舎

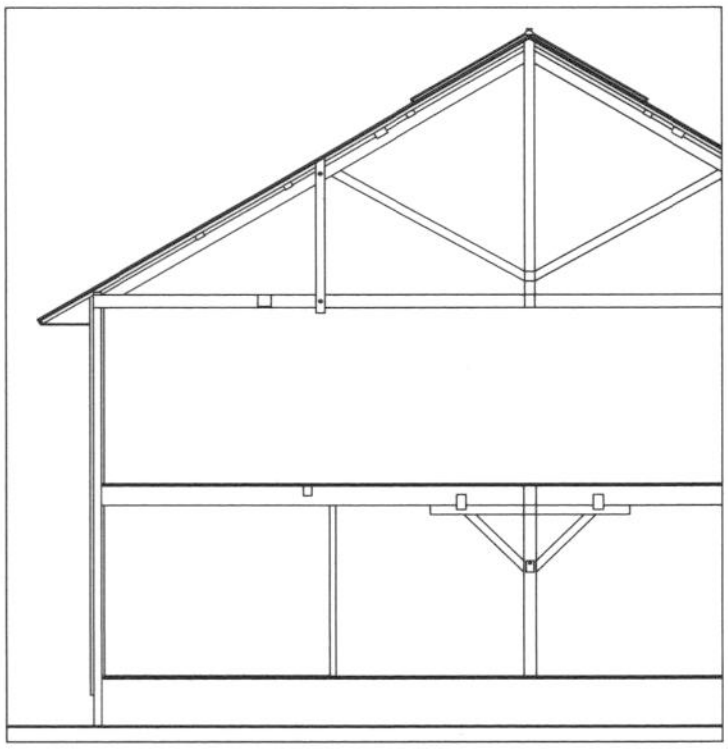

〔図5-4〕西山農場日輪講堂

第三節　日輪兵舎の考案の背景

日輪兵舎は、昭和一二年頃に古賀弘人によって考案され、その後、日本中へと広まった。本節ではその起源と伝播の理由や背景について考えてみたい。

一　古賀弘人の独創性の淵源

古賀がこのような独特の建築形式を考案した背景として、古賀の経歴やその過程での経験の蓄積、古賀の性格、そして建築に関する強い関心、この三つの要素が融合したことが挙げられよう。

古賀の経歴は、第一章一節で述べたところである。彼は中学を中退した一六歳の時、偶然ではあるが、中国に渡ることになった。もともとアメリカへの留学を希望していたのであるから、それまで中国について何の意識もなかったのだろう。しかし、中国では一六歳から二〇歳という青年期の四年間を過ごし、満鉄での勤務や革命軍での活動などをとおして、中国語の習得をはじめとして多くのことを学び、経験したと思われる。日本に帰国後は、漢口派遺団として、中国に一度渡ったが、その後は建築を本格的に学び、自ら考え出した「三角バー鉄筋コンクリート工法」で特許を取得し、それを用いて設計施工を行うなど、建築の専門家としての時を歩んだ。しかし、昭和七年、満蒙学校の教壇に立つこととなり、再び中国との繋がりを持った。同年には満州国も建国されており、日本国内でも中国への意識が高まった時期である。このときに日輪兵舎は考案された。

古賀が最初に辿り着いた中国の正確な場所はわかっていないが、中国にいた四年の間には、馬賊の親分の家に行った、などという記録もあることから、中国各地を訪れたと考えられる。また、建築家・佐藤武夫が著書『無双窓』〔文献54〕の中で、勃利訓練所を訪れた際に古賀から先住民族の各種の家屋についての豊富な知識を授けられた、と述べているように、古賀は中国各地で現地の様々な建築を目にし、研究していたはずである。中国大陸には「穀倉」〔写真5－1〕や「包《パオ》」〔写真5－5〕などの円形平面の建築があって、日輪兵舎考案の参考にした可能性は十分あると思われる。古賀に染みついた中国での経験や記憶が、日輪兵舎の発想に影響を与えているのであろう。

古賀の性格は、先に見たように衣食住等あらゆることに関心があり、創意工夫のある研究熱心な、思いやりのある面倒見の良い、しかし規律は気にしない、自由奔放な人物であった。とすれば、古賀が日輪兵舎を考え出したことは突拍子もないことではなく、自然な流れであったと見ることもできる。彼は人を思いやる気持ちが強いが、世間体を考えず自分の思うままに生きていた。また、

〔写真5-1〕穀倉

何かを研究し、工夫して考え出すことが好きであった。だからこそ、満州に移住する人たちのために、避難用家屋としての日輪兵舎を考え、日本ではほとんど見られない、円形平面の建築を生み出すに至ったのだろう。

しかし、それなりに建築についての知識なしには、柔軟な発想だけで新たな建築は生み出せないだろう。実際、古賀は三〇歳にもなって学校に入って建築を学び、設計事務所を営むに至る。日輪兵舎以外で古賀が携わった建築のうち、形態が明らかになったものには、「鹿児島市山下町メソジスト教会」〔写真1−2 36頁参照〕、「蝸牛式移動家屋」〔写真1−3 52頁参照〕、「河和田分所本部」〔写真3−77 173頁参照〕、「模範家屋」〔写真3−86 185頁参照〕、「桔梗ヶ原女子拓務訓練所日輪兵舎」〔写真4−17・18 234頁参照〕がある。「鹿児島市山下町メソジスト教会」には塔の頂部に半球と円錐形が見られ、「蝸牛式移動家屋」はかまぼこ型である。また、「河和田分所本部」はドーム型で、これは曲面で構成されており、「桔梗ヶ原女子拓務訓練所・畜舎」にも外壁に曲面が現れている。曲線や曲面で構成されている建築が多いことがわかる。フランク・ロイド・ライトに憧れ、ライトの弟子に師事していたという経歴を持つが、ライトのような水平・垂直に特徴の見られる建築とは異なり、実際に古賀が自ら建てていたのは、以上のような建築であったのである。

工法の面では「三角バー鉄筋コンクリート工法」を考案して、それを用いて数多くの建設に携わった。これは型枠と仕上げをかねてコンクリートを簡便に打つ技術開発である。

建築の専門技術を身につけた古賀のつくる建築は、曲面を用いたデザインと施工の効率とを兼ね備えた建築を志向していた。まさに日輪兵舎に通じるものであった。

古賀弘人の経験・性格・建築技術についての考え方の三つの側面が日輪兵舎を生み出したのである。

二　日輪兵舎普及に関わる三人の人物

日輪兵舎が内原訓練所に数百棟と建設され、さらに日本中に広まったのは、いくつかの偶然が重なった結果であろう。そのうち、小野正雄・加藤完治・渡辺亀一郎の三人の人物との人脈はとりわけ重要である。

古賀は、建築に限らず数多くのものを考案するアイディアマンであった。尼港事件をきっかけに、頼まれたわけでもなく自ら進んで日輪兵舎を考案した。きっかけは、建築家が思い描くアンビルドの建築にすぎなかったのである。そして考案した日輪兵舎に反響はなく、一度は忘れられた。国策で満州移民が推進され、これをきっかけに古賀は日輪兵舎に再び焦点を当てた。この時点でもまだ頼まれたわけではないが、過去の案を生かせないかと考え、満州国軍にいた幼友達、小野正雄に提案し、満州国軍の兵舎として試作を許されたことに一つめの契機がある。

昭和一〇（一九三五）年に小野正雄は古賀を加藤完治に紹介する。加藤は内原訓練所の所長となる。このことが日輪兵舎建設において、大きな契機であったことは確かである。当時の日本では、満州での開拓事業が盛んで、多くの建築家は政府や満鉄などの大きな事業に携わり、忙しい状況に置かれていた。それは設計者側に限らず、施工業者も同様であった。そんな時代背景のもとで、満州軍の一軍属である古賀の考案した日輪兵舎が、加藤に紹介された。短期間に、誰もが簡単に建設することができ、コストも低い。加藤がどのようなものを求めていたのかは明らかではないが、当時の状況を考えると採用されるにふさわしいものであったのだと思われる。

渡辺亀一郎は、建築の専門家ではない。しかし、研究熱心な点が認められ、加藤に日輪兵舎建設の責任者として任命された人物である。訓練所に建設された日輪兵舎は、この渡辺によって改良されたものであり、その結果、内原訓練所内に数百棟と建てられたことを考えると、渡辺の日輪兵舎に対して果たした役割は大きく、古賀のアイディアを受け継いだ渡辺の存在も重要であったと思われる。

古賀の手で生み出された日輪兵舎が普及した背景として、古賀という独特の人間の存在はもちろんであるが、小野正雄・加藤完治・渡辺亀一郎の三人との邂逅もまた大きな意味を持った。古賀弘人は、環境に恵まれ、周囲の人に恵まれたのだといえよう。

第四節　類似の建築形式との対比

一　仮設建築としての日輪兵舎

日輪兵舎は、短期間で容易に建設可能な簡易な建築であり、仮設建築に近いものでもある。仮設建築の用途は店舗・住宅・倉庫・トイレなど様々であるが、いずれにせよ簡便な工法が採用される。自然災害時に行政が主導して建てる仮設住宅はプレファブ建築であり、工場生産によって提供される均質の部材を用いて建設されるため、同規模・同形式の建築が立ち並ぶ。そして、どこの地域で誰が建てても同じものが建設される、均質性に特徴のある建築である。内原訓練所の日輪兵舎は、応急に宿舎として建てられたものであって、仮設住宅と共通する性格をもつ。

プレファブ建築が日本に広まったのは、昭和三〇年代後半である。日輪兵舎が建設開始された戦時中から住宅営団によって研究されていたパネル式組立住宅は、同様の特徴をもつものである。一方、内原訓練所の日輪兵舎は、丸太材などを用い、加工から施工まですべて訓練所内で行われたため、材料や建設に携わる訓練生によって、でき上がりに差が生じた。建設過程で工夫が加えられたため、形態の異なるものが生まれることになった。さらに建てられた土地の材料を利用するので、各地で異なる仕様を持った。

つまり、仮設住宅と日輪兵舎との間には、容易に建設でき、同じ形態の建築が複数建てられるという共通点がある一方で、均質性と地域性という異なる特徴を持つ。そして、仮設住宅や後述の簡易建築の多くは、方形平面で陸屋根や切妻屋根などの日本で一般的に見られる形態を持つが、日輪兵舎は円筒形に円錐形屋根の載った、日本では珍しい特異な形態であった。

日輪兵舎は、簡易な仮設建築の中でも特異な存在と言えよう。

二　軍事施設と日輪兵舎

日輪兵舎は、開拓農民の生活やその訓練にも使うが、満州の入植地での軍事的な役割も持ち合わせていた。その意味では、軍事施設の範疇に含めることができる。

日輪兵舎と同様に、多くの人間を収容できることを特徴とする軍事施設は、兵舎がある。兵舎は、木造〔写真5－2〕・煉瓦造〔写真5－3〕など多種多様であるが、多くは長方形平面で切妻屋根あるいは陸屋根の形態を持ち、円形平面で円錐形屋根の日輪兵舎とは形態が大いに異なる。たとえば兵庫県加西市には、第一次

〔写真5-2〕木造・切妻屋根の兵舎
（旧野砲兵第8連隊兵舎）

〔写真5-3〕煉瓦造・陸屋根の兵舎
（旧近衛騎兵連隊兵舎）

世界大戦の際、「青野原俘虜収容所」として使用された建物の一部が残っている。これも方形平面に切妻屋根の建築であり、小屋組はキングポストトラスが用いられていた〔図5－5〕。

このように軍事施設は、建設意図や使用方法に共通性があるにもかかわらず、日輪兵舎とは建築形態の違いが顕著である。

そもそも円筒形に円錐形の屋根の載った特異な建築は、日本人にとって馴染みのないものである。通常の兵舎も日輪兵舎も著名な建築家が設計していない共通点があるが、日輪兵舎は自由人でありアイディアマンでもある古賀の発想により特異な建築となったのだろう。

三　野戦建築との関連性

軍事建築の中には野戦建築と呼ばれる建築がある。野戦建築とは、戦場において、効率を求め、材料を最小限に、工事期間を短くして建設される建築のことであり、第二次

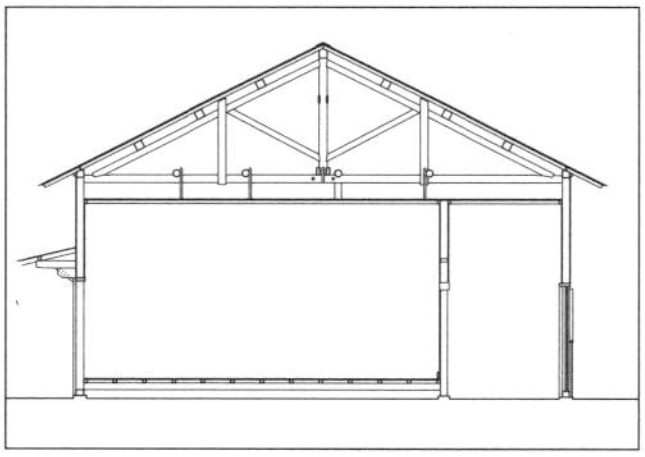
〔図5-5〕青野原俘虜収容所　断面図

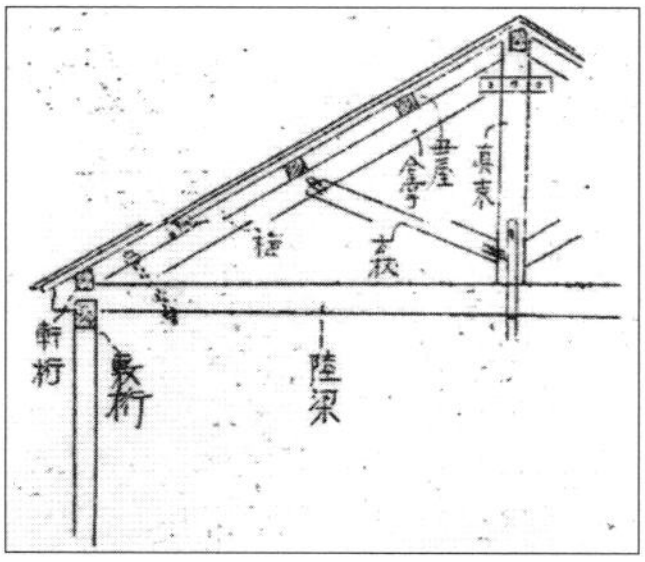

〔図5-6〕野戦建築　断面図

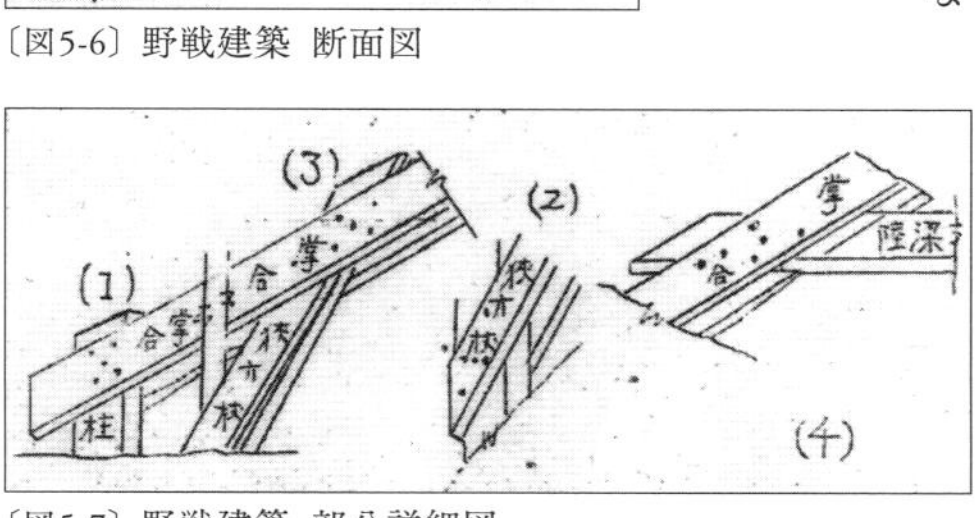

〔図5-7〕野戦建築　部分詳細図

世界大戦中、陸軍施設として建設されていた。

すでに述べたように、日輪兵舎は野戦建築競技会で特選入賞したものであった。このことに関して詳しい資料は明らかになっていないが、日輪兵舎は野戦建築とみなされる建築であったことになる。

野戦建築については、戦時中の記録である「野戦建築便覧　満州第八二三五部隊」（防衛省防衛研究所所蔵　同所分類満州―全般410）に詳しい説明があり、その中に〔図5―6・7〕のような図が示されている。これは洋小屋組（キングポストトラス）〔図5―8・9〕であるが、日輪兵舎の挟梁・挟桁と同様の手法が使われている。十分な材料がない場合の建設手法であり、日輪兵舎でも野戦建築の技術を借用しているのであろう。

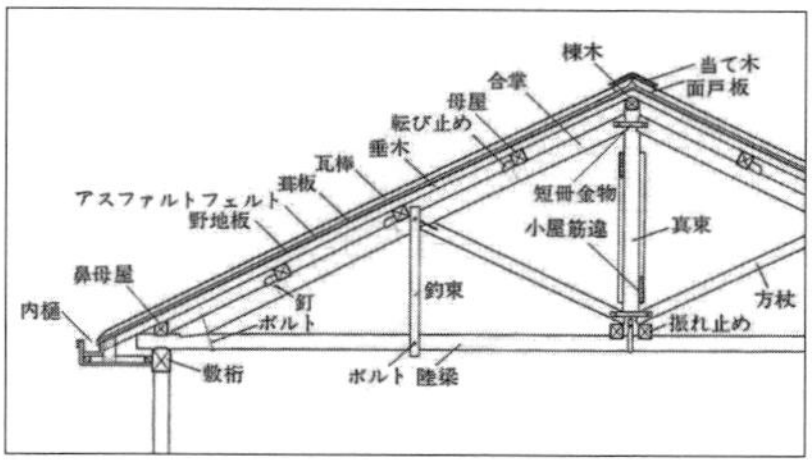

〔図5-8〕洋小屋組（キングポストトラス）

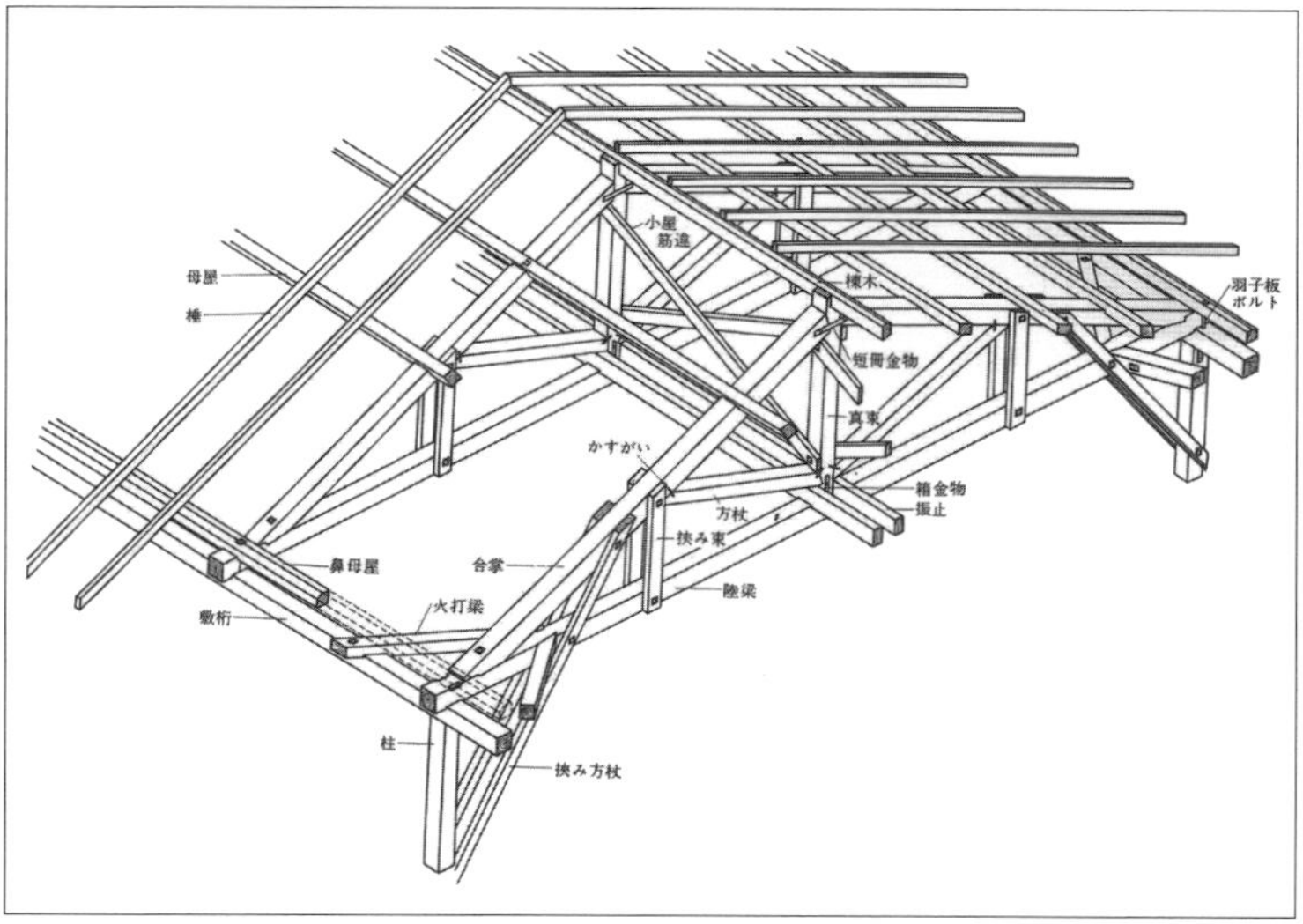

〔図5-9〕洋小屋組、アクソメ図

四　トーチカの参照

友部日本国民高等学校の日輪兵舎の建設を紹介した『いはらき新聞』〔文献7〕は、この日輪兵舎について「日輪兵舎（土製トーチカ）」と記した。また、「なぜ日輪兵舎と称するか」〔文献19〕には、「子供等の手にて建つ此家が大人をも辟易せしむるトーチカの如き力を備ふるとは」という古賀自らの記述がある。

トーチカとはロシア語で、防御や攻撃を目的として建てられた、コンクリート造の小規模な防御陣地であり、ソ連が呼んでいた名称を日本軍も使用したようである。日本でも〔図5－10〕や〔写真5－4〕など、戦前からつくられていた。

トーチカの平面形態は正方形や五角形、円形などさまざまで、いくつか種類が存

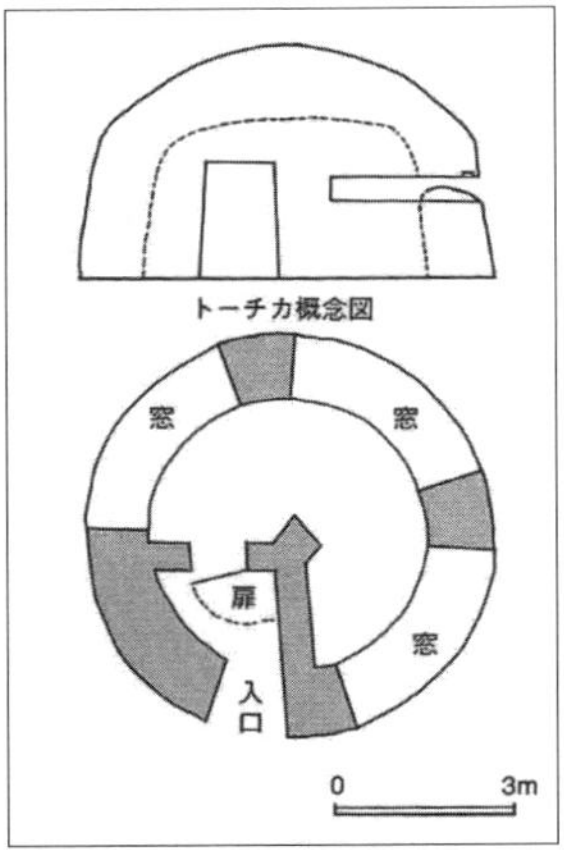

〔図5-10〕トーチカ概念図

〔写真5-4〕豊頃二号トーチカ

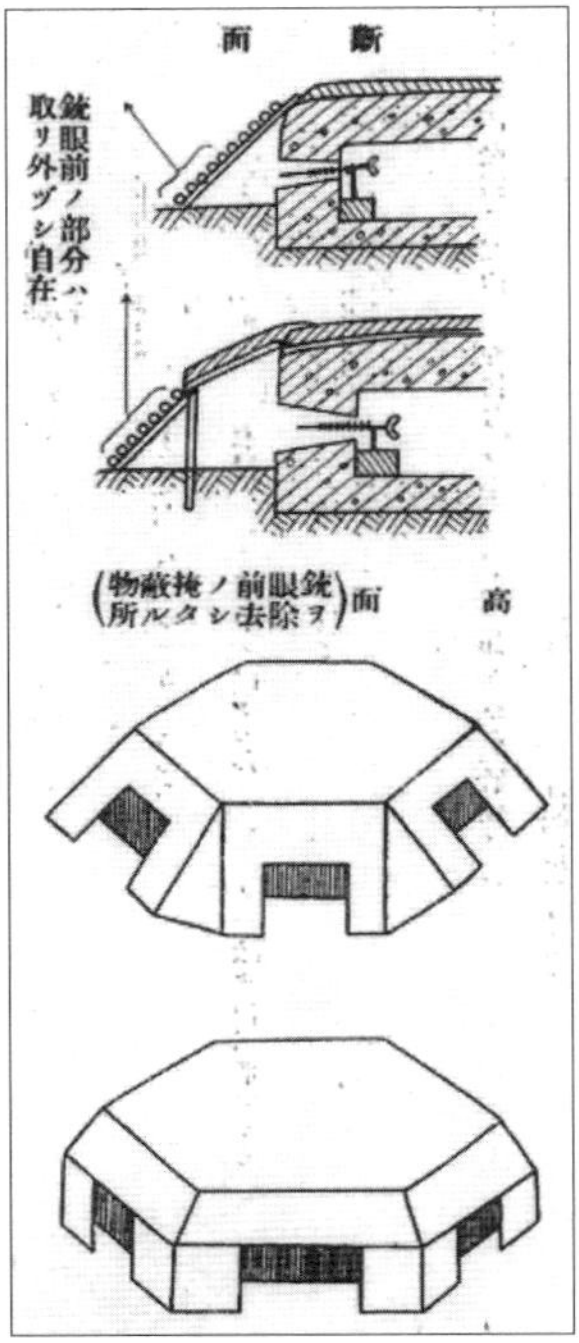

〔図5-11〕「ドート」と呼ばれたトーチカ

在する。「『ソ』軍国境築城　情報記録　昭和一五年四月一日」〔文献82〕には、トーチカの一種である「ドート」について説明があり、〔図5－11〕が掲載されている。〔図5－11〕によれば、六角形平面のコンクリート造で、厚い壁に銃眼が設けられている。上記記録には「『トーチカ』ノ偽装ハ掩蓋上ニ厚サ約二〇糎ノ覆土ヲ置キ多クハ糾草ヲ以テ之ヲ蔽ヒ又ハ之ニ小灌木ヲ植エ」とある。

　銑河訓練所の日輪兵舎の断面図〔図2－1　74頁参照〕と共通点が多く、友部日本国民高等学校の日輪兵舎では、木材でつくられた外壁の外側に土を盛っており〔写真2－2・3　69～70頁参照〕、これも偽装の部分と共通する。

　古賀が自ら「トーチカの如き力を備ふる」と述べたように、日輪兵舎の果たす役割にはトーチカと共通点があることは明らかであるが、日輪兵舎とトーチカの間には、建築的な共通点も存在するということになる。初期段階の日輪兵舎である土製日輪兵舎が、トーチカと多くの共通点を有することから、日輪兵舎が生み出される際に、トーチカを参考にした可能性も十分あり得ると考えられる。

五　包との関連性

　日輪兵舎を紹介する多くの記述には、日輪兵舎はモンゴルの移動式家屋「包《パオ》」を模してつくられたと書かれている。しかし、古賀自らが記した文章のなかに「包」という言葉は一切見られず、中崎一通氏への聞き取り調査の結果や家族の話も同様であった。日輪兵舎の発想のルーツは、包ではなかったと思われる。

日輪兵舎を紹介する多くの記述に、包との関連が書かれたのは、日輪兵舎の形態が明らかに包と似ているからである。日輪兵舎がどのような建築物であるかを伝える際のたとえとして、包が使用されたのは当然であろう。昭和一〇年代に満州移住協会によって発行されていた雑誌から、「現代蒙古素描」など、「包」〔写真5－5〕を扱った五件の記事が見出せた。[*1] これらには、包の写真つき記事もあり、日輪兵舎が建設された当時、包は誰にでも伝わるほどの知名度があったと考えられる。

日輪兵舎を説明する際に用いられた「包」というたとえが転じて、「包」を模してつくったことになったのではなかろうか。ただし、日輪兵舎考案以前に古賀が中国で包を目にした可能性がないとはいえない。もともと「円形避難家屋」から始まった日輪兵舎と、移動式家屋である包との間には、設計要件や内部空間の使い方などに一部共通点が見られる。包は日輪兵舎発想のルーツではないにせよ、過去の記憶にあったのか、あるいは無意識に参考にされた可能性はあるかもしれない。

六　洋小屋組との類似性

十文字梁型の日輪兵舎の断面図〔図5－3・4・12・13〕を洋小屋組の一つであるキング

〔写真5-5〕包

ポストトラス〔図5－8〕と比較すると、類似点が多い。

唐傘型は心柱が立つので明らかに異なる形式であるが、〔図5－12〕の十文字梁型Ⅰ（〈一四年版〉）や〔図5－13〕の十文字梁型Ⅱ（〈一六年版〉）で、真束につけられた八角形の頰杖は、キングポストの頰杖に類似している。しかしこれらはいずれも頂部の垂木掛を支える部材である。

昭和一八年の神室修練農場〔図5－3〕や戦後の西山農場〔図5－4〕では扠首の下に頰杖が明確に組まれて、キングポストの形式となっている。ただし一般的な洋小屋組は、〔図5－9〕のように、同じ構造を平行に並べて用いることで小屋組を構成する。神室修練農場や西山農場の十文字梁型では、真束を中心に四方向あるいは八方向に放射状に設けている。このようなやり方は求心的な建築では見られる手法である。*2 日輪兵舎の架構と洋小屋組は類似点が見られるが、構成は異なっている。ただし改良か改変かはともかく、後には洋小屋組に倣った架構も用いられるようになっていった。

*1 五件は〔文献16〕〔文献43〕〔文献45〕〔文献52〕〔文献71〕。

*2 たとえば旧双葉幼稚園園舎（帯広市、大正一一〔一九二二〕年竣工、重要文化財）ではクイーンポスト風のトラスを放射状に配する。

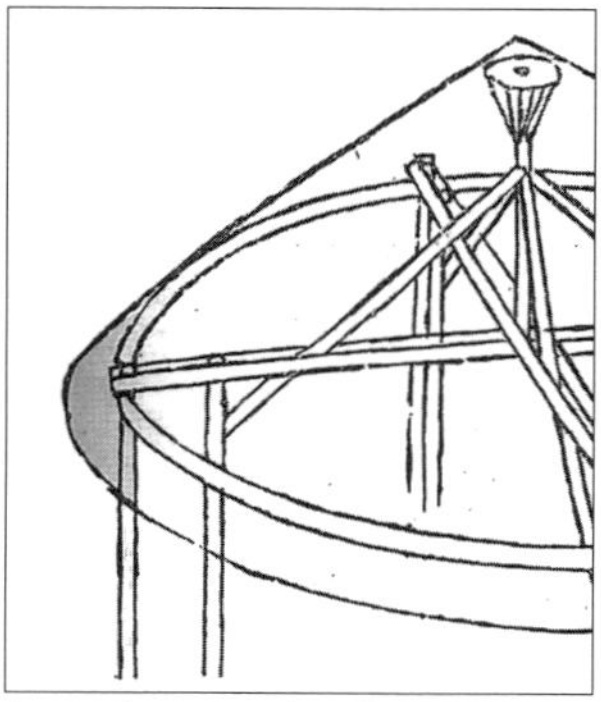

〔図5-12〕昭和14年版「造り方」見取図

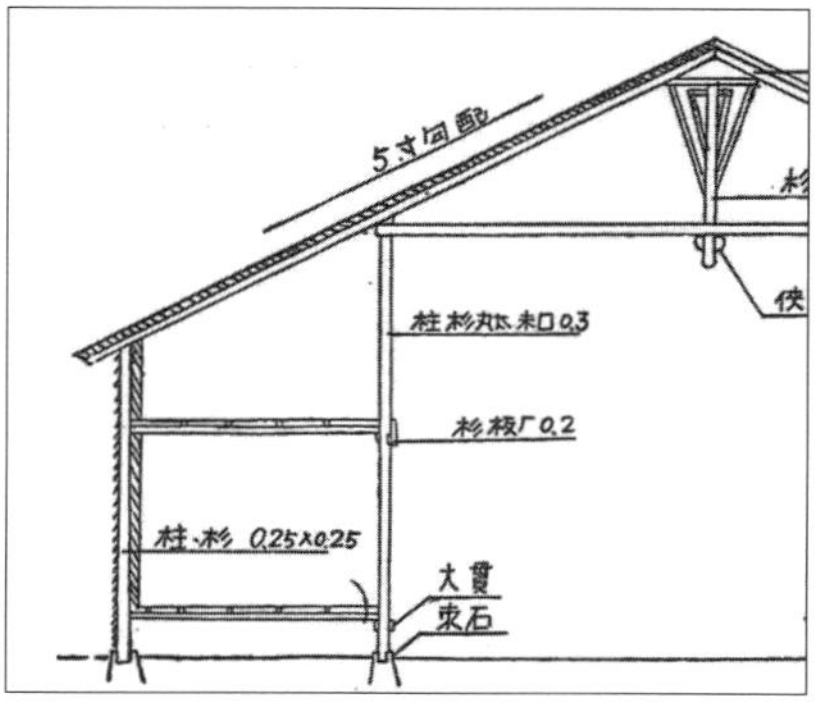

〔図5-13〕昭和16年版「造り方」

このほかに、日輪兵舎ではボルトを用いて部材を固定したり、挟頬杖や挟束を用いたりしているもの〔写真5－6～8〕があり、この点にも洋小屋組〔図5－8〕との共通点がある。日本各地に現存する近代建築には、洋小屋組と見せかけて、実際は単なる斜め材であるという、洋小屋組風の事例が多数存在する。それらは、洋小屋組を見よう見まねで建てられたと思われ、日輪兵舎の建設の過程でも同様のことが生じていた。

〔写真5-6〕挟束

〔写真5-7〕挟頬杖

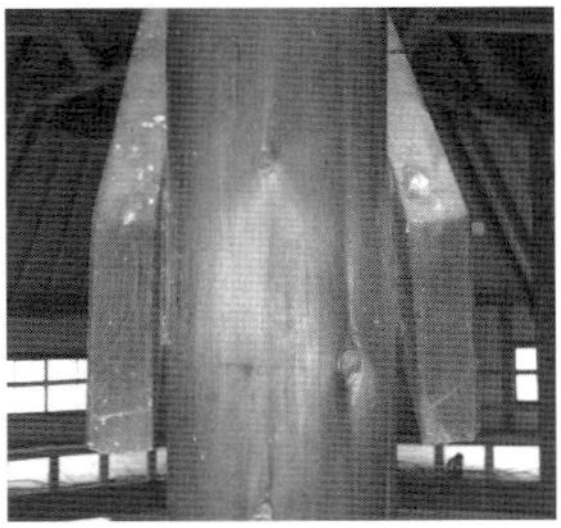

〔写真5-8〕神室修練場農場日輪兵舎の技法・挟頬杖

第五節　日輪兵舎の特質

一　日輪兵舎の特性

古賀弘人は、日輪兵舎の絶対的で不動であることについて、「其の形態に寸豪《ママ》の弛緩も許さぬ力学的な真円の利と、集中等布の荷重を判然と区別して放射分布する架構造の美、意が日輪の名を克ち得たと云ふ事〔文献100〕」である、と述べている。つまり、円形であることが絶対であり、それにより構造的な強さと日輪の名に示される象徴的な意味を持つというのである。日輪兵舎の理念的な本質はこの円形にあるといえる。日輪兵舎が広汎に建てられた頃の日本では、戦争への士気を高め、愛国心が高揚し（させられ）ていた時期である。日輪兵舎の平面形である円形や「日輪」の語は、日本の象徴である日の丸を表し、当時の社会情勢に呼応したものであった。

また、古賀は同じ文章の中で「日輪兵舎自体其の土に産れ、其の石其の木に生れると云ふのが建前であり〔文献100〕」、さらに「日輪兵舎は要は不定の場所に時と材料を選ばず〔文献56〕」と述べている。つまり、日輪兵舎はどこにでも建設可能であるが、それぞれの土地の気候や風土、地形や材料に合わせて建てられることが求められ、またそれが可能であった。各地に広まった日輪兵舎がそれぞれの土地特有の性質を持つことは第四章で見たところである。

日輪兵舎の用途は、宿舎に限らず、浴場・炊事場・トイレ・畜舎などさまざまである。また、宿舎として建てられた日輪兵舎であっても、その後、学校の教室や畜舎など用途の変更が行われた。強い汎用性を持っていた。

形態と呼称が持った強い象徴性、その上で建てられる地域に対応した融通性と、用途に対する汎用性が、日輪兵舎を特徴づけ、また広く流布した要因であった。

日輪兵舎の形態について、「スマートな外観が一種の名物として万人に親しまれる日も遠くないと思う」〔文献110〕「内地では絶対見られないとあって同校をたづねる人々から非常に珍しがられている」〔文献8〕という当時の記録が残っていることから、通常の日本の諸種の建築とは異なる形態の珍しさも、日輪兵舎が広まった理由の一つではないかと思われる。

二　円形の建築の系譜

日輪兵舎は、円筒形に円錐形屋根の載った形態に特徴のある建築である。円形の建築を比較しておきたい。

日本の前近代で唯一の円形平面の建築が、香川県高松市にある「砂糖しめ小屋」〔写真5-9〕である。これは、サトウキビの汁をしぼるための小屋であり、慶応年間（一八六五〜六八）に建てられたとされている。砂糖しめ小屋の屋根構造は、外壁の上に井桁状に梁を架け、その上に八本の合掌を組んで、さらに対向する扠首を水平の繋材で補強する複雑な架構である。心柱も真束もなく、日輪兵舎と異なることは明らかである。ただし、内部が一室であることは日輪兵舎と同じである。

先に取り上げた「包」は東アジアで同様の形態を持つ建築の一つであり、その用途は住居で、日輪兵舎と共通する。包は移動式であるため、壁は折りたたみで、柱が存在せず、日輪兵舎とは異なる〔図5-14〕。しかし、包の内部構成は、中央にかまどが位置するので、日輪兵舎の中央にストーブが置かれたことと共通する。

満州では穀倉〔写真5-1〕

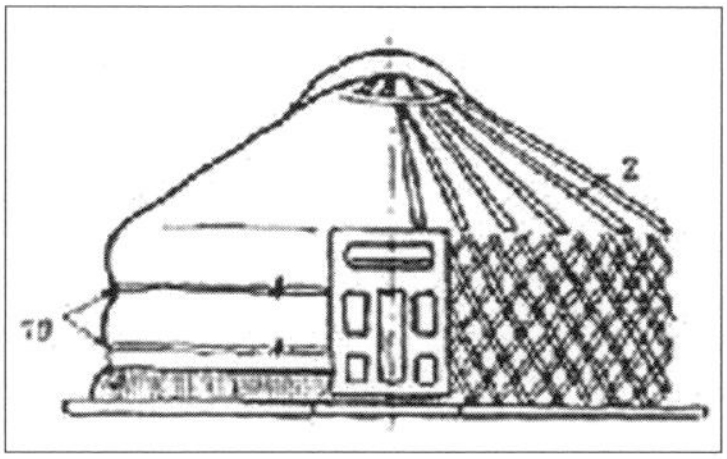

〔図5-14〕包の立断面図

〔写真5-9〕砂糖しめ小屋

が日輪兵舎に近い形態であったが構造は不明である。

近代に入ると、村野藤吾の「箱根樹木園休憩所」〔写真5－10〕や「三養荘　ラウンジ」〔写真5－11〕などがあることも記しておきたい。

〔写真5-10〕箱根樹木園休憩所（村野藤吾設計）

〔写真5-11〕三養荘　ラウンジ（村野藤吾設計）

第六節　今後の展望

本書では、日輪兵舎の生まれた背景と建築的な実態を明らかにした。日輪兵舎は、昭和二〇年頃まで茨城県内原（現・水戸市）の内原訓練所に約三五〇棟も建ち並んでいたにもかかわらず、現在、内原には当時の建築は一棟も残っていないため、*3 そのような特異な建築が建てられた歴史があったことは一般的に知られていない。多くの文献と先学の研究や聞き取り、わずかな遺構の実測などを通じて実態に迫ることができたように思う。建築的研究の不十分な戦争時の建築の研究の一齣としても意味があったのではなかろうか。しかし日輪兵舎の実態の解明には、まだ残された余地があると思われる。戦後七〇年あまりの現在において、過去の記録、記憶を辿ることは、今後の時代にとって様々な意味があると思われるし、それは急がねば消え去ってゆくことであるとも思われる。

＊3 現在、水戸市内原郷土史義勇軍史料館内と、内原訓練所の元の正門のあたりに、復元された日輪兵舎が一棟ずつ建てられている。

著者あとがき

私が「日輪兵舎」を見つけたのは、ほんとうに偶然であった。修士二年の夏、同期に遅れて決められていなかった研究テーマを、何にしようかといろいろ当たっていた。なぜ「日輪兵舎」に出会ったのか正確には覚えていないが、それを目にした瞬間、その特異な形態に心惹かれた。木造が好きで、曲線・曲面が好き。気になって調べてみたが、ほとんど情報が出てこない。研究したらおもしろそうだと指導教官であった山岸先生に相談したら、明らかになったことまでを論文にまとめればよいというアドバイスをいただき、研究テーマに決めた。

そのようなはじまりであるため、どのように調べていったらよいのか、そもそも史料がどこから出てくるのかもわからない。小さなヒントを手がかりに、とにかく手当たり次第探し回った。大学の図書館で、検索ワードにヒットする書物を可能な限り当たった。当時の雑誌は、ひたすら目を通した。手がかりになる可能性があることがわかれば、どこまでも出かけた。行かなきゃわからないと、内原はもちろん、現存する四カ所の日輪兵舎へは、ひとり車を走らせ、あるいは夜行バスに揺られて調査に行った。省庁などにも出向いた。手がかりは、ダイヤの原石もあれば石ころもあった。しかし、私にとってはすべてがすごく貴重な経験であり、出会いであった。

また、研究を進めるうちに、いろいろな方の思いや当時の厳しい状況を知り、うまくまとまれば書籍にしようという先生からの話もあって、ある気持ちが芽生えた。研究のきっかけは先に述べたとおりであるが、調べるからには可能な限り史料を集め、今まで明らかになっていなかったことを記録としてきちんとまとめきりたい。もちろん、建築の論文として、研究者として論述もする。ただ、できればそれで終わるのではなく何かに表現し、特異な「日輪兵舎」という建築、そして、満蒙開拓青少年義勇軍という日本の歴史を少しでも多くの人に知ってほしい。そんな思いを心に秘めて書き上げた論文は、第一歩として、日本建築学会優秀修士論文賞を受賞し、同年の夏には、朝日新聞の石川県版に取り上げていただいた。その際、書籍化できればいいと語ったが、それから約四年、日輪兵舎の生まれた昭和から、論文をまとめた平成の時代も終わり、令和となった今年、ついに出版に至った。

偶然にも私は今、古賀が憧れたアメリカの地に滞在し、近いからと渡米して初めて訪れた建築は、F・L・ライトの建築である。「日輪兵舎」との出会いも偶然であったが、こうして今思うと、見えない糸に導かれたのではないかと思う。古賀のことばを借りると、まるで「ピッタリと合致」した運命である。

とにもかくにも、調査から書籍化に至るまで、関わってくださったすべての方には、本当に感謝の気持ちでいっぱいです。一人一人のお名前お名前を載せることができませんが、突然やってきた私に対し、資料館や図書館、各日輪兵舎で手助けしてくださった方々、調査途中で泊めてくれた友人たち、アドバイスをくれた方々。そして、なんと言っても、研究を見守り、このような機会に導いてくださった山岸先生には、言葉にならないほど感謝しております。また、山岸先生を通してご協力くださった中川理先生、鹿島出版会、ならびに担当してくださった渡辺奈美さん。関わってくださったすべての方がいなければここまでできませんでした。深く感謝申し上げます。

伝えたい思いがありすぎて長くなってしまいました。最後に、この本が建築の専門書に留まらず、日本の歴史を知り、考えるきっかけになればと願います。そして、拙い文章でありながら、このような思いの詰まった本を手に取ってくださった読者のみなさまへの感謝の言葉を結びとします。

令和元年　初夏　　前田京美

監修者あとがき

本書は、第二次世界大戦の時代に東アジアの片隅でつくられた「日輪兵舎」という特異な建築の実態を、緻密に追求し、解き明かした書である。日輪兵舎が何十棟と並ぶ姿は、戦時中の満蒙開拓という厳しい歴史的現実を捨象するなら、筆者のように日本の木造建築の歴史研究とその保存を生業とする人間にとっては、迂闊にも伝統的な集落、あるいは伝統的建造物群保存地区として見てしまいかねない景観でもある。しかし、いうまでもなく、事はそんな生ぬるい印象だけで許されるわけではない、つらい歴史の一齣である。

本書の著者、前田京美さんは平成二七年に京都大学大学院工学研究科建築学専攻の修士課程を修了し、今、ある企業に勤める若き建築家である。彼女が修士論文として仕上げたのが、本書の元となった「日輪兵舎に関する建築的研究」である。この論文は平成二七年度日本建築学会優秀修士論文賞を受賞した。

それは多種多様の文献だけではなく、関係者への聞き取りや、わずかに現存する日輪兵舎の実測調査など、多面的な手段を用いて、日輪兵舎がどんな人間によって考案され、具体的にどのように建てられ、どう使われたのかを執拗に追求した内容である。近代建築史や近代史の研究としても興味深い内容であったが、著者は学窓を去ってしまったので、史料を再検証し、学術論文として仕上げる機会を失ってしまった。しかしこのまま書庫に埋もれさせておくのももったいないという気持ちが、前田さんの指導教員であった筆者の中で膨らみ、これを公刊できないかと考えるに至った。近代建築史・都市史がご専門の京都工芸繊維大学教授・中川理先生にもご意見を求め、同氏の仲介の労によって、このたび鹿島出版会から刊行できることとなった。

とはいえ、修士論文は文章も生硬で冗長なこともあって、そのままで読者の目に触れるのは憚られたので、構成も含めて全体の修正作業を行うこととした。その作業には著者だけでなく筆者も協力することとした。このいささか手間のかかる作業を経て、なんとか広く読んでいただけるかたちにできたかと思う。

本書では、日輪兵舎を巡る様々な歴史が細かく解明されているが、そのために使用した史料には戦時中の回顧談なども多く含まれている。それは軍関係の記録や新聞記事とも異なる貴重な情報を提供してくれるけれども、記憶が正確とは限らず、したがって確実な史料批判がかなわない部分も少なくない。史料間に齟齬のある場合もままあった。その意味で本書の記述が歴史学的に正確かと問われれば、危うい部分が少なからず残されていることは否定できない。この点は読者の寛容をお願いしたいところであり、同時に、誤謬やより正確な情報があればご教示いただきたいところでもある。

満蒙開拓に関わった方々の戦後の回顧記録は各地で刊行されており、水戸市内原郷土史義勇軍資料館にはその多くが集められているが、著者も監修者もそのすべてには当たることができていない。残された課題といえよう。

日輪兵舎の建築的な「魅力」（当然そこには複雑な意味を含んでのことであるが）は、表紙の写真一枚に集約されていると思う。その裏に何が秘められていたかの一端を本書によって知っていただければ幸いである。ナチの収容所はいくつかが保存され、歴史の教師、あるいは指針として、ドイツ人が、あるいはヨーロッパ人が学ぶ手かがりとして利用されている。そこに多くの人が訪れて、過去の過ちを真摯に受け止める姿を、私もいささか目にする機会を持ったことがある。「日輪兵舎」も、日本に暮らす人間としては、ナチの収容所跡と同じように、平和を追求する手がかりとなる存在として認識する必要があるだろう。それはいささかきな臭い昨今の日本やその周辺の政治状況の中で生きる人間として、これまでにもまして大切なことではなかろうか。そんなことは当然のことなのだけれども、そのことを日頃学んでいる建築の歴史の素材から再認識する機会をつくってくれた著者に感謝したい。

なお、本書の出版についてご助言いただいた中川理先生と、出版の労をおとりいただいた鹿島出版会、ならびに同社出版事業部の渡辺奈美さんには、ここで感謝の意を表しておきたい。

令和元年　初夏　　山岸常人

参考文献一覧

本書では序章で示した基本的な同時代史料のほかに、以下の文献を参照し、依拠した。
戦前の雑誌・新聞も含めて、直接参照した文献を以下に示す。引用註・参考文献は以下の文献番号で示した。
参照した文献は文中にも註記したが、記入漏れも多い。各章の主な参考文献番号等を列記する。

序章　第一節……文献17、20、22、29、83、109、111、113、129、148、167、178

第一章　第一節……文献1〜3、5、6、11、40、42、54、56、74、77、79、84、112、119、120、125、131、132、136、139〜141、148、158、165、170、173、176、「中崎一通氏への聞き取り調査」

　第二節……文献11、13、18、56、57、95、140、148、「中崎一通氏への聞き取り調査」

第二章……文献7、8、11、28、40、54、56、65、72、73、100、117、136、137、140、178、「中崎一通氏への聞き取り調査」

第三章　第一節……文献10、12、18、20、22〜24、29、32、35、37〜39、50、53、70、79、85、102、117、136、139、144、145、148、178、「中崎一通氏への聞き取り調査」

　第二節……文献7〜9、12、13、18、22、24、27、29〜33、37、38、53、54、63、67、70、73、79、81、83、95、101、114、116、118、128、136、148、162、「中崎一通氏への聞き取り調査」「清野氏への聞き取り調査」

　第三節……文献39、40

　第四節……文献46、49、58、59、63、148

第四章　第一節……文献42、87

　第二節……文献9、25、28、31、54

第三節……文献15、26、34、36、41、44、47、48、51、60、61、64～66、68、69、72、75、76、78、80、88～90、93、96～99、108、113、133～136、143、146、151、166、168、169、172、175

結章……文献4、7、16、18、43、45、52、56、71、82、91、100、127、138、152、155～157

1 『大阪府統計書　大正六年』大阪府、一九二〇

2 『大阪府統計書　大正八年』大阪府、一九二一

3 永沢毅一＋田辺平学「大工の手から鑿を奪え　耐震構造の近道――建築方面から観た地震の教訓」『神戸新聞』昭和二年三月一五日付、神戸新聞社

4 軍事学研究会『最新電信兵須知』武揚社出版部、一九二七

5 「いよいよ開校した満蒙学校」『実業之日本』第三九巻第五号、実業之日本社、一九三二

6 「新国家に活躍する人物養成の満蒙学校の出現」『受験と学生』第一五巻第七号、研究社、一九三二

7 『いはらき新聞』昭和一二年三月二四日付、茨城新聞社

8 『いはらき新聞』昭和一二年七月一七日付、茨城新聞社

9 『いはらき新聞』昭和一二年一一月二七日付、茨城新聞社

10 「内地訓練を見る――日本国民高等学校内原農場」『拓け満蒙』第一巻第八号、満州移住協会、一九三七

11 『大和』第一巻第九号、三江省饒河県城大和村「大和」編集部、一九三七

12 『いはらき新聞』昭和一三年一月七日付、茨城新聞社

13 岸田日出刀「日輪兵舎」『国際建築』第一四巻第八号、美術出版社、一九三八（後に岸田日出刀『壁』相模書房、一九四二に再録）

14 「行け若人　築け大陸日本」『写真週報』一二号　内閣情報部、一九三八

15 「日独学生の勤労交驩」『写真週報』第二五号、内閣情報部、一九三八

16 長谷川進一「現代蒙古素描」『拓け満蒙』第二巻第一号、満州移住協会、一九三八

17 満州移住協会宣伝部「満蒙開拓青少年義勇軍の新制度成る」『拓け満蒙』第二巻第二号、満州移住協会、一九三八

18 「モダン日輪兵舎――満蒙開拓青少年義勇軍内地訓練所」『拓け満蒙』第二巻第三号、満州移住協会、一九三八

19 古賀弘人「なぜ日輪兵舎と称するか」『拓け満蒙』第二巻第

三号、満州移住協会、一九三八
20 満州移住協会宣伝部「青少年義勇軍の発足――先遣隊に殺到した青少年の意気」『拓け満蒙』第二巻第四号、満州移住協会、一九三八
21 「満蒙開拓青少年義勇軍の逼塞」『拓け満蒙』第二巻第四号、満州移住協会、一九三八
22 「心身鍛錬の大道場――義勇軍内地訓練所の組織と生活」『拓け満蒙』第二巻第四号、満州移住協会、一九三八
23 「台所から見た義勇軍」『拓け満蒙』第二巻第四号、満州移住協会、一九三八
24 長崎抜天「夢は満蒙！　満蒙開拓青少年義勇軍内地訓練所漫訪記」『拓け満蒙』第二巻第四号、満州移住協会、一九三八
25 中村孝二郎「第七次集團移民の入植と設営」『拓け満蒙』第二巻第八号、満州移住協会、一九三八
26 「高原に鍬揮ふ土の道場――八ヶ岳修練農場の或る日」『拓け満蒙』第二巻第九号、満州移住協会、一九三八
27 「現地の義勇軍に見せるページ――君達のふるさと内原訓練所の近頃」『拓け満蒙』第二巻第一二号、満州移住協会、一九三八
28 八角三郎「北満の移住地を視察して」『拓け満蒙』第二巻第一二号、満州移住協会、一九三八
29 「皇國少年の大道場――義勇軍内原訓練所を観る」『拓け満蒙』第二巻臨時増刊号、満州移住協会、一九三八
30 『満蒙開拓青少年義勇軍の近況』満州移住協会、一九三八
31 「第一次から第八次まで」『拓け満蒙』第二巻臨時増刊号、満州移住協会、一九三九
32 『いはらき新聞』昭和一四年二月二九日付、茨城新聞社
33 人見楠郎「内原訓練所より」『開拓者』第三四巻第八号、日本基督教青年会同盟、一九三九
34 「橿原の聖地に日満一体の勤労奉仕」『写真週報』第八九号、内閣情報部、一九三九
35 「内原だより」『拓け満蒙』第三巻第三号、満州移住協会、一九三九
36 「聖地の日輪兵舎を視る」『新満州』第三巻第四号、満州移住協会、一九三九
37 「内原だより」『新満州』第三巻第四号、満州移住協会、一九三九
38 「内原だより」『新満州』第三巻第五号、満州移住協会、一九三九
39 「新設！　義勇軍内地訓練の完璧をはかる」『新満州』第三巻第五号、満州移住協会、一九三九
40 「内原だより」『新満州』第三巻第七号、満州移住協会、一九三九
41 「銃後の義勇軍」『新満州』第三巻第七号、満州移住協会、一

九三九
42 「日輪兵舎の造り方」『新満州』第三巻第八号、満州移住協会、一九三九
43 「風雲の満蒙国境」『新満州』第三巻第八号、満州移住協会、一九三九
44 「開拓ニュース」『新満州』第三巻第八号、満州移住協会、一九三九
45 布利秋「暗黒の外蒙古——決死潜入記」『新満州』第三巻第九号、満州移住協会、一九三九
46 「内原だより」『新満州』第三巻第一一号、満州移住協会、一九三九
47 「開拓ニュース」『新満州』第三巻第一一号、満州移住協会、一九三九
48 「開拓ニュース」『新満州』第三巻第一二号、満州移住協会、一九三九
49 「内原だより」『新満州』第三巻第一二号、満州移住協会、一九三九
50 「集へ！　皇道追進の指導者——集團移民・義勇軍幹部大募集」『拓け満蒙』第三巻第二号、満州移住協会、一九三九
51 「拓け満蒙地方めぐり」『拓け満蒙』第三巻第三号、満州移住協会、一九三九
52 布利明「蒙古人の微妙な生活」『拓け満蒙』第三巻第三号、満州移住協会、一九三九
53 大庭眞介「日輪兵舎訪」『文化農報』第二〇七号、文化農報社、一九三九
54 佐藤武夫『無双窓』相模書房、一九三九
55 丸山義二『村だより』赤塚書房、一九三九
56 古賀弘人「日輪兵舎の沿革」『義勇軍旬報集録』旬報編集室編、満蒙開拓青少年義勇軍訓練所、一九四〇
57 「内原訓練所の建設」『義勇軍旬報集録』旬報編集室編、満蒙開拓青少年義勇軍訓練所、一九四〇
58 清田文永「満州開拓幹部訓練所の建築に就て」『建築雑誌』第五四集第六六六号、日本建築学会、一九四〇
59 高岡清「満蒙開拓幹部訓練所大講堂の構造設計に就て」『建築雑誌』第五四集第六六六号、日本建築学会、一九四〇
60 「興亜の訓練」『写真週報』第一三九号、内閣情報部、一九四〇
61 「各種の記念事業はすすめられた」『写真週報』第一四五号、内閣情報部、一九四〇
62 「満蒙開拓幹部訓練所」『新建築』第一六巻第六号、新建築社、一九四〇
63 「満蒙開拓青少年義勇軍訓練所——内原」『新建築』第一六巻第六号、新建築社、一九四〇
64 「開拓ニュース」『新満州』第四巻第一号、満州移住協会、一

九四〇
65 「開拓ニュース」『新満州』第四巻第三号、満州移住協会、一九四〇
66 「東西の興亜教育を視る」『新満州』第四巻第三号、満州移住協会、一九四〇
67 吉田耕「日輪兵舎」『新満州』第四巻第四号、満州移住協会、一九四〇
68 「開拓ニュース」『新満州』第四巻第五号、満州移住協会、一九四〇
69 「竹馬の友と大陸へ」『新満州』第四巻第六号、満州移住協会、一九四〇
70 「開拓ニュース」『新満州』第四巻第六号、満州移住協会、一九四〇
71 須山計一「砂漠楽園の夏」『新満州』第四巻第七号、満州移住協会、一九四〇
72 「大陸家庭欄」『新満州』第四巻第八号、満州移住協会、一九四〇
73 「内原だより」『新満州』第四巻第九号、満州移住協会、一九四〇
74 「内原だより」『新満州』第四巻第一〇号、満州移住協会、一九四〇
75 「開拓ニュース」『新満州』第四巻第一一号、満州移住協会、一九四〇
76 「大陸の花嫁学校を視る——長野県桔梗ヶ原女訓練所訪問記」『新満州』第四巻第一一号、満州移住協会、一九四〇
77 「内原だより」『新満州』第四巻第一一号、満州移住協会、一九四〇
78 相澤一男「高原の道場——八ヶ岳修練農場を訪ねる」『新満州』第四巻第一二号、満州移住協会、一九四〇
79 「内原だより」『新満州』第四巻第一二号、満州移住協会、一九四〇
80 「少年少女の心に燃える興亜教育」『新満州』第四巻第一二号、一九四〇
81 山浦生「茨城県内原訓練所の建築」『セメント工業』三十巻第七月号、セメント工業社、一九四〇
82 「『ソ』軍国境築城　情報記録　昭和一五年四月一日」(防衛省防衛研究所所蔵0026)
83 黒田正『大陸日本教育の父——加藤先生と内原訓練所』明治図書、一九四〇
84 「内原だより」『開拓』第五巻第一号、満州移住協会、一九四一
85 「内原訓練所に鍛へる——農業報国増産推進隊」『開拓』第五巻第一号、満州移住協会、一九四一
86 「内原だより」『開拓』第五巻第二号、満州移住協会、一九四

一

87 「日輪兵舎の造り方」『開拓』第五巻第四号、満州移住協会、一九四一

88 高橋眞照「小学校めぐり——興亜教育の実践　大分市高等小学校の興亜教育」『開拓』第五巻第四号、満州移住協会、一九四一

89 「関西の内原誕生——大阪市立興亜拓植道場を視る」『開拓』第五巻第五号、満州移住協会、一九四一

90 相澤一男「郷土絵だより（山形の巻）」『開拓』第五巻第一〇号、満州移住協会、一九四一

91 樹原孝一「野戦建築誌」『我らは如何に斗ったか』三省堂、一九四一

92 今和次郎『草屋根』相模書房、一九四一

93 「現地報告」『開拓』第六巻第一号、満州移住協会、一九四二

94 住宅営団研究部規格課「パネル式組立構造に就て」『建築雑誌』第五六輯第六八七号、日本建築学会、一九四二

95 岸田日出刀『堊』相模書房、一九四二

96 相澤一男「乙女の健闘」『開拓』第七巻第一号、満州移住協会、一九四三

97 森正治「興亜教育運動の実践——静岡県志太郡島田国民学校に視る」『開拓』第七巻第二号、満州移住協会、一九四三

98 瀧野川六郎「郷土小隊編成を観る」『開拓』第七巻第五号、満州移住協会、一九四三

99 櫻田政勝「農事試験場での学び——義勇軍所外訓練を埼玉県鴻巣町に視る」『開拓』第七巻第一一号、満州移住協会、一九四三

100 古賀弘人「防空と日輪兵舎——建設隊の提唱」『東亜連盟』第五巻第一号、東亜連盟協会、一九四三

101 加藤武雄著、田代光絵『饒河の少年隊』偕成社、一九四四

102 『茨城新聞』昭和二〇年一一月一三日付、茨城新聞社

103 藤田竜一「日本のプレファブ建築の現状」『建築雑誌』No.78 Vol.934、日本建築学会、一九六三

104 早川一男『一本の道』私家版、一九六四

105 宮下慶正『けらの旅（満州義勇隊回顧録）』みすず創美社、一九六五

106 石川県鹿島町史編集専門委員会『石川県鹿島町史　資料編』石川県鹿島町役場、一九六六

107 満州開拓史刊行会『満州開拓史』満州開拓史刊行会、一九六六

108 『追憶の満州——和歌山県送出義勇軍隊史』満州会、一九六八

109 歴史学研究会『太平洋戦争史』青木書店、一九七一

110 長野県南安曇農業高等学校創立五十周年記念誌編集委員会『南農——五十年の歩み』長野県南安曇農業高等学校創立五

十周年記念誌編集委員会、一九七一
111 満州国史編纂刊行会編『満州国史　各論』満蒙同胞援護会、一九七一
112 大阪工業大学年誌編纂委員会『大阪工業大学学園五十年史』大阪工業大学、一九七二
113 森本繁『ああ満蒙開拓青少年義勇軍』家の光協会、一九七三
114 上笙一郎『満蒙開拓青少年義勇軍』中央公論社、一九七三
115 朝日新聞社『アサヒグラフに見る昭和の世相――4（昭和一二年～一六年）』朝日新聞社、一九七五
116 全国拓友協議会『写真集　満蒙開拓青少年義勇軍』家の光協会、一九七五
117 外務省外交史料館日本外交史辞典編纂委員会『日本外交史辞典』大蔵省印刷局、一九七九
118 ハインリヒ・プレティヒャ著、平尾浩三訳『中世への旅――騎士と城』白水社、一九八二
119 大阪大学五十年史編集実行委員会『大阪大学五十年史』大阪大学、一九八三
120 福田実『満州奉天日本人史――動乱の大陸に生きた人々』謙光社、一九八三
121 鹿島町史編纂専門委員会『鹿島町史――資料編（続）下巻』鹿島町、一九八四
122 鹿島町史編纂専門委員会『鹿島町史――通史・民俗編』鹿島町、一九八五
123 大野勉＋初田亨＋笠覚暁「旧陸軍第九師団兵器支廠兵器庫の平面構成について：旧陸軍第九師団施設に関する研究その1」『日本建築学会北陸支部研究報告集』No.28、日本建築学会、一九八五
124 大野勉＋初田亨＋笠覚暁「旧陸軍第九師団兵器支廠兵器庫の平面とその標準設計：旧陸軍第九師団施設に関する研究その2」『昭和六〇年度大会学術講演梗概集』日本建築学会、一九八五
125 酒井章平『武具池は語る』内原夜話編集委員会、一九八六（内原郷土史義勇軍資料館所蔵）
126 太田静六『イギリスの古城』吉川弘文館、一九八六
127 山田幸一『図解日本建築の構成――構法と造形のしくみ』彰国社、一九八六
128 藤森照信「戦時のドン底に開いたカラカサの家日輪舎」『新建築住宅特集』第一〇号、新建築社、一九八七（「満蒙に開いたカラカサの家――満蒙開拓青少年義勇軍と日輪舎」と題し、藤森照信『昭和住宅物語――初期モダニズムからポストモダンまで23の住まいと建築家』新建築社、一九九〇に再録）
129 櫻本富雄『満蒙開拓青少年義勇軍』青木書店、一九八七
130 上野時生＋河合勤＋四宮照義＋溝淵博彦＋白川健「四国における旧陸軍の建築施設群と、その時代的背景の考察」『建築

131 雑誌 建築年報』日本建築学会、一九八八
132 中崎一通「日輪兵舎ものがたり——（一）創案者古賀弘人略伝」『日輪』No.2、内原訓練所史跡保存会、一九八八
133 日本キリスト教歴史大事典編集委員会『日本キリスト教歴史大事典』教文館、一九八八
134 百年誌編集委員会『南安曇教育会百年誌』南安曇教育会、一九八八
135 信濃毎日新聞社『写真記録 昭和の信州』信濃毎日新聞社、一九九〇
136 長野県『長野県史——通史編』第九巻、長野県史刊行会、一九九〇
137 中崎一通「日輪兵舎雑記」『郷土研究紀要』第八号、内原町教育委員会、一九九一
138 外務省外交史料館日本外交史辞典編纂委員会『新版 日本外交史辞典』山川出版社、一九九二
139 彰国社『建築大辞典』彰国社、一九九三
139 中崎一通「満蒙開拓青少年義勇軍の創設」『茨城県史研究』第七三号、茨城県立歴史館、一九九四
140 桜樹会『「桜樹」たちは……饒河少年隊第三次生の記録』桜樹会史出版有志会、一九九四
141 関西学院百年史編纂事業委員会『関西学院百年史——通史編一』関西学院、一九九四
142 西澤泰彦「南満州鉄道株式会社の建築組織の沿革について：二〇世紀前半の中国東北地方における日本人の建築組織に関する研究その三」『日本建築学会計画系論文集』No.457、日本建築学会、一九九四
143 「満州開拓大阪の歴史」編纂委員会『満州開拓大阪の歴史』大阪自興会、一九九五
144 内原町史編さん委員会『内原町史——通史編』内原町、一九九六
145 武田邦太郎＋菅原一彪『石原莞爾——永久平和の使徒』冬青社、一九九六
146 笹原善松『笹原善松体験自叙伝（前編）——時代は流れるこんな人生』昭報社印刷、一九九七
147 佐藤次男『目で見る水戸・笠間の100年』郷土出版社、一九九七
148 内原訓練所史跡保存会事務局『満州開拓と青少年義勇軍——創設と訓練』内原訓練所史跡保存会、一九九八
149 服部祐雄＋井口博文『保存版 大町・安曇の昭和史——真実と感動のドキュメント』郷土出版社、一九九九
150 「南安曇農業高等学校第二農場日輪舎」『長野県の近代化遺産——長野県近代化遺産（建造物等）総合調査報告書』長野県教育委員会、一九九九
151 中井清一郎「滝尾村満州分村と日輪舎の建設」『能登の文化

財』第三十三輯、能登文化財保護連絡協議会、一九九九
152 彰国社『木造の詳細――1 構造編』彰国社、二〇〇〇
153 二村悟「戦争遺跡は近代建築である」『建築雑誌』No.1449、日本建築学会、二〇〇〇
154 長野県歴史教育者協議会『満蒙開拓青少年義勇軍と信濃教育会』大月書店、二〇〇〇
155 笹間良彦『図説日本戦陣作法事典』柏書房、二〇〇〇
156 十菱駿武＋菊池実『しらべる戦争遺跡の事典』柏書房、二〇〇二
157 十菱駿武＋菊池実『続 しらべる戦争遺跡の辞典』柏書房、二〇〇三
158 井上祐一＋初田亨「建築家・南信の経歴と住宅作品にみられる特徴について」『日本建築学会計画系論文集』No.571、日本建築学会、二〇〇三
159 加西市史編さん委員会『加西市史第五巻――本編5 文化財（建造物）』加西市、二〇〇四
160 海日汗「モンゴル族住居の空間構成概念に関する研究――内モンゴル東北地域モンゴル族土造家屋を実例として」『日本建築学会計画系論文集』No.579、日本建築学会、二〇〇四
161 阿部博行『石原莞爾――生涯とその時代』上下巻、法政大学出版会、二〇〇五
162 湯浅勝志郎「日輪兵舎よわがまなぶたより去れ」『四国文学』第七九号、礎会友の会、二〇〇五
163 川島洋一＋西澤岳夫＋木村徳和＋京田実＋横幕茂世子＋小池かおる＋小野寺一彦＋小幡圭二＋高見友子＋鈴木邦輝＋行場義修「煉瓦造旧覆馬場とコンクリート造トーチカ等の実測調査と建物の特徴：旧陸軍第七師団施設調査研究その5」『日本建築学会北海道支部研究報告集』No.78、日本建築学会、二〇〇五
164 中江克己『完全保存版 戦国ものしり百科――戦国武将たちの意外な合戦・生活事情』PHP研究所、二〇〇五
165 『大阪府立西野田工業・工科高等学校――創立一〇〇周年・定時制併置六〇周年記念誌』大阪府立西野田工業・工科高等学校、二〇〇七
166 松山薫「シリーズ 歴史を語る建物たち――第5回 日輪舎（金山町）」『Future SIGHT』No.36、フィデア総合研究所、二〇〇七
167 白取道博『満蒙開拓青少年義勇軍史研究』北海道大学出版会、二〇〇八
168 長野県教育委員会『長野県の近代化遺産――長野県近代化遺産（建造物等）総合調査報告書』長野県教育委員会、二〇〇九
169 『目で見る矢板・さくら・那須烏山の一〇〇年』郷土出版社、二〇〇九

170 『大阪府立大学130年――明日への歩み』大阪府立大学、二〇一〇

171 小室昭『保存版 水戸・笠間・小美玉の今昔』郷土出版社、二〇一〇

172 辻野喬雄「満蒙開拓青少年義勇軍と八紘舎・日輪舎」『岡山の記憶――岡山・十五年戦争資料センター年報』第一三号、岡山・十五年戦争史料センター、二〇一一

173 沢井実『近代大阪の工業教育』大阪大学出版会、二〇一二

174 中井清一郎「滝尾村満州分村と滝尾日輪舎」『中能登百物語』中能登町、二〇一二

175 松山薫「満蒙開拓の痕跡をたずねて――山形県にあった「日輪兵舎」〔序章〕」『東北公益文化大学総合研究論集』forum 21.8、二〇一四

176 植村善博「一九二五年北但馬地震における豊岡町の被害と復興過程」『佛教大学歴史学部論集』第四号、二〇一四

177 松山薫「日本各地の『日輪兵舎』――忘れられた満蒙開拓青少年義勇軍の象徴」『季刊地理学』Vol.67、東北地理学会、二〇一五

178 加藤完治著、日本国民高等学校協会内加藤完治全集刊行会編『加藤完治全集――第五巻 開拓』加藤完治全集刊行会事務局、発行年不詳

このほかに下記のインターネット上の情報を参照した。

高松市ウェブサイト（http://www.city.takamatsu.kagawa.jp/6128.html）

四国村ウェブサイト（http://www.shikokumura.or.jp）

日本キリスト教団鹿児島加治屋町教会ウェブサイト（http://kajiya-ch.or.jp）

安曇野市教育会・社会科資料集編集委員会「南安曇野農業高等学校 第二農場 日輪舎（日輪兵舎）」（安曇野市教育委員会）（安曇野市教育委員会調査研究委員会ウェブサイト掲載、二〇一四年閲覧時）

このほか個別に明示し得なかったが、以下の文献所収の記事も参照した。

『拓け満蒙』第一巻第四・五号、第二巻第五・十一・臨時増刊号、第三巻第二号、『新満州』第三巻第五・六・十・十一号、第四巻第三・四号、『開拓』第五巻第一・七・八・十二号第六巻第四・六号、第七巻第二・五・六・九・十一号、『写真週報』第六八・一四六号、『義勇軍旬報集録』

写真4-11………「聖地の日輪兵舎を視る」『拓け満蒙』No.3 Vol.4, p16、満州移住協会、1939
写真4-13………『思い出の写真でつづる「創立八十周年記念誌」上山農業高等学校写真集』、1992
写真4-14………「銃後の義勇軍」『拓け満蒙』No.3 Vol.7、満州移住協会、1939
写真4-15、4-16………「東西の興亜教育を視る」『拓け満蒙』No.4 Vol.3、満州移住協会、1940
写真4-17～19………「興亜の訓練」『写真週報』No.139、内閣情報部、1940
写真4-20………「関西の内原誕生　大阪市立興亜拓植道場を視る」『拓け満蒙』No.5 Vol.5、満州移住協会、1941
写真4-21………「満州開拓大阪の歴史」編纂委員会『満州開拓大阪の歴史』社会福祉法人大阪自興会、1995
写真4-22～24………辻野喬雄「満蒙開拓青少年義勇軍と八紘舎・日輪舎」『岡山の記憶』No.13、岡山・十五年戦争史料センター、2011
写真4-25………『目で見る矢板・さくら・那須烏山の100年』郷土出版社、2009
写真4-33………中井清一郎「物語42 滝尾村満州分村と滝尾日輪舎」『中能登百物語』中能登町、2012
写真4-56………『南農 五十年の歩み』長野県南安曇農業高等学校創立五十周年記念誌編集委員会、1971
写真4-64、4-65………長野県教育委員会『長野県の近代化遺産 長野県近代化遺産（建造物等）総合調査報告書』長野県教育委員会、2009
写真4-69………武田邦太郎・菅原一彪『永久平和の使徒 石原莞爾』冬青社、1996
写真4-70………阿部博之『石原莞爾〔下〕生涯とその時代』財団法人法政大学出版局、2005
写真5-2、5-3、図5-10………十菱駿武・菊池実『しらべる戦争遺跡の辞典』柏書房、2002
写真5-4………十菱駿武・菊池実『続 しらべる戦争遺跡の辞典』柏書房、2003
写真5-5………布利明「蒙古人の微妙な生活」『拓け満蒙』No.3 Vol.3、満州移住協会、1939
図5-5………『加西市史 第5巻 本編5 文化財（建造物）』加西市史編さん委員会、2004
図5-6………「野戦建築便覧 満州第8235部隊」防衛省防衛研究所所蔵、1213
図5-7………「野戦建築便覧 満州第8235部隊」防衛省防衛研究所所蔵、1204
図5-8………『建築大辞典 第2版』彰国社、1993
写真5-9………四国村
図5-9………『木造の詳細1 構造編 新訂二版』彰国社、2000
写真5-10、5-11………笠原一人
図5-11………「『ソ』軍国境築城情報記録 昭和一五年四月一日」
図5-14………在名古屋モンゴル国名誉領事館HP（http://www.k5.dion.ne.jp/~ngymngl/page023.html）（2015年閲覧時）

上記以外は著者撮影、作成による

写真3-25、3-29、3-36～38、3-59、図3-2、3-7、3-11、3-12………「満蒙開拓青少年義勇軍訓練所」『新建築』No.16 Vol.6、新建築社、1940

写真3-27、3-53、3-54………旬報編輯室編『義勇軍旬報集録』満蒙開拓青少年義勇軍訓練所、1940

写真3-31、3-42、3-46、3-64、図3-16………内原郷土史義勇軍資料館所蔵

写真3-34………山岸常人

写真3-39………山浦生「茨城県内原訓練所の建築」『セメント工業』No.454、セメント工業社、1940

写真3-40………「いはらき新聞」昭和13年1月7日付

写真3-43、3-60、3-61………「現地の義勇軍に見せるページ…君達のふるさと内原訓練所の近頃…」『拓け満蒙』No.2 Vol.12、満州移住協会、1938

写真3-47、3-86～90………「内原だより」『新満州』No.4 Vol.10、満州移住協会、1940

写真3-52………藤森照信「戦時のドン底で開いたカラカサの家日輪舎」『新建築 住宅特集』新建築社、1987

写真3-63………「台臨に輝く満蒙開拓青少年義勇軍訓練所」『写真週報』No.68、内閣情報部、1939

写真3-74………「内原便り」『新満州』No.3 Vol.5、p10.11、満州移住協会、1939

写真3-75………「新設！ 義勇軍内地訓練所の完璧をはかる」『新満州』No.3 Vol.5、満州移住協会、1939

写真3-78………「内原だより」『新満州』No.3 Vol.7、満州移住協会、1939

写真3-80………森本繁『ああ満蒙開拓青少年義勇軍』家の光協会、1973

写真3-81～85、図3-15………「満蒙開拓幹部訓練所」『新建築』No.16 Vol.6、新建築社、1940

図4-1～3、5-12………「日輪兵舎の造り方」『新満州』No.3 Vol.8、満州移住協会、1939

絵4-1………相澤一男「郷土絵だより（山形の巻）」『開拓』No.5 Vol.10、満州移住協会、1941

写真4-2………『写真週報』No.25、内閣情報部、1938

絵4-2………相澤一男「乙女の健闘」『開拓』No.7 Vol.1、満州移住協会、1943

写真4-3………「高原に鍬揮ふ土の道場～八ヶ岳修練農場の或る日～」『拓け満蒙』No.2 Vol.9、満州移住協会、1938

絵4-3………「大陸家庭欄」『新満州』No.4 Vol.8、満州移住協会、1940

写真4-4、4-5………「日獨学生の勤労交驩」『写真週報』No.25、pp.7-14、内閣情報部、1938

図4-4～6、5-13………「日輪兵舎の造り方」『開拓』No.5 Vol.4、満州移住協会、1941

写真4-6、4-26………信濃毎日新聞社『昭和の信州 写真記録』信濃毎日新聞社、1990

写真4-7………「拓け満蒙地方めぐり」『拓け満蒙』No.3 Vol.3、満州移住協会、1939

図4-7、4-8………古賀弘人「防空と日輪兵舎―建設隊の提唱―」『東亜連盟』No.5 Vol.1、東亜連盟協会、1943

写真4-8～10、4-12………「橿原の聖地に日満一体の勤労奉仕」『写真週報』No.89、内閣情報部、1939

図4-10………熊山町誌編さん委員会『熊山町誌』岡山県赤磐郡熊山町、1973

図版クレジット

写真0-1、0-2、3-2、3-8、3-10、3-11、3-14、3-15、3-18、3-20、3-23、3-24、3-26、3-30、3-32、3-33、3-35、3-44、3-45、3-48～50、3-55、3-57、3-58、3-62、3-69、3-71、3-72、3-77、3-79………全国拓友協議会『写真集 満蒙開拓青少年義勇軍』家の光協会、1975

絵0-1、3-1～6、3-9、3-11………長崎抜天「夢は満蒙！ 満蒙開拓青少年義勇軍内地訓練所漫訪記」『拓け満蒙』No.2 Vol.4、満州移住協会、1938

写真1-1、1-5、1-6、2-3、図3-3、3-13……中崎一通氏所蔵

図1-1、1-2………特許第65812号

写真1-2………日本キリスト教団鹿児島加治屋町教会HP（http://kajiya-ch.or.jp/lu_er_dao_jia_zhi_wu_ting _jiao_hui/lu_er_dao_jia_zhi_wu_ting_jiao_huino_li_shi.html）（2019年閲覧時）

写真1-3………「内原だより」『新満州』No.4 Vol.11、満州移住協会、1940

写真1-4………「内原だより」『新満州』No.4 Vol.12、満州移住協会、1940

写真2-1………Sea Gull's Travel HP（http://www.geocities.co.jp/SilkRoad/1028/index.html）（2015年閲覧時）

写真2-2………「いはらき新聞」昭和12月3月24日付

写真2-4………「いはらき新聞」昭和12年7月17日付

写真2-5、3-1、3-3、3-19、3-28、3-51、3-56、3-65～68、3-73、3-76………加藤完治著、日本国民高等学校協会内加藤完治全集刊行会編『開拓』加藤完治全集刊行会事務局、発行年不詳

写真2-6、図2-1～2-3………武田栄蔵『「桜樹」たちは……饒河少年隊第三次生の記録』桜樹会史出版有志会、1994

図3-1、3-8、3-9………岸田日出刀「日輪兵舎」『国際建築』No.14 Vol.8、美術出版社、1938

写真3-4………「いはらき新聞」昭和12年11月27日付

写真3-5、3-21、3-22、3-41、図3-6、3-10………「モダン日輪兵舎―満蒙開拓青少年義勇軍内地訓練所―」『拓け満蒙』No.2 Vol.3、満州移住協会、1938

図3-5………岸田日出刀「日輪兵舎」『国際建築』No.14 Vol.8、美術出版社、1938を元に加工

写真3-6、3-17………岸田日出刀『堊』相模書房、1942

写真3-7、4-1………佐藤武夫『無双窓』相模書房、1939

絵3-7、3-12………古田耕「日輪兵舎」『拓け満蒙』No.4 Vol.4、満州移住協会、1940

絵3-8、3-10………大庭眞介「日輪兵舎訪」『文化農報』No.207、pp.70-75、文化農報社、1939

写真3-9、3-12………「民族協和」『拓け満蒙』No.3 Vol.2、満州移住協会、1939

写真3-13………「忙しい義勇軍のけふこのごろ」『拓け満蒙』No.2 Vol.11、満州移住協会、1938

写真3-16………『アサヒグラフに見る昭和の世相4（昭和12年～16年）』朝日新聞社

写真3-22、3-41、5-1………「移民団々長会議に出席 建設の移民村を訪問す」『拓け満蒙』No.1 Vol.4、満州移住協会、1937

監修

山岸常人　やまぎし・つねと

一九五二年生まれ。東京大学大学院工学系研究科修士課程修了、文化庁・奈良国立文化財研究所を経て、神戸芸術工科大学准教授、京都大学大学院工学研究科建築学専攻教授を歴任。京都大学名誉教授・京都府立大学文学部特任教授。工学博士。著書に『中世寺院社会と仏堂』（塙書房、一九九〇年）、『中世寺院の僧団・法会・文書』（東京大学出版会、二〇〇四年）他。調査報告書に『丹波市の歴史的建造物Ⅰ』『同Ⅱ』『根来寺境内建造物調査報告書』（いずれも共著）等多数。

著者

前田京美　まえだ・きょうみ

一九八九年愛知県生まれ。二〇一三年京都大学工学部建築学科卒業。二〇一五年同大学大学院工学研究科建築学専攻修士課程修了。本書のもととなる修士論文「日輪兵舎に関する建築的研究」で、二〇一五年日本建築学会「優秀修士論文賞」受賞。二〇一五年就職。現在、研修のため海外で建築修行中。一級建築士。

日輪《にちりん》兵舎《へいしゃ》 戦時下《せんじか》に花咲《はなさ》いた特異《とくい》な建築《けんちく》

二〇一九年八月一〇日　第一刷発行

監修……山岸常人
著者……前田京美
発行者……坪内文生
発行所……鹿島出版会
〒一〇四-〇〇二八　東京都中央区八重洲二-五-一四
電話〇三-六二〇二-五二〇〇
振替〇〇一六〇-二-一八〇八八三

印刷・製本……三美印刷
ブックデザイン……伊藤滋章

ISBN 978-4-306-04674-0 C3052

本書の内容に関するご意見・ご感想は左記までお寄せ下さい。
URL: http://www.kajima-publishing.co.jp/
e-mail: info@kajima-publishing.co.jp